L'HUMAIN DANS L'ENTREPRISE, UN CAPITAL À PRÉSERVER

Groupe Eyrolles
61, bd Saint-Germain
75240 Paris Cedex 05

www.editions-eyrolles.com

Sacha GENOT - Philippe TALLOIS

L'HUMAIN
DANS L'ENTREPRISE,
UN CAPITAL À PRÉSERVER

EYROLLES

Nous dédions ce livre à :
Catherine Henry-Plessier
et Patrick d'Elme
qui nous ont apporté
leur compétence et leur amitié.

SOMMAIRE

MIEUX VIVRE DANS L'ENTREPRISE, POURQUOI ET COMMENT

Nous vous invitons dans ce livre à «visiter» des expériences, des aspects inattendus et des réussites, quelques méthodes qui démontrent comment des entreprises dans des secteurs très concurrentiels ont des résultats économiques étonnants ces dernières années. Ce sujet interpelle. Beaucoup de dirigeants d'entreprise s'interrogent sur le lien qu'il peut y avoir entre la productivité et le bien-être…

Petit retour à l'origine du travail…

Notre civilisation est empêtrée dans un système de pensée économique dont le principe de base est de centraliser le pouvoir de décision reléguant ainsi les exécutants au rang de machines, et c'est bien de machine qu'il est question. Pendant des siècles, l'aboutissement du travail et de la recherche de l'excellence pouvait être considéré comme un chef d'œuvre. Puis vint l'ère des machines. Le succès intemporel, un siècle après, de Charlie Chaplin dans *Les Temps modernes* repose autant sur ce choc que sur la qualité du film. Nos sociétés européennes d'abord, puis nord-américaines et enfin la planète entière se sont converties au machinisme, à la production en chaîne, au réalisme et au rationalisme au nom des performances. Peu à peu, la culture enseignée dans nos grandes écoles est devenue elle aussi matérialiste.

Gagner de l'argent sans rien produire !

Cette logique aboutit un beau matin à la découverte qu'il est possible de faire beaucoup de profit sans rien produire. La valeur des choses devient virtuelle. C'était nouveau depuis l'aube de l'humanité et représentait une vraie révolution. Les banquiers ne sont plus les seuls à le pratiquer : faire de l'argent en jouant sur ses plus-values, c'est simple comme le jour se lève tous les matins. Avec la complicité d'une autre révolution : le numérique et Internet qui vont permettre de centraliser le pouvoir en temps réel et en supprimant la quasi-totalité des intermédiaires. Les problèmes engendrés par la délégation de responsabilités sont supprimés et finalement ont réduit les humains au rang de zombies.

La réussite sociale dans les trente dernières années

Ce modèle s'impose et devient la valeur de référence de la réussite à condition de se trouver du bon côté de l'ordinateur. Seulement voilà, les humains prennent conscience de leur rôle privé d'intelligence, de l'absence de reconnaissance et de considération, et vont se réfugier dans l'absentéisme, voire déprimer et certains accumuler les incapacités à travailler. Mais les temps de crise sont durs, l'emploi aléatoire, il invente sans le savoir le « présentéisme », présent en service minimum. Il ne faut, évidemment, pas attendre d'eux une implication soutenue.

La financiarisation de l'économie

Le monde de la finance s'engouffre dans cette solution plus rapide, plus facile et très efficace, créant une bulle économique qui va exploser lorsque l'offre aura atteint la saturation. La crise du crédit entraîne une récession mondiale qu'il a, lui-même, créée. Mais les actionnaires entendent maintenir le retour sur investissement promis. Tenir cet engagement devient un vrai casse-tête, car nous vivons en Occident dans des marchés saturés, avec un pouvoir d'achat restreint en raison justement de la crise et des importations à bas prix de pays émergents qui ne se contentent plus, d'ailleurs, de nous expédier que des produits de bases.

Comment résister

Alors que faire ? On redécouvre que pour conserver des parts de marché il faut être innovant et que l'on ne peut être créatif dans le «mal-être». Quelques francs-tireurs entreprennent de redonner du sens à la tâche de leurs collaborateurs, de chercher à aménager le temps de travail pour leur faciliter la vie et de recréer du lien entre eux. Toutes choses qui demandent aux managers plus d'investissement personnel que financier.

Enfin, le bien-être

Le bien-être au travail vient de renaître. Enfin, c'est tellement évident que l'on peut s'interroger sur cette certitude. Un collaborateur bien dans sa tête fera un meilleur travail que dans le cas contraire. Mais, il en est des modes comme de l'histoire et l'on redécouvre des vérités oubliées. La productivité se trouve nettement améliorée dans ces conditions de travail. Une société nord-américaine se développe dans 46 pays du monde, dont la France, pour mesurer le bien-être : Institut Great Place to Work. Bel exemple de créativité…

La responsabilité sociale des entreprises

La RSE a donné un signal très clair de la responsabilité nouvelle des chefs d'entreprise. L'opinion publique ne supporte plus que l'efficacité justifie un management inhumain. Que ce soit en matière d'image, de respect de la loi ou encore de l'éthique personnelle, assurer un mieux-vivre dans l'entreprise est gratifiant.

Le livre

Dans cet ouvrage, nous avons demandé à des femmes et à des hommes qui exercent leurs talents dans des métiers différents de nous faire partager leurs convictions, les références statistiques et les expériences qui les ont convaincus de cette nécessité de redonner à notre société le plaisir d'entreprendre, de réussir et la fierté d'appartenir à un groupe humain intelligent. Ce sont autant de propositions concrètes pour réaliser cet objectif avec des moyens intellectuels modestes. Que l'on me pardonne les nombreuses citations d'ouvrages. Ma démarche intellectuelle consiste à me nourrir de la pensée d'autrui.

La logique suivie cherchera d'abord à comprendre en quoi l'état d'esprit des salariés est devenu un enjeu économique alors que depuis vingt ans seul le rationalisme était important et l'humain marginal. Conséquence, nous verrons comment recréer la confiance, comment installer une relation compétitive, quels sont les moyens et les méthodes pour mettre en œuvre ces changements. Nous finirons enfin par une série d'exemples d'entreprises de tailles et de natures différentes, qui ont appliqué cette conception de la vie en commun, sur la façon de mieux vivre ensemble. Dans leur différence, toutes ont favorisé les activités physiques. Est-ce parce que l'homme a besoin de dépenser de l'énergie physique, de faire partie d'une communauté, de se mesurer lui-même ? Même si cela ne concerne pas toute l'entreprise, cela contribue à l'image que l'on se fait de son entreprise et de la fierté d'en faire partie.

ENTRETIEN AVEC VINCENT PROLONGEAU, GROUPE PEPSICO

APÔTRE ET PRATICIEN DU BIEN-ÊTRE

PepsiCo cultive depuis plusieurs années la pratique du sport et le culte du bien-être dans l'entreprise. *Vincent Prolongeau, actuellement senior vice-président monde pour les fruits et légumes du groupe PepsiCo* et marathonien pour le plaisir, incarne cette ligne de conduite pour l'avoir activement mise en œuvre chez PepsiCo France au sein d'un siège social dont la conception même repose sur cette stratégie humaine d'entreprise.

" S. G. : Comment prend naissance cette vision de l'entreprise ; est-ce votre socle personnel, votre formation à l'EM-LYON, ou encore un projet d'entreprise propre à PepsiCo ?

V. P. : Je dirais qu'elle s'ancre comme toutes choses sur un environnement favorable et une histoire personnelle.

L'environnement favorable, c'est une vision qui a été dressée par la patronne de PepsiCo, Mme Indra Nooyi, qui s'appelle «Performance With Purpose», c'est-à-dire de la performance avec du sens qui dresse donc un cadre dans lequel l'humain a une place centrale dans la stratégie d'entreprise. Forcément, ça aide d'être en ligne avec la stratégie globale de son groupe ! Après cela ne suffit pas à tout faire. Tout se joue dans la façon dont les managers l'incarneront et le vivront en vérité et avec conviction.

Je connais peu d'hommes d'entreprises qui ne proclament pas haut et fort que l'humain est la chose la plus importante pour eux. Il y en a en revanche infiniment moins qui le vivent, l'incarnent et font les choix tant financiers que d'organisation ou de culture pour le favoriser. Donc cette vision était porteuse. Elle m'a facilité la tâche, mais restait à la faire vivre par des hommes et dans la durée.

Ensuite je me suis, aussi, inscrit dans une tradition de PepsiCo France. J'ai hérité de mon précédent patron et je lui rends hommage à ce titre, même s'il le vivait nécessairement de façon distincte avec sa propre personnalité.

Comme illustration de cette cohérence d'ensemble du système, je soulignerais la logique du mode de rémunération des exécutifs où 50 % du bonus repose sur des objectifs «*people*», humains. Ceux-ci peuvent sembler parfois difficiles à quantifier, mais ce mode de rémunération pousse à donner à ces dimensions humaines et managériales une importance accrue.

La deuxième partie, c'est le socle personnel et là, je m'identifie dans cette tradition chrétienne – je dirais de l'Occident – qui défend une somme de valeurs au sein desquelles l'homme a une place particulière. Et puis dans cette histoire personnelle, *j'ai constaté que ceux pour lesquels j'avais envie de me défoncer dans ma carrière étaient ceux qui savaient parler à l'homme que j'étais, au quotient émotionnel que j'avais, ceux qui savaient dans leurs discours balancer, équilibrer ce résultat et cette performance économique, avec cette ambition de la construction humaine.*

Ces deux éléments ont été le fondement de mon projet personnel quand je suis devenu directeur général de PepsiCo France et je dois avouer que dans ce domaine l'enseignement dispensé durant mes études m'a été d'une grande aide.

Si Vincent Prolongeau ne renie pas la formation qu'il a reçue à l'EM-LYON, ce dont il se souvient le plus est là encore humain, école prestigieuse de management, il a su faire un «mix» de l'enseignement reçu et des expériences observées pour un management humain et productif.

V. P. : Les entreprises qui réussissent – je l'ai constaté dans ma vie – sont davantage celles qui sont bonnes dans l'exécution d'une stratégie même imparfaite plutôt que dans la pureté de la stratégie jamais mise en place. Il vaut mieux en avoir une moins bonne et bien exécutée que l'inverse. J'ai observé dans ma vie que le relais des hommes, la capacité à mettre en place de l'enthousiasme dégage de l'énergie. C'est beaucoup plus déterminant que la clarté de la pensée qui l'initie.

C'est donc un levier réel, palpable, en matière d'efficacité.

En outre, l'un des principaux leviers de la productivité, dans nos sociétés occidentales, c'est la motivation et elle ne se décrète pas avec de pures mesures économiques ni une politique salariale agressive même si elle peut y contribuer. Elle se développe grâce à l'implication des collaborateurs. C'est vrai que l'on a tendance à considérer la productivité comme étant un exercice de cost killing, *de réduction des coûts, mais je crois qu'elle devrait s'envisager beaucoup plus comme une réflexion d'optimisation des actifs immatériels de l'entreprise dont l'actif humain est bien sûr un actif réel.*

Dans beaucoup d'entreprises, particulièrement de grande consommation où j'ai travaillé, ce coût n'est pas majeur dans le compte d'exploitation, mais dans les résultats obtenus. Il y a aussi cette conviction que l'humain fait partie de ces éléments financiers qui ont des effets de levier extrêmement importants, mais difficiles à quantifier par absence de mesure financière pour l'évaluer. Nous devons obtenir une vraie reconnaissance dans les bilans des entreprises et donc par les milieux financiers de la notion de santé de l'organisation.

Dans des sociétés occidentales où l'on a des gens éduqués, normalement cultivés, diplômés... et des croissances proches du zéro, ce qui fait la différence entre toutes les entreprises qui ont tout rationalisé, optimisé, qui se trouvent «proches de l'os», c'est la motivation des collaborateurs, le supplément d'énergie qu'ils vont mettre pour se battre pour leur entreprise... et leurs collègues. Autre aspect, l'éducation des collaborateurs : vous ne faites pas marcher des gens cultivés à coup d'organisation très directive ni par la peur du gendarme ni par le simple respect de la hiérarchie qui n'existe plus. Les galons ne suffisent plus à la hiérarchie pour être respectée. Il faut être vraiment compétent et proposer un projet qui ait du sens pour les jeunes. Je pense que, dans nos sociétés, les schémas et les modèles de management ont largement évolué avec la mentalité des jeunes générations, et les entreprises qui ne savent pas s'y adapter le paient chèrement.

" S. G. : Connaissez-vous le terme de présentéisme ?

V. P. : Je le devine, mais je n'ai rien lu à ce sujet.

" S. G. : D'après des études américaines, le présentéisme — la présence « passive » — coûterait beaucoup plus cher que l'absentéisme.

V. P. : Je pense effectivement que ce terme astucieux exprime une forme de résistance passive potentielle ou de cynisme, parce que les organisations par rapport aux nombreuses restructurations et à certains aveuglements du monde de la finance ont appris à se protéger en ayant recours à un désengagement cynique. À quoi sert-il de s'impliquer si on est une variable d'ajustement systématique pour les patrons ? Et puis un certain cynisme par rapport à des organisations qui changent trop souvent de stratégie, qui sont trop court-termistes et qui, au-delà de la pertinence des choix, ne deviennent plus compréhensibles pour ses collaborateurs.

Cela peut conduire les collaborateurs à dire « d'accord pas d'excès de zèle, je viens pour gagner ma vie, mais ma vie est ailleurs ». Il y a sans doute aujourd'hui le risque d'une forme de fonctionnarisation du privé au même titre que le public dans sa forme la moins noble qui consiste à dire: «Je suis là pour gagner ma vie point final. J'y vais le moins possible et je m'organise à l'extérieur. » Le phénomène a été renforcé par la culture du loisir dans laquelle nous sommes ancrés en France avec celle des 35 heures. Ajoutez à cela un effet potentiellement pervers de recherche d'équilibre entre vie professionnelle et vie personnelle, qui est, certes sain mais qui encourage ces gens à fuir la vie professionnelle ou à refuser de s'y investir parce quelle risquerait trop de les décevoir.

" S. G. : Avez-vous constaté ce phénomène aux États-Unis ?

V. P. : Depuis que je réside aux États-Unis, je suis à la fois plus admiratif de la complexité que représente la gestion d'une telle multinationale (66 milliards de dollars) et plus critique sur la réalité de ce qui est mis en place et les motivations profondes de cette vision humaniste. Wall Street adore vivre selon des modes comme beaucoup d'institutions. Ils adorent avoir des modes successives, il y a eu celle du développement durable, des valeurs, de la culture d'entreprise ou plus globalement du projet corporate qui s'affiche comme un certificat de bonne conduite vis-à-vis des «parties prenantes». Et cette vision humaniste a fait aussi partie des heureux bénéficiaires de ces modes. Ce politiquement correct est loin d'être mauvais, mais ne suffit pas au changement en profondeur des mentalités.

Je pense que PepsiCo s'est inscrite dans cette logique et a fait son job (et mieux que beaucoup) en tant que multinationale responsable. Le challenge est ensuite : comment cela survit-il à la crise ? Est-ce un fondement de la performance de l'entreprise ou une jolie cerise sur le gâteau lorsque les résultats le permettent ? J'étais un puriste dans l'application en France de la vision «Performance with Purpose»; je constate aux États-Unis qu'il faut garder plus de souplesse... Il y a, je pense, une différence culturelle profonde qu'il faut comprendre. Le monde anglo-saxon raisonne beaucoup plus par pragma-tisme, c'est-à-dire que s'il perçoit que c'est nécessaire à la performance économique il va le mettre en place; s'il perçoit qu'intégrer les Noirs dans une entreprise est bon parce qu'il y a une population cliente qui est noire et que ce sera plus effi-cace d'aller faire vendre du Pepsi-Cola par un Noir à un Noir, elle le fera. C'est pragmatique et ça fonctionnera. Je suis frappé par le pragmatisme anglo-saxon.

En France, nous aimons la noblesse des idées, les concepts intellectuels ! Nous apprécions de nous battre pour. Je suis de cette culture française, de cette nation qui a inventé les Droits de l'homme où l'on aime envelopper toute action dans des concepts humanistes ; ce qui lui donne une certaine noblesse et une certaine fragilité dans les deux cas et ça n'est ni blanc ni noir de chaque côté. Aux États-Unis quand la crise arrive, les bonnes intentions peuvent disparaître parce qu'elles ne sont plus aussi nécessaires d'un point de vue économique. En France, les bonnes intentions déconnectées d'une utilité économique et, à un moment, peuvent être à la merci d'un changement de direction qui va juste envisager les choses avec une philosophie différente. Voilà pourquoi je pense que, culturellement, nous sommes profondément différents. La bonne recette que j'ai tenté d'appliquer en France a peut-être été celle consistant à combiner convictions personnelles, qui rendaient mon propos authentique, et pragmatisme qui me conduisait à faire en sorte que cela ait aussi un effet économique positif.

La bonne formule, à mon avis, c'est un mélange des deux, de la culture américaine, anglo-saxonne, et française. Les meilleures cultures sont toujours celles qui savent se nourrir du multiculturel et c'est pourquoi vous ne serez pas surpris de savoir que j'ai un profond rejet de toute philosophie qui consiste à vouloir construire sur l'exclusion.

" S. G. : Great Place to Work[1] (voir 144) existe aux États-Unis depuis vingt ans et en France depuis dix ans. Croyez-vous aux stratégies basées sur la morale, l'éthique et/ou sur les performances économiques ?

V. P. : Je crois surtout dans l'efficacité des mesures qui sont appliquées, donc il est évident que quand l'on ancre une culture humaniste dans une réussite économique ça lui donne de la pérennité et surtout ça la protège davantage donc je suis parfaitement en phase. Après, là ou il ne faut pas être naïf, l'amour des pro-

---

1. Great Place to Work est un institut international qui communique chaque année un classement des entreprises où il fait bon travailler. Présent en France depuis 2002, je développe les caractéristiques de ce classement page 144.

cess aux États-Unis est l'une des différences entre la France et ce pays. Il y a une très grande appétence pour tout ce qui est process *Key Performance Indicators*, les indicateurs de performances, les baromètres, etc. Cette culture permet d'évaluer, de suivre et de s'assurer que des objectifs sont convertis en actions de façon régulière. L'avantage, c'est que c'est plus dur de mentir, de s'échapper par rapport à ces engagements. En revanche, la limite de cette culture est qu'elle établit des *guidelines*, des lignes directrices, mais elle ne transforme pas forcément les hommes et les mentalités. Je pense que pour être efficace en profondeur il faut effectivement que les hommes adhèrent réellement à ce projet d'entreprise et qu'ils soient convaincus que c'est là un des piliers sur lesquels leur réussite se bâtit. L'embauche, la formation, l'état d'esprit qu'ils vont établir vont être profondément ancrés là-dessus. C'est à ce seul prix que l'on crée cette spirale vertueuse que j'ai vraiment vécue en France.

Année après année, ce message qui, au début, pouvait laisser sceptique devenait beaucoup plus facile à faire passer, parce que je m'appuyais sur des équipes convaincues qui elles-mêmes me relayaient et me relançaient: «Pourquoi on n'essaie pas aussi ça? Il faudrait qu'on fasse ceci ou cela.» Les organisations elles-mêmes devenaient peu à peu force de proposition.

S. G.: Reste que l'on ne peut pas ignorer le problème extrêmement important, en France notamment, des parts de marché, par exemple avec les conséquences que cela peut avoir sur le chômage, avec les importations venant des pays émergents en une période de crise où ces pays font des produits de plus en plus élaborés.

V. P.: Vous soulevez un problème auquel je n'ai pas de réponse facile à donner. La vision que nous avons décrite ne fonctionne que dans les pays développés. Je pense qu'un certain universalisme, sur le fond, se heurte tout de même à un certain niveau de sophistication du dialogue social, de l'organisation, de l'entreprise, etc. Quand vous arrivez aujourd'hui dans des pays émergents avec beaucoup de jobs non qualifiés plus une démographie galopante, plus un chômage intense, la donne n'est pas la même.

Le problème le plus crucial est alors peut-être : comment faire en sorte de défendre cette culture dans des entreprises françaises alors que la concurrence joue avec des règles fondamentalement différentes, ce qui rend tous nos beaux discours obsolètes. Vous avez beau créer de la motivation chez vos collaborateurs, si vous les payez 20 fois le prix des concurrents, vous ne pouvez pas rester compétitif. Ma conviction profonde est la suivante : tous les pays dits émergents préparent des révolutions pour demain. À un moment donné, ces conditions de travail ne sont pas acceptables. La vision d'une entreprise humaine que je partage avec vous ne peut sans doute pas s'appliquer en l'état dans des pays où l'absence de classes moyennes et d'une richesse insensée fausse les règles du jeu, et fait de ce déséquilibre de la loi de l'offre et de la demande le terreau pour tous les excès et le mépris de l'homme.

Il faut avouer que le Bureau international du travail, qui agit quand même, a obtenu des résultats en exerçant des pressions et avec l'aide des ONG… On fait en sorte, par exemple, que Nike ne fasse plus produire par des enfants. Ce sont de bonnes mesures, mais là c'est un problème macro-économique majeur. Et je pense juste qu'on a énormément de chance de ne pas avoir ces préoccupations.

" S. G. : Laurent Habib, vice-président d'Havas et président d'Euro RSCG, a publié un livre, *La Force de l'immatériel*, qui milite pour que l'immatériel soit comptabilisé dans le bilan.

V. P. : C'est une des grandes idées que je défendais dans le *think tank* «Entreprise et progrès» que j'ai présidé en France. J'ai soutenu que cet actif immatériel était une vraie valeur dans le bilan des entreprises.

CHAPITRE 1

LE BIEN-ÊTRE DANS L'ENTREPRISE : UN ENJEU ÉCONOMIQUE

En commençant ce livre, il me semble important de préciser que je ne suis ni économiste, ni sociologue. Mon analyse repose en partie sur mes cinquante années dans l'entreprise, PME ou groupes internationaux et sur les nombreux témoignages que j'ai réunis dans le cadre de mes activités actuelles.

Depuis cinq ans, je suis directeur éditorial d'un forum qui se réunit tous les ans à Roland Garros pour débattre entre personnalités, souvent prestigieuses, toujours compétentes, dans tous les milieux de la société sur le rôle du sport dans notre vie quotidienne. Ce faisant, j'ai rencontré la Fédération française du sport d'entreprise qui m'a permis de découvrir un nouveau phénomène de société.

Beaucoup de directions générales favorisent de plus en plus le développement d'activités physiques au sein des entreprises. Pour ne pas être le seul aspect du sujet, c'est de mon point de vue un signal important. Comment interpréter cette stratégie de management pour résoudre ou atténuer des problèmes psychosociaux, psychomusculaires, ou plus simplement recréer du lien ? Nombre d'études en France et à l'étranger confirment cette tendance à favoriser l'activité physique.

L'European Federation for Company Sport réunit 26 pays. Au cours de l'édition 2012 de l'Agora du sport, diverses personnalités du monde des affaires, des universitaires ou des professeurs de grandes écoles ont souligné que ce phénomène était partie prenante de ce que l'on appelle aujourd'hui le «mieux-vivre dans l'entreprise».

La première fonction de l'entreprise, apporter de la plus-value par l'humain…

J'ai conscience que pour beaucoup d'entre vous, concevoir le bien-être comme facteur déterminant de la réussite économique semble surprenant.

Depuis cinquante ans, l'économie s'est hyperrationalisée omettant ce qui est le cœur du métier d'un entrepreneur, d'un commerçant. Oublié que la fonction première de l'entreprise est d'apporter une plus-value aux humains, le profit étant le moyen d'y parvenir.

Les vingt dernières années ont fait la part belle aux procédures, au process et au numérique. Vous avez certainement été formé à la pensée que les systèmes, les process ou les protocoles sont plus efficaces que les hommes. Aussi, parler d'humanisation ou d'humanisme peut vous sembler d'une grande naïveté. La vie des cadres, particulièrement en France, n'a rien d'un parcours «bisounours». Pourtant, vivre la tête dans le guidon en permanence ne favorise pas la réflexion, l'encadrement et l'harmonisation des équipes, la relation avec vos subordonnés. La massification du commerce, de la production ne s'embarrasse pas à prendre en considération les états d'âme. Or nous savons bien que ces industries, ces entreprises, grosses consommatrices de main-d'œuvre peu qualifiée, ne peuvent, ne pourront pas résister aux productions des pays émergents. Elles disparaissent inexorablement malgré leur maintien souvent en survie par perfusion. Modèle économique obsolète à l'aune des déficits structurels.

Donc seule la créativité pour améliorer les process, les innovations de produits, de mode de consommation, la conception de nouveaux besoins, la pertinence des circuits de distribution et enfin la proximité avec les clients permet de conserver des parts de marché, voire d'en gagner. Si la conception de nouveaux besoins et les innovations dépendent essentiellement des bureaux d'études ou de la recherche, beaucoup d'avancées sont le fruit d'idées germées dans l'esprit de ceux-là même qui les produisent.

Ce n'est pas vraiment une méthode, mais une culture…

Dans tous les cas, le moral des troupes est essentiel. Considérer que la réussite d'une entreprise en dépend n'est pas un concept naturel dans notre économie. Il faut, certes, du courage pour admettre que dans ces conditions l'humain est déterminant. C'est effectivement une remise en question de l'enseignement pratiqué dans de grandes écoles d'enseignement supérieur.

Je me propose de faire l'inventaire des *raisons économiques* qui incitent des managers à prendre en considération cette culture humaniste au détriment d'une financiarisation « centralisatrice » inhumaine… et de voir comment mettre en pratique ces méthodes. En fait, ce ne sont pas des méthodes à proprement parler, mais une culture qui respecte, responsabilise les personnes dans l'entreprise en redonnant du sens à leur travail.

La logique de ce livre est de tenter de vous démontrer, dans la préface, l'introduction et ce premier chapitre la réalité économique de ce nouveau paradigme.

Les raisons

Nous sommes tous sensibilisés aux profondes mutations que nous vivons. Même pour ceux qui commencent leur vie professionnelle, la vitesse exponentielle du temps est perceptible. Ce qui l'est moins, c'est l'accélération au fil des décennies. Trois éléments ont contribué, en vingt ans, à bouleverser le mode de fonctionnement établi de notre vie depuis un siècle : l'apogée du système économique identifié comme étant la «financiarisation» ; la numérisation qui transfère les informations en temps réel ; la saturation de l'offre.

Ces trois éléments, auxquels s'ajoutent les importations des pays émergents qualitativement de plus en plus comparables, contribuent à un rétrécissement des parts de marché pour les entreprises françaises. Donc, plus simplement, la nécessité de vendre devient beaucoup plus difficile à assurer. L'hyperconsommation n'est plus, culturellement, à la mode.

Quant aux investisseurs, les actionnaires, ils entendent rétribuer leur placement de manière pérenne. Dans ces conditions, le manager, quelle que soit sa fonction dans l'entreprise est pris en étau entre ces deux exigences et ne peut espérer maintenir la production, voire la développer qu'en étant créatif, innovant et performant.

C'est à ce stade que l'on attend des collaborateurs… qu'ils soient de «bons» équipiers.

Le présentéisme ?

Or ceux-ci sont privés de marge d'autonomie (la hiérarchie se manifeste par Internet), leur statut social a peu de chance d'évoluer, leur salaire stagne, et l'évolution de la vie réduit au minimum les rapports humains. Pour quelles raisons vont-ils prendre des risques et lutter contre tant d'adversité ? Ils sont désabusés et organisent, souvent inconsciemment, une résistance passive. On va appeler cela le «présentéisme».

À l'appui de ces affirmations personnelles, j'ai demandé à des professionnels qui sont confrontés quotidiennement à ces problèmes de démontrer par leur expérience la réalité de cette situation.

ALTER&GO GROUPE

« L'économie évolutionniste[1] »

Mais je commencerai par appuyer mon raisonnement sur les travaux d'une équipe qui accompagne au quotidien des dirigeants d'entreprise dans la nécessaire mutation des rapports au sein de l'entreprise.

Mon interlocuteur s'appelle Xavier Sabouraud. Il est le président d'Alter&Go Groupe, cabinet de conseil leader dans la réussite des projets de changement. Il intervient aujourd'hui dans la mise en œuvre de dossiers à fort enjeu social et économique (depuis la reconquête du terrain social et jusqu'au développement de la productivité) sur des secteurs traditionnels (industrie et services) et à fort niveau de croissance (énergie). Il conduit par ailleurs des projets impliquant une dimension politique (acceptation d'une grande infrastructure auprès des populations). Il est, aussi, coauteur avec ses associés (Jean-Marc Charlet, Vincent Saule, Philippe Schleiter) d'un ouvrage[2]…

S'il s'agit bien d'un roman, il repose néanmoins sur l'histoire vécue d'une entreprise en crise qui va changer le mode de relation interne pour devenir adepte de l'adap-

---

1. Pascal Picq, *Un paléoanthropologue dans l'entreprise*, Éditions Eyrolles, 2011.
2. *Le Livre du changement, ou l'extraordinaire aventure de Philippe, Frédéric, Anne et les autres*, Éditions Eyrolles, 2011.

tation au changement vécue comme une aventure heureuse.

« Que c'est difficile, aujourd'hui, de diriger une entreprise industrielle en Europe ![1] *»*

« Quand tous les livres, tous les articles, tous les chiffres montrent l'inéluctable désindustrialisation : au-delà de l'entreprise, c'est le centre de gravité mondial des affaires qui se déplace vers l'Asie. Depuis les deux guerres mondiales et leurs ravages, l'Europe est reléguée au rang des puissances de second ordre. »

« Or le manager est un combattant. Homme ou femme de défis, il constate chaque jour que la guerre économique fait rage et qu'il ne sera fait aucun cadeau à son entreprise. Le manager français, particulièrement, constate au quotidien l'écart qui s'accroît entre les efforts à fournir dans le monde de l'entreprise, par lui-même et ses collaborateurs, et cette si dangereuse illusion du confort économique que chacun veut, légitimement préserver. »

« Quant à la difficulté à réformer ce vieux pays… Elle fait partie des gènes ! »

« Ainsi, non seulement le manager se bat pour sa survie, non sans atouts d'ailleurs, mais il est au quotidien immergé dans une bulle médiatique, sociale, morale, qui refuse l'image même de cet affrontement. »

« En tant qu'être humain, en revanche, père ou mère de famille, il est comme tous ceux qui, à en croire les récents sondages, sont persuadés que le niveau de vie de leurs enfants sera inférieur à celui qu'ils auront eux-mêmes connu. »

« Oui, le manager est un combattant courageux qui mérite aide et sympathie, au-delà de sa personnalité propre. »

Pour comprendre et interpréter les extraits de ce livre, pour leur donner plus de poids, il ne suffit pas de savoir que le métier des auteurs est d'accompagner au plus près des dirigeants de société. J'ai voulu mieux connaître Alter&Go

---

1. *Ibid.*

et faire partager mes convictions quant au rôle primordial de l'humain en 2012. Tout d'abord quelques informations que me donne Xavier Sabouraud : Alter&Go a comme genèse l'idée partagée par les cadres fondateurs que ce qui fait défaut, aujourd'hui, aux entreprises ce n'est pas l'organisation, la stratégie ou les systèmes. C'est la capacité à réaliser effectivement les décisions de changement. Ils avaient de l'expérience sur ce damier-là, et il y a huit ans, ils ont décidé de se spécialiser sur ces prestations. Ils ont développé une méthodologie pour répondre à ces problématiques, exclusivement centrée sur l'accompagnement d'un dirigeant et de sa ligne de management dans la réalisation concrète, efficiente, mesurable des modifications qui la plupart du temps ont été décidées en haut et sont plutôt subies en bas. Il faut reconnaître que le changement n'est pas toujours empreint d'une grande démocratie dans l'organisation. Tout leur savoir-faire est d'accompagner cela : créer, développer et diffuser les meilleurs dispositifs méthodologiques et opérationnels permettant d'aider les managers courageux à révéler et mettre en œuvre leur potentiel d'action au service des projets de changement dont ils ont la charge. Alter&Go est une belle entreprise qui progresse depuis sa naissance à un rythme de 30 % de croissance par an. Ils sont 60 collaborateurs, dont Xavier Sabouraud :

> « Nous travaillons avec des entreprises et des clients extraordinaires qui sont tous courageux, déterminés face à des enjeux fabuleux parce que chaque fois, cela va conduire à emmener avec eux le plus grand nombre de collaborateurs dans un contexte pas aussi facile que celui des Trente Glorieuses. Depuis huit ans, on parle de crise et il est à craindre que les années à venir ne dérogeront pas à cette situation. »

Quels sont les enjeux du changement ? Pour commencer, il est indiscutable que le bien-être n'était pas, n'est toujours pas, pour beaucoup de dirigeants, un volet de leurs préoccupations. Ensuite, à mieux connaître les mutations qu'Alter&Go préconise, on remarque que le retour au développement passe par l'engagement solidaire de l'ensemble du personnel. Les enjeux du changement sont essentiellement humains et sont variables d'un métier ou d'un contexte à un autre. Comprendre comment Alter&Go intègre les problématiques d'une société est utile pour saisir sa méthode et renforcer mon argumentation par son jugement sur la situation économique.

Pour appréhender la culture d'une entreprise, comprendre son métier, la relation commence par l'écoute des gens, des collaborateurs. Parler de ce qu'ils font, de la manière dont ils le font, à commencer par le leader, qui est en général le premier rencontré. Au bout de quelques minutes, les langues se délient, les anecdotes commencent à se faire jour, et l'on découvre tout un pan de l'entreprise, de ses rythmes, de ces coutumes. Xavier Sabouraud explique :

> « Deux heures après, vous en savez presque autant que la personne qui est en face de vous. Il faut une certaine compétence pour comprendre comment ça marche, mais notre métier, à nous, n'est pas de comprendre comment marche la partie technique chez notre client. Il faut évidemment s'y intéresser, mais on se rend compte que nos clients connaissent très bien les aspects techniques. Ils ne nous attendent pas sur ce sujet, mais sur la dimension humaine du changement. Pour eux, la dimension technique liée au changement ou ne fût-ce que la vie de l'entreprise est totalement indexée, prise en main par le management et les techniciens de l'entreprise, en revanche la dimension humaine, pas du tout. C'est pour cela qu'ils font appel à Alter&Go. »

L'homme n'a fait que et continue à changer

Xavier Sabouraud n'est pas d'accord sur l'idée que le changement en France serait plus difficile qu'ailleurs.

« On dit beaucoup de bêtises sur la problématique du changement. Je vais vous donner une petite anecdote. Un thérapeute,
dont je ne citerai pas le nom par respect, a eu l'idée qu'il fallait
suivre un processus, avec un certain nombre d'étapes, pour
accompagner le deuil de quelqu'un dans une famille. Le processus qu'il a élaboré décrit toutes les étapes de celui-ci pour
faire en sorte qu'au bout d'un certain temps la personne fasse
effectivement son deuil. Des consultants, très pertinents (!),
ont trouvé cela intéressant et ont imaginé le deuil comme un
changement. Donc la courbe du changement, c'est la courbe du
deuil et donc, tous les changements sont devenus des deuils. »

L'enseignement ne favorise pas la flexibilité

L'appréhension de changement, synonyme de perturbation, est une aberration absolue qui fait partie des choses
transmises à l'intérieur de certains établissements d'enseignement supérieur. On apprend aux jeunes dirigeants
que changer est négatif, comme un deuil. Ensuite ce qui
est ressenti du changement, c'est ce que l'on vous en dit,
pas forcément ce que vous vivez. Les partenaires sociaux
qui ne sont généralement pas favorables au changement
en font un levier de négociation, et c'est assez logique. La
presse, pour vendre ses journaux, préfère parler des trains
en retard plutôt que de tous ceux qui sont à l'heure. Donc,
ce que vous entendez dire de la problématique du changement, c'est une dimension de négociation ou commerciale
pour promouvoir.

« Ce qu'on vous transmet, c'est de la contrainte, de la difficulté
et quelque chose d'insupportable. Alors que l'homme n'a fait
que et continue de changer tout le temps. Quand on voit le parcours réalisé par l'humanité, depuis le moment où l'homme se
dresse pour marcher dans la savane jusqu'à aujourd'hui, c'est
juste fascinant. Aurait-il pu le faire sans se transformer ? À qui
veut-on faire croire cela ? L'homme est fait pour changer ! C'est
notre thème et c'est notre rôle de nous en occuper. »

Les États-Unis, pays de l'adaptation permanente

Pour s'en convaincre, il suffit de répondre à une simple question : quel est le pays dominant dans le monde ? Lequel fait émerger les innovations les plus fortes ? Les États-Unis évidemment, pays du changement. Il suffit de voir l'état de la France, de l'Europe pour comparer. Dans quel pays y a-t-il le plus de publications sur les sujets économiques ? Où se penche-t-on sur la problématique du bien-être au travail, sur celle de la relation à l'entreprise ? C'est dans les pays anglo-saxons. Certes, ils ne sont pas parfaits, ce n'est pas un monde idéal à l'opposé de l'enfer, mais leur agilité naturelle, culturelle, fait défaut dans la vieille Europe et notamment dans la vieille France. *Nous sommes englués dans des dispositifs sclérosants, alors que l'Allemagne, aussi ancienne, a su développer un modèle social dans un équilibre tout à fait différent.* En fait, ce n'est pas le changement qui est en cause, c'est ce qu'on en a fait. Ce n'est pas le fait de changer, c'est la manière de prendre le sujet et on a créé, par incompétence, les freins qui existent aujourd'hui. Le changement est indispensable et naturel. Il est dans la nature des choses et l'on a, parfois, l'impression que l'on nie cette évidence. De la même manière qu'on a toujours eu du mal avec la mort, c'est une certitude qu'à un moment donné on n'en est plus là et cela fait partie des choses naturelles qu'il faut assumer.

Comment se crée la confiance ?

Cette question, je la pose à mon interlocuteur :

«Je crois que la confiance est là, mais elle n'est pas révélée. Qu'est-ce qui fait que la dimension de confiance soit le fait des individus ou d'un collectif ? C'est le succès, c'est le fait de réussir à faire quelque chose. Et, donc, il faut fixer des étapes, des moments qui vont permettre d'engranger, d'une certaine manière, un début de succès. Et ce dernier, en amenant un autre, on prend confiance et on avance. Évidemment, il faut viser juste. Si vous demandez à quelqu'un de courir 10 km du jour au lendemain, il n'y arrivera pas. Il va se blesser ou il abandonnera et dira que ce n'est pas pour lui. Il faut adapter l'objectif en fonction de ses capacités. Dans ce cas, il va constater qu'il a réussi et petit à petit il va reprendre confiance en lui. Il faut proposer un parcours, un chemin qui va organiser le succès. Il faut, aussi, donner de l'autonomie pour permettre aux acteurs de se révéler à eux-mêmes qu'ils sont en capacité de faire des choses, en capacité de gagner ceci ou cela. »

Dans un chapitre suivant, je soutiens qu'il est important de créer des moments de rencontre que j'ai appelé des espaces temps d'échanges.

Pour que la confiance en eux s'établisse, il est nécessaire aussi qu'ils se parlent entre eux. Que les différents acteurs d'un projet se rendent compte qu'ils ne sont pas tout seuls à faire le job, à agir. Il y a des interrogations sur la solution, sur la pertinence de ce que l'on veut faire. Ils ne sont pas les seuls à se poser des questions et en discutant entre eux, ils trouvent des solutions beaucoup plus innovantes que celles qu'ils avaient imaginées au départ. Organiser tout cela fait partie, aussi, de la méthode Alter&Go.

On doit aussi s'intéresser à la confiance dans l'encadrement. Cela se gagne quotidiennement en parlant vrai dans la limite de ce qui est communicable. Expliquer les choix, être équitable, et favoriser l'expression des opinions est, me semble-t-il, une attitude positive vis-à-vis d'une opinion publique aujourd'hui, plus informée, plus instruite que dans le passé.

Le bien-être dans les entreprises va-t-il progresser ?

Il s'agit de faire en sorte que ce nouveau mode de relation progresse, même si beaucoup de chemin reste à faire. En fait, Xavier Sabouraud pense que nous n'avons pas le choix, comme l'exprime, en annexe, Marie-Christine Oghly, présidente du Medef Île-de-France.

> « Ce serait logique, mais on peut croire encore dans les vieilles recettes. La prise de conscience, aujourd'hui, est-elle suffisamment percutante pour qu'enfin on s'intéresse au sujet par un autre bout que celui du bénéfice de l'hypercourt terme ? Je le souhaite, je n'en suis pas encore convaincu. »

Il ajoute qu'en 2008, il avait l'illusion que le monde de la finance allait changer. En 2012, rien n'a bougé. En tout cas, Alter&Go cherche à contribuer à l'émancipation des dirigeants sur ces problématiques. Certains de ses clients sont en demande justement sur ces dimensions de motivation épanouissante et pour travailler sur la manière de rendre concret ce sujet du bien-être. Dans l'entreprise, c'est l'envie d'y arriver le matin, de quitter le soir clair dans sa tête, d'avoir envie d'innover, de faire des choses différentes tous les jours ou en tout cas de participer à la vie réelle de l'entreprise. Mais c'est avoir de temps en temps d'autres signes de satisfaction, des remerciements, de l'éthique, du respect par l'encadrement. Tous ces éléments participent du bien-être et le premier de tous, c'est comprendre le sens du travail exécuté.

Xavier Sabouraud conclut : « J'ai toujours été convaincu que le travail était une source de bien-être en tant que tel et de découverte de soi, tout autant que de contribuer à la valeur de l'entreprise, de se révéler au même titre que le sport ou que la politique pour certains. Les entreprises, de toute façon, n'ont pas le choix : dans les dix ou quinze ans, il y a un enjeu majeur à ce que les dirigeants comprennent que le facteur humain dans leur organisation est déterminant. C'était déjà le cas hier. On pouvait semble-t-il s'en passer. Demain, ce sera impossible. La génération Y prend la relation au travail de manière très utilisatrice. Ça me sert à quelque chose, ça me permet de me développer, de financer ma vie. Je prends, je vais m'investir et si je ne trouve pas ça, et bien je change. Vous me considérez comme interchangeable, et bien moi, aussi, je sais interchanger. Qu'est-ce qui fait que ces générations-là s'inscrivent dans la durée et ont une forte contribution dans l'entreprise ? C'est le sens que l'entreprise donne à l'action qu'ils mènent. Heureusement, il y a beaucoup d'entreprises qui ont des collaborateurs de la génération Y et qui fonctionnent très bien parce qu'elles apportent une réponse à leurs questionnements entre équilibre vie privée et vie professionnelle. C'est peut-être le développement des crèches d'entreprise, des horaires variables, des conciergeries. C'est surtout l'action courageuse de managers déterminés qui tracent la voie du progrès, de la performance, et de plus en plus de la survie de l'entreprise. Ils ne peuvent faire cela sans méthode de mobilisation et sans collaborateurs engagés à leurs côtés. Ceux-là ne le font plus sous la contrainte. Les temps ont changé. Mais parce que convaincus de partager un destin et un bien commun, ils s'organisent pour conquérir – dès lors avec enthousiasme – le défi qu'ils pensaient impossible. »

CONNAISSEZ-VOUS « LE PRÉSENTÉISME » ?

L'utilisation d'un nouveau mot dans la langue identifie généralement de nouveaux phénomènes de société. Le présentéisme est certainement de ceux-là. Au travail, les employés étaient présents ou absents, compétents ou pas. On constate, aujourd'hui, dans de grands groupes *une résistance passive de gens au travail* complètement désabusés. Je peux témoigner de mon expérience vécue dans un grand groupe de distribution (l'un des premiers dans le monde). Ses fondateurs avaient su donner à l'encadrement, depuis les acheteurs, les chefs de rayon jusqu'aux directeurs de magasin, une large autonomie jusque dans les années 1990. Il était de bon ton d'avoir des initiatives nouvelles au risque de quelques déboires. Mais globalement, cette décentralisation avec ce sentiment d'être des chefs d'entreprises dans chaque rayon a permis à cette société de gagner des parts de marché dans beaucoup de régions du monde. L'arrivée d'un nouveau P-DG convaincu de la nécessité de «massifier» tous les métiers, avec le concours du numérique a imposé une vision globale (au centimètre près dans les rayons). Cette population de *«combattants»* est devenue passive, désabusée convaincue qu'aucun effort de créativité ne serait reconnu et récompensé; voire perçu comme un acte d'indiscipline. Ils se sont installés dans un service minimum. C'est cela le «présentéisme». Le groupe en question rencontre des difficultés qu'il tente de résoudre en organisant une valse de présidents. Lesquels, chacun à leur tour, se font fort de dynamiser les équipes sans remettre en question ce management... Le présentéisme a encore de beaux jours dans cette société.

Ce renoncement impacte aussi la santé économique des employeurs. Pour preuve, l'une des grandes institutions de prévoyance française, le groupe Apicil, a édité et mis en ligne en juin 2011 sur son site[1] un livre blanc: *La Santé au travail, approche économique du bien-être (ROI & RSE).*

Groupe Apicil
«L'approche économique du bien-être (ROI & RSE)[2]»

Je vous propose, avec leur accord, quelques extraits, mais je vous recommande aussi de visiter leur site car ce livre blanc aborde, de manière détaillée et actualisée, le sujet de la santé au travail.

---

1. Vous pouvez trouver l'intégralité de ce livre blanc à l'adresse suivante: http://www.apicil.com/entreprises/contacter_apicil/livreblanc/livreblanc.jsp
2. *La Santé au travail, approche économique du bien-être (ROI & RSE).*

« Le présentéisme »

« *Terme encore confidentiel, venu du Québec, concerne bon nombre d'entreprises qui souvent l'ignorent.* »

« *Le présentéisme peut être défini comme l'inverse de l'absentéisme ou du* **burn out**. *Le collaborateur est présent à son poste de travail mais dans l'incapacité de fournir la prestation attendue soit par épuisement physique ou psychique soit simplement par démotivation.* »

« *Le présentéisme est généralement la résultante de maladies physiques et psychiques, chroniques ou épisodiques. Mais le terme englobe également une baisse de performance liée à la difficulté que rencontre un salarié à surmonter des problèmes privés ou/et professionnels. Il peut également être la conséquence d'un niveau de stress trop élevé, d'une surcharge de travail (dans ce cas, on parle de "burn in") ou d'une baisse de motivation ("démission intérieure"). Quelle qu'en soit la cause, le présentéisme se traduit par une baisse, parfois forte, de la productivité engendrant des baisses de rendement parfois aussi importantes que celles consécutives aux jours d'absences pour raison de santé.* »

« *Un phénomène qui n'a pas échappé aux DRH. Selon l'enquête de l'Observatoire Cegos sur le climat et les relations sociales dans les entreprises, 63 % des DRH constatent que les réclamations (salaires, primes, management) non satisfaites des salariés débouchent surtout sur du désengagement et de l'absentéisme.* »

« *Ainsi, non seulement le phénomène de l'absentéisme s'accroît,*[1] *mais également les dérives comportementales (53 %) et la baisse d'implication dans le travail (51 %).* » « *Près d'un travailleur sur quatre se dit gêné par un problème de santé lié au travail.* »

« *À la différence de l'absentéisme, qui se caractérise par des salariés absents physiquement de l'entreprise, le présentéisme concerne des personnes qui viennent sur leur lieu de travail, mais qui ne sont pas actives, ou pas productives. L'entreprise doit donc faire face à des collaborateurs qui ne travaillent pas à 100 % de leurs possibilités. Dans certains cas, on constate même qu'ils ne travaillent pas à plus de 5 % de leur capacité réelle.* »

---

1. En 2011, l'absténtéisme régresse, sans doute en raison en raison de l'accroissement du chômage.

« Le coût du mal-être pour l'entreprise »

« Nul ne peut ignorer que la santé physique et psychologique et le bien-être des salariés dépassent le seul cadre législatif. Car aujourd'hui, l'enjeu de l'amélioration de la qualité de vie au travail est bien d'ordre économique, de nombreuses études prouvant qu'elle contribue à assurer la rentabilité et la pérennité de l'entreprise. »

« Car si la souffrance au travail a d'abord un coût humain, elle a aussi un coût économique pour l'entreprise (absences et conséquences négatives sur les autres salariés, allant jusqu'à la démotivation généralisée), et un coût pour notre système de protection sociale.

Ainsi, un rapport du BIT estime le coût du stress dans nos sociétés au minimum à 3 % du PIB. »

Ce livre blanc, très documenté, soutient cette argumentation avec beaucoup de chiffres. Je reprends, plus loin, certains d'entre eux, mais ce qui semble indiscutable est le coût et les conséquences pour les entreprises.

Imagine-t-on que les salariés mettent aujourd'hui sur un même plan le salaire et le bien-être ? Le propos de ce livre est moins de vous convaincre par les statistiques que par une compréhension « humaniste » d'un profond changement de mentalité dans notre société.

Autre extrait du livre blanc…

« En 2012, non seulement les risques professionnels sont moins bien acceptés, mais la conception harmonieuse du travail est un souhait pour une majorité des salariés qui aspirent à mieux vivre leur emploi. 51 % d'entre eux considèrent que leurs conditions de travail sont plus importantes que leur niveau de rémunération et cette demande augmente au fur et à mesure que la population active se féminise et vieillit. »

Dans ce chapitre, le livre blanc du Groupe Apicil me fournit beaucoup d'arguments. Il est intéressant de savoir qui est ce groupe et les raisons de son engagement pour plus d'humanité dans les relations de travail. J'ai eu la chance de rencontrer Marie-Ève Saint-Cierge Lovy, directrice marketing de cette institution dont le siège et les origines sont lyonnais.

« Apicil est un groupe de protection sociale parmi les quatre premiers français ; notre gouvernance est paritaire. Nous n'avons aucun actionnaire à rémunérer ; nos structures à but non lucratif sont dirigées par un conseil d'administration composé de représentants des salariés et des employeurs. Notre expertise historique en retraite est complétée de quatre métiers : la santé, la prévoyance, l'épargne-retraite et l'action sociale. Nous sommes d'origine lyonnaise, très fortement implantés en Rhône-Alpes, mais on compte plus de 55 000 entreprises clients partout en France et nous protégeons près d'un million d'assurés. Tout notre développement stratégique est basé sur notre volonté d'être le partenaire de référence des entreprises pour améliorer leur performance sociale. Nous pensons que l'un des axes de la performance d'une entreprise est le capital humain, c'est même très certainement l'élément majeur [...]. Sur notre plaquette de présentation des services aux entreprises, une partie des illustrations est composée à partir de portraits des salariés du groupe, ils posent en couverture au-dessus de la *baseline* : protéger ceux qui comptent le plus pour votre entreprise [...]. La performance économique d'une entreprise passe par la bonne santé de ses salariés. Depuis plusieurs années nous menons des interventions de prévention tertiaire. Par exemple, lorsqu'un salarié est en arrêt de travail de longue durée, nous avons des dispositifs pour accompagner sa reprise d'activité. Cette démarche est gagnante pour tout le monde : elle aide le salarié à sortir de son isolement, facilite son retour à l'emploi et lui procure du "mieux-être" – elle permet à l'employeur de retrouver un collaborateur efficace et opérationnel le plus rapidement possible –, elle diminue le coût des indemnités pour arrêt de travail au bénéfice de l'assureur et de l'entreprise assurée ! *Ces initiatives sont efficaces mais jusqu'à présent elles étaient focalisées sur le "mal-être" déclaré, c'est-à-dire lorsque le risque est avéré. L'idée est de remonter un cran en avant pour repérer les gens qui, demain, pourraient basculer dans la souffrance.*

L'objectif est de travailler en prévention primaire pour arriver à garder les collaborateurs en bonne santé physique et psychique : agir en amont pour qu'ils ne basculent pas, voire idéalement, faire en sorte qu'un maximum de salariés reste en forme.»

Pourquoi ce livre blanc ?

«Au départ, la démarche n'était pas d'écrire un livre blanc. Depuis cinq ans nous animons un cercle de DRH sur des problématiques de protection sociale. Nous avons abordé plusieurs sujets et l'un d'entre eux est revenu d'une manière prégnante : comment, à travers des opérations de prévention, l'entreprise peut-elle maîtriser efficacement son budget santé-prévoyance ? Nous avons alors entamé un travail de recherches qui nous a amenés outre-Atlantique, en particulier au Québec. Nous avons d'ailleurs organisé un voyage d'études auquel des DRH ont participé. Cela nous a permis de rencontrer d'autres assureurs, des responsables d'entreprises ayant déjà l'expérience de programmes d'actions pour améliorer la santé au travail. Tous ont témoigné sur les bénéfices et sur les performances financières que leur organisation avait tirés de ces expériences. Quand nous sommes rentrés, nous avons voulu compiler tous ces travaux pour faire une sorte d'état de l'art sur le sujet.»

Le bonheur est-il économique ?

«Nous avons voulu démontrer qu'il y a bien une corrélation entre la performance économique d'une entreprise et le "bonheur" de ses salariés. L'humain dans l'entreprise n'est plus alors une simple ressource, il est un capital à préserver.»

«Si l'objectif de toute entreprise est et doit rester la performance économique, nous voulions démontrer qu'une entreprise ne peut pas être performante durablement sur le plan économique, si elle ne l'est pas également sur le plan social. Pour cela, la notion de présentéisme s'impose d'elle-même. À l'inverse de l'absentéisme, qui se caractérise par des salariés absents physiquement de l'entreprise, le présentéisme concerne les collaborateurs présents sur le lieu de travail mais qui ne sont pas productifs, qui ne se donnent pas à 100 %. Ce nouveau concept permet de faire prendre conscience aux dirigeants que ces collaborateurs non efficaces sont un coût indirect mais significatif pour l'entreprise. »

« Aujourd'hui, la plupart des entreprises mènent des actions de prévention, rares sont celles qui n'ont rien fait. En revanche, ce sont souvent des actions isolées, non suivies dans le temps et qui n'approchent pas la globalité des problématiques et du coup les gains sont difficilement mesurables. Ce qui est vraiment important, c'est de sortir de ces initiatives pour aller vers un véritable programme de prévention composé d'actions de prévention tertiaire – pour aider les collaborateurs déjà en souffrance mais également intégrant des solutions de prévention primaire – pour préserver l'ensemble du capital humain de l'entreprise. »

« Quelques entreprises sont en avance et vont déjà vers ça. Elles essayent alors d'intégrer ces politiques à leur stratégie, à leur *business plan* stratégique avec un indice de bien-être ou de mal-être comme un élément de valeur ajouté. »

Apicil initie des programmes

« Nous avons lancé un laboratoire d'expériences : cinq entreprises aujourd'hui y participent et testent deux programmes différents. Le premier c'est "ma santé, je m'en occupe" qui est axé principalement sur la santé physique et psychologique de l'individu. Ce programme vient du Québec, il est testé par exemple par notre client la société Arkoon[1]. »

« L'objectif du premier programme est de poser un diagnostic sur la santé globale de l'entreprise. Ce qui est vraiment important et différent, c'est que chaque collaborateur reçoit son bilan de santé personnel et confidentiel. Trop souvent, il lui

---

1. Vous trouverez en page 245 le contenu détaillé et les résultats déjà acquis dans cette société dont je raconte l'histoire, très emblématique.

est demandé de se dévoiler, de donner de lui-même pour établir un diagnostic de l'entreprise mais dans la plupart des cas, au final, il n'a aucun retour sur sa propre santé. Dans notre expérience, l'objectif est avant tout de le rendre acteur de sa santé, de le mettre en mouvement. Ce diagnostic vise à l'amélioration des habitudes de vies ; il aborde le sommeil, l'activité physique, l'alimentation, le stress, les dépendances, les relations de travail et les pratiques de management. »

« En parallèle, nous testons une autre démarche, différente mais complémentaire. La mise en place de l'IBET® – Indice de bien-être au travail. Cette initiative est très en amont des plans d'action, elle permet d'intégrer l'indicateur de performance sociale de l'entreprise, directement à son bilan financier. Sa lecture en revanche, permet de mettre en exergue des problématiques organisationnelles de l'entreprise, pour redescendre ensuite sur la santé physique et psychologique... »

« La communication interne dans ce type de dispositif est essentielle. CHSCT, partenaires sociaux, RH, médecine du travail, comité d'entreprise, encadrement de proximité, il est important de bien expliquer la démarche, que chacun en comprenne l'intérêt et se l'approprie. D'ailleurs, une des vertus premières de ce type d'initiative est d'asseoir tout le monde autour de la table pour former un comité santé, faire comprendre qu'il y a un intérêt de performance économique, mais aussi un intérêt en bout de chaîne pour le collaborateur. C'est vraiment un cercle gagnant/gagnant qui dynamise le dialogue social. »

« En cernant mieux les facteurs de risque, en priorisant les actions de prévention, en réduisant la durée et la fréquence des arrêts de travail, les employeurs, comme les assureurs maîtriseront mieux les coûts de santé et prévoyance en entreprise. Il est indispensable pour les acteurs comme Apicil d'innover, de proposer des solutions pour améliorer les comptes de résultats des contrats. Arriver à maîtriser ce risque, ce n'est pas uniquement une question d'ambition sociale, c'est aussi clairement la seule façon de pérenniser durablement le système de protection sociale. »

Quelques chiffres du livre blanc Apicil

- Au niveau européen, le coût du stress d'origine professionnelle est estimé à environ 20 milliards d'euros par an (au moins 10 % des coûts des problèmes de santé liés au travail ont un rapport avec le stress au travail). De plus, d'après une enquête de 1999 réalisée par l'Agence européenne pour la sécurité et la santé au travail dans les 15 États membres, le présentéisme impacte la productivité, le stress concerne 22 % des travailleurs et serait à l'origine de 50 à 60 % de l'ensemble des journées de travail perdues.

- Plus récemment, en 2007, l'INRS a évalué le coût du stress professionnel en France. Les résultats montrent que, sur une population active de 27,8 millions de personnes, le coût social du stress professionnel est compris entre 1,9 et 3 milliards d'euros, incluant le coût des soins et la perte de richesse pour cause d'absentéisme, de cessation précoce d'activité et de décès prématurés. Une évaluation *a minima*, les chiffres réels étant vraisemblablement bien supérieurs. En effet, dans cette étude, la mesure du stress s'appuie sur le modèle de Karasek qui prend en compte le « *job strain* » ou « situation de travail tendue » qui ne représenterait que 24 % des situations de travail fortement stressantes pour les hommes et 37 % pour les femmes (travaux de Niedhammer *et al.* 2006). De plus, seules trois pathologies (maladies cardio-vasculaires, dépression et TMS) ont été retenues excluant les maladies immunitaires, allergiques ou encore les désordres hormonaux.

- S'il est difficile de calculer précisément l'impact du « présentéisme » sur la productivité de l'entreprise, ce qui revient à juger dans quelle proportion le travail effectué pourrait être plus important, son coût est bien réel. Il semblerait même que ses effets soient de 3 à 5 fois plus importants que ceux de l'absentéisme.

- Aux États-Unis, on évalue que pour l'entreprise, les frais directement ou indirectement liés à la mauvaise santé des salariés se répartissent ainsi :
  - 25 % pour les frais de santé à proprement parler ;
  - 8 % pour l'équivalent de la sécurité sociale et donc pour la compensation accordée lorsqu'un salarié est victime d'un accident du travail ;

– 7 % pour l'absentéisme ;
– 60 % pour le « présentéisme ».
- Une étude américaine (*Journal of the American Medical Association*, n° 18, 12 nov. 2003 et n° 23, 18 juin 2003) a déterminé que 75 à 80 % des heures de travail perdues correspondaient aux suites du présentéisme et seuls 20 à 25 % aux heures d'absence effective. Une politique de bien-être au travail doit donc permettre de diminuer le nombre de ces salariés qui font acte de « présentéisme ».
- Évoluer d'une notion de santé au travail vers celle de bien-être au travail.

« *En ce qui concerne les remèdes à apporter* (au mal-être, NDLR), *la mission est arrivée à la conclusion que les démarches de prévention et de soins sur une base individuelle, consistant par exemple à installer des équipements sportifs sur le lieu de travail ou à créer un numéro vert, peuvent avoir leur utilité à court terme mais ne sauraient être suffisantes. (…) Il convient donc de se concentrer plutôt sur les aspects collectifs, qui touchent à l'organisation et aux méthodes de management en vigueur dans les entreprises et les administrations.* »

« Le bien-être n'est pas un obstacle à l'efficacité économique mais que les deux vont au contraire de pair. »

« Le mal-être au travail coûte trois points de PIB à l'Union européenne. »

Rapport « Bien-être et efficacité au travail »

Pour aider les gestionnaires, particulièrement ceux des PME, à prendre conscience que leur entreprise a besoin d'employés bien formés, motivés, en bonne santé et que les initiatives en matière de prévention santé peuvent les aider à atteindre leurs objectifs de rentabilité et de rendement, l'EU-OSHA a identifié un certain nombre d'arguments économiques[1] :
- une augmentation de la productivité ;
- une meilleure continuité des activités (la baisse du nombre d'accidents permet de réduire la durée et l'impact des interruptions) ;

---

1. Rapport « Bien-être et efficacité au travail ».

- la baisse des primes d'assurance et/ou des indemnisations aux travailleurs ;
- une meilleure motivation du personnel.

Ce livre s'adresse tout naturellement aux DRH mais plus généralement à tous les dirigeants d'entreprises et par la suite, j'aurai de multiples témoignages de ces femmes et de ces hommes nouvellement issus des évolutions de notre société. Hier, il y avait des directions du personnel dans un rôle administratif et comptable, aujourd'hui, les directions de ressources[1] humaines ont une vocation beaucoup plus large et une responsabilité sur l'état de santé morale et physique des collaborateurs de l'entreprise. Pour introduire le sujet, vous trouverez ci-dessous deux entretiens de personnes représentatives et compétentes, deux DRH qui, après des fonctions importantes dans l'entreprise, exercent aujourd'hui des responsabilités dans le cadre de l'ANDRH.

Rapport « Bien-être et efficacité au travail »

En 2009, les autorités politiques ont pris conscience de ce lourd handicap pour l'économie dans leur recherche de compétitivité. François Fillon, Premier ministre a chargé une commission de l'éclairer sur ce sujet. Il est intéressant de prendre connaissance d'un extrait de ce rapport.

Celui-ci, remis en février 2010, définit dans son préambule les raisons morales et économiques du sujet.

« La santé n'est pas l'absence de stress ou de maladie : c'est un "état de complet bien-être physique, mental et social (qui) ne consiste pas seulement en une absence de maladie ou d'infirmité", selon la définition donnée par l'organisation mondiale de la santé. Si santé égale bien-être, alors les entreprises ne peuvent limiter leur action aux risques psychosociaux. Celle-ci demeure indispensable : mais elle n'est qu'un élément d'un enjeu plus large, la valorisation du bien-être des salariés dans l'entreprise. Il s'agit pour les entreprises

---

1. Le mot ressource à propos d'être humain me dérange ! C'est pour moi un atavisme de cette conception matérialiste de notre société. Mettre sur un même plan les matières premières et l'humain me semble incompatible.

d'une démarche à la fois sociale et économique : car la santé des salariés est une source incontestable d'efficacité dans le travail, et donc de performance individuelle et collective. Travail et santé entretiennent même une double relation : d'une part, la santé est la condition d'un travail de qualité. D'autre part, le travail, effectué dans des conditions adéquates, est facteur de santé et de réalisation personnelle[1]. »

Ces dix propositions déclinent, sous différents aspects de la vie en entreprise, l'idée selon laquelle la valeur d'une structure est celle des hommes qui la compose. Elle constitue un matériau que chaque métier, chaque secteur et chaque entreprise pourra s'approprier et mettre en œuvre en fonction de ses enjeux et en tenant compte de sa culture. Je vous propose d'en prendre connaissance.

10 propositions pour améliorer la santé psychologique au travail

Présenté par Henri Lachmann, président du conseil de surveillance de Schneider Electric, Christian Larose, vice-président du Conseil économique, social et environnemental, Muriel Pénicaud, directrice générale des ressources humaines de Danone, avec le support de Marguerite Moleux, membre de l'Inspection générale des affaires sociales

1. L'implication de la direction générale et de son conseil d'administration est indispensable.
L'évaluation de la performance doit intégrer le facteur humain, et donc la santé des salariés.
2. La santé des salariés est d'abord l'affaire des managers, elle ne s'externalise pas.
Les managers de proximité sont les premiers acteurs de santé.
3. Donner aux salariés les moyens de se réaliser dans le travail.
Restaurer des espaces de discussion et d'autonomie dans le travail.

---

1. Rapport « Bien-être et efficacité au travail », p. 6.

4. Impliquer les partenaires sociaux dans la construction des conditions de santé.
Le dialogue social, dans l'entreprise et en dehors, est une priorité.
5. La mesure induit les comportements.
Mesurer les conditions de santé et sécurité au travail est une condition du développement du bien-être en entreprise.
6. Préparer et former les managers au rôle de manager.
Affirmer et concrétiser la responsabilité du manager vis-à-vis des équipes et des hommes.
7. Ne pas réduire le collectif de travail à une addition d'individus.
Valoriser la performance collective pour rendre les organisations de travail plus motivantes et plus efficientes.
8. Anticiper et prendre en compte l'impact humain des changements.
Tout projet de réorganisation ou de restructuration doit mesurer l'impact et la faisabilité humaine du changement.
9. La santé au travail ne se limite pas aux frontières de l'entreprise.
L'entreprise a un impact humain sur son environnement, en particulier sur ses fournisseurs.
10. Ne pas laisser le salarié seul face à ses problèmes.
Accompagner les salariés en difficulté.

D'autres pays ont déjà pris des dispositions. J'ai souligné l'avance du Québec, et plus près de nous, la Belgique.

LA BELGIQUE ET LE BIEN-ÊTRE

La Belgique a légiféré sur ce sujet. La loi du 4 août 1996 relative au bien-être des travailleurs lors de l'exécution de leur travail est la loi de base dans le domaine de la sécurité et de la santé au travail. Vous pourrez trouver plus d'informations sur le site : SPF Emploi[1].

---

1. http://www.emploi.belgique.be/home.aspx

Parmi les motivations qui justifient de se préoccuper de ses collaborateurs, il y a l'image de l'entreprise qui est devenue un actif incontestable. Il suffit de voir les conséquences lorsqu'un drame arrive. Plus loin dans ce livre, Jean-Michel Garrigues, DRH de grands groupes et journaliste de l'hebdomadaire *Personnel*, revue de l'ANDRH, évoque ce sujet en relativisant le caractère exceptionnel du nombre de suicides chez France Télécom comparé à la moyenne annuelle dans une population donnée. Et pourtant…

L'IMAGE OU… « LA FORCE DE L'IMMATÉRIEL[1] »

Ce titre de paragraphe propose une expression que j'emprunte au titre du livre de Laurent Habib, P-DG d'Euro RSCG C&O, directeur général d'Havas en France et président de l'Observatoire de l'Immatériel, ajoute un dernier aspect économique essentiel aujourd'hui de l'image publique de la société. Dans ce livre, l'auteur défend l'idée que la valeur marchande des marques et l'image de marque de l'entreprise devraient faire partie des actifs dans un compte d'exploitation.

Si mon objectif est de démontrer la valeur économique du bien-être dans l'entreprise, on connaît, aujourd'hui l'importance de l'opinion publique dans la valeur marchande d'une marque. Il s'agit bien de valeur immatérielle. Laurent Habib en parle page 31 :

« Nous avons besoin de la matière pour assouvir nos besoins fondamentaux – nous vêtir, nous déplacer, travailler, nous divertir… et nous n'avons jamais été autant entourés d'objets. Mais ce qui caractérise ces objets, c'est la baisse relative de leur valeur immatérielle et symbolique. Ce constat s'applique à l'échelle de l'entreprise :

---

1. Laurent Habib, *La Force de l'immatériel*, PUF, 2012.

« Les actifs immatériels peuvent représenter jusqu'à 80 % de leur valeur.

« Cette nouvelle donne nous oblige à changer de paradigme pour aller chercher la valeur où elle se trouve plutôt que là où on a eu l'habitude de la trouver.

« Cela suppose une transformation radiale du regard que nous portons à nos entreprises. Une telle transformation exige de profonds changements stratégiques organisationnels et humains. »

JEAN MICHEL GARRIGUES, DIRECTEUR DES RESSOURCES HUMAINES ET DU DÉVELOPPEMENT BLB ASSOCIÉS

Il a longtemps exercé cette profession dans de grandes sociétés, il continue aujourd'hui d'une autre manière et collabore régulièrement au mensuel *Personnel* de l'ANDRH. Il est donc particulièrement en capacité d'analyser cette responsabilité, étant libre de son point de vue. Je lui donne la parole :

Le parcours...

« J'ai 55 ans et 30 ans de ressources humaines derrière moi, qui est ma formation initiale, et l'essentiel de ma carrière dans les médias. Dont 22 ans dans le groupe Lagardère, d'abord comme directeur administratif et des ressources humaines de la branche publicitaire de Lagardère qui était concentrée à l'époque autour du groupe d'affichage Giraudi, ensuite comme secrétaire général d'Europe 1 durant sept ou huit ans, et enfin j'ai été DRH de Lagardère Active qui est aujourd'hui la branche presse et audiovisuelle. J'ai quitté le groupe Lagardère pour être très brièvement DRH du groupe NRJ ; je me suis rendu compte que c'était une erreur de *casting* funeste et j'ai démissionné au bout de quelques mois. »

Aujourd'hui...

« Et à ce moment-là un chasseur de têtes m'a approché pour une société de conseil. Nous avons appris à nous plaire et je suis maintenant actionnaire ; je m'entends extrêmement bien avec mes associés dans une activité de niche qui m'intéresse beaucoup. En fait, on a une affaire de gestion des affaires privées de chefs d'entreprise. On libère le chef d'entreprise de tout ce qui est pollution de son travail et de sa disponibilité intellectuelle et on gère pour l'entreprise l'ensemble des affaires privées, qu'elles soient financières, fiscales, patrimoniales, juridiques, de retraites, de prévoyances, d'assurances, la déclaration d'impôts. On gère les employés de maison, les SCI, EURL, etc. On libère aussi le dirigeant de tout ce qui pénalise sa productivité et sa disponibilité. À partir de quoi, on s'est développé vers un certain nombre de données très actuelles dans l'importance de la *compliance*. On sécurise la société vis-à-vis de la gestion des affaires privées des dirigeants, à ce jour un peu plus de 350 qui sont en fait les mandataires d'une quarantaine d'entreprises de 50 à 80 000 salariés. Ce qui nous donne une expertise assez grande en matière de *benchmark*. Comme nous avons une quinzaine d'entreprises inscrites au CAC 40, l'une d'entre elles peut, par exemple, nous demander d'étudier la validité d'un contrat de retraite supplémentaire qui a été mis en place, il y a quelques années dans son groupe. »

Le bien-être en entreprise...

« Qu'est-ce que je pense du bien-être en entreprise ? C'est un sujet très tarte à la crème, à la mode, qui correspond à un vrai besoin que la véritable irruption du bien-être en entreprise est arrivée en 2009 avec toute la problématique des suicides chez France Télécom. Dont je dis d'ailleurs et ce n'est pas un jugement de valeur mais un constat, qu'ils n'ont existé que parce qu'on a bien voulu qu'ils existent. Ce que je veux dire par là, c'est qu'il n'y a pas eu plus de suicides chez France Télécom que d'ordinaire. France Télécom avait à cette époque 150 000 salariés, mais Didier Lombard a eu une expression tout à fait malheureuse, en disant: «Il y a une mode des suicides.» Il y a une part de vérité. Ce n'est pas le suicide qui est à la mode, mais c'est le fait que le collaborateur qui est en situation personnelle professionnelle extrêmement difficile et qui veut mettre fin à ses jours quelle qu'en soit la manière, trouve là, à la fois un moyen de se singulariser mais aussi d'assurer une certaine conséquence heureuse à sa disparition par les dommages et intérêts que touchera sa famille dans les procès qu'elle intentera à son employeur. Il y a quelques mois a paru un article extrêmement intéressant d'un des grands psychiatres et thérapeutes français. Il avait étudié les suicides chez France Télécom et disait de façon objective, sans prendre parti pour l'employeur ou le salarié, qu'incontestablement, cela donnait une visibilité à celui qui pensait être au fond du trou au point de mettre fin à ses jours.»

Est-ce une dérive?

«Pour vous donner un parallèle qui m'inquiète beaucoup en tant que DRH, je parle de l'amiante. Vous savez que pour les anciens salariés des entreprises en contact avec l'amiante et qui sont morts du cancer du poumon ou d'autres maladies, leurs familles obtiennent des dommages et intérêts significatifs! Aujourd'hui, ceux qui ont travaillé dans ces entreprises, mais qui ne sont pas malades, obtiennent aussi des dommages et intérêts à cause du stress que leur cause la possibilité d'être malade. Et là, je trouve qu'on arrive au bout de la logique; les familles de ceux qui ne sont pas encore malades obtiennent satisfaction pour la perturbation de leur vie personnelle par le stress de leur conjoint ou conjointe qui peut être malade un jour.»

Mais c'est une véritable préoccupation...

«Donc le bien-être en entreprise est devenu un sujet extrêmement proche; je le dis d'autant plus que je ne suis plus DRH d'un grand groupe; j'ai enfin le temps de m'occuper de ressources

humaines et je suis animateur d'une douzaine de clubs de DRH. Je m'occupe par exemple de façon très directe d'un des groupes ANDRH de Paris, le plus important de France, qui a plus de 230 membres, mais aussi du groupe DRH HEC. J'ai donc l'occasion de discuter avec des DRH de tous ces sujets, quand ils ne sont pas abordés dans l'une ou l'autre réunion de club ou dans des séminaires, colloques ou encore universités d'été.»

En attendant, parlons de mieux vivre...

«Je pense que le bien-être en entreprise est un objectif, c'est pour cela qu'un certain nombre de gens, particulièrement malins, ne parlent plus de bien-être, parce que cela pourrait leur être reprochés: "Je n'ai pas de bien-être en entreprise, donc votre objectif n'est pas atteint."»

Ils parlent de mieux vivre dans l'entreprise. C'est-à-dire, ils ne parlent pas de la fin, ils parlent du chemin. Comment mieux vivre en entreprise pour un jour atteindre le bien-être. Je pense à un des principaux groupes de conseil dans les ressources humaines qui s'appelle RH&M qui a créé un Institut mieux vivre en entreprise (IMVE). Très vite, il y a eu une centaine d'entreprises qui ont adhéré en payant une adhésion annuelle, qui participent aux travaux de réflexion, qui contribuent aux articles produits par cet institut, aux rencontres organisées plusieurs fois par an, etc. Et c'est aujourd'hui, je pense, un des grands sujets qui fédèrent les entreprises. C'est en plus très adapté aux nouvelles implications sociétales de l'entreprise.»

Tous solidaires[1]

«Quelqu'un que vous connaissez peut-être, très connu dans le monde des ressources humaines, un vieux routier, Jean-Marie Peretti, qui est le président du Club ESSEC RH, professeur également à l'Institut d'administration des entreprises de Corte. C'est un des grands professeurs de ressources humaines de

---

1. Jean–Marie Peretti, *Tous solidaires (à paraître)*.

ces dernières années, qui écrit beaucoup et notamment la série "Tous des DRH". Il va faire paraître un nouveau livre, *Tous solidaires,* auquel j'ai participé. Tous les chapitres ont un lien direct avec le mieux-vivre en entreprise. Comment faire en sorte de mieux vivre ensemble soit de façon indivi-duelle, avec des avantages apportés à la situation du collabo-rateur concerné, soit de façon collective en travaillant mieux ensemble ? Par exemple, le chapitre que j'ai écrit pour *Tous solidaires* concerne le codéveloppement d'entreprise, c'est-à-dire la façon dont les gens peuvent se mettre ensemble pour s'aider mutuellement à résoudre des problématiques qu'ils ne savent pas faire tout seuls. Des espèces de groupes de travail, très informels dans l'entreprise mais très efficaces, en mode de management qui s'est développé en économie sociale et solidaire et qui maintenant se développe beaucoup en éco-nomie dite onéreuse. Pour cela le groupe SFR, qui est un des leaders dans ce domaine, se développe de cette manière. C'est typiquement une manière de mieux vivre ensemble, de mieux se comporter ensemble, de ne pas se sentir isolé devant un problème posé par la hiérarchie dont la compétence vous dépasse. Vous vous faites aider dans un groupe de travail avec vos collègues pour arriver ensemble au résultat. Je crois que c'est très important et pour tout le monde. »

Pourquoi ?

« Parce que comme dans toutes les situations, il y a ceux qui sont leaders et ceux qui sont suiveurs. Les premiers sont ceux qui sont vraiment concernés par les problématiques du mieux-vivre en entreprise. Ce sont ceux qui sont en avance, qui ont mis très tôt en place des directions du développement durable, de la citoyenneté, de l'égalité des chances, ou même des développements des ressources humaines. Si vous êtes au bord du dépôt de bilan, vous avez peu d'argent à consacrer à des choses qui ne sont pas immédiatement productives. »

Le début...

« Donc, un certain nombre de leaders a commencé à partir sur ce chemin du mieux-vivre en entreprise pour atteindre le bien-être. Et petit à petit, tout le monde suit derrière, même ceux qui *a priori*, n'en ont rien à faire. Parce qu'aujourd'hui l'impact de l'image de marque de l'entreprise est de plus en plus important: une entreprise est notée pour ses enjeux financiers, la tenue de ses comptes, ses *business plans*, etc., et sera notée sur ses enjeux sociaux. C'est à ce point vrai qu'il est question qu'une entreprise ne puisse postuler à certains types de marché que si elle a une certaine notation sociale minimale d'un certain niveau. Exactement comme aujourd'hui, vous ne pouvez soumettre une offre à des marchés publics que si vous avez réglé à l'État tous vos impôts, vos taxes, vos contraventions routières et vos cotisations Urssaf, etc. Et là, il s'agirait de dire: c'est facile de voir si l'entreprise est en situation financière de qualité, il suffit de regarder ses comptes. En revanche, on ne sait pas quels sont ses enjeux sociaux, et donc une entreprise qui est notée socialement a un préjugé favorable. »

Les enjeux sociétaux de l'entreprise...

« De nos jours, n'importe qui peut faire un procès pour n'importe quoi. Vous pouvez avoir des enjeux financiers extrêmement importants liés aux contraintes sociales, quelquefois pour des PSE qui ont été mal gérés, que ce soit pour des salariés qui se sentent en situation de harcèlement, de discrimination, de stress. Si l'entreprise a des enjeux sociaux, le risque de devoir payer des sommes importantes à des salariés ou à d'anciens salariés qui vous font des procès est beaucoup moins probable et donc on peut davantage avoir confiance dans ses capacités financières. »

L'avenir...

« L'influence sur les parts de marché se verra beaucoup plus tard et compte tenu de nos âges respectifs, nous serons peut-être morts avant de le voir. Lorsqu'on regarde les générations Y ou Z et tout l'impact de ce qu'on appelle le Web 2.0, même si la démarche est forcément progressive, le rapport de force a tendance à s'équilibrer dans de nombreux cas entre l'entreprise et le salarié dans la conclusion d'un contrat de travail. Les jeunes, aujourd'hui, cherchent au moins autant un cadre de vie que la gestion d'une carrière. Ils savent très bien qu'à l'inverse de leur grand-père, ils ne feront pas toute leur carrière dans l'entreprise. Leur père, c'est vous et c'est moi, leur grand-père c'est celui qui a fait sa carrière dans les Trente Glorieuses. Ceux qui ont travaillé dans la génération suivante (1980 à 2010) ont été balayés, bousculés par l'évolution des entreprises qui ont jeté à la rue des collaborateurs, des cadres fidèles et méritants qui travaillaient depuis vingt-cinq ans dans la même entreprise. On les jetait à la rue sans vergogne, d'où des dépressions, des suicides, impossibilité de retrouver des emplois.»

Aujourd'hui, l'entreprise remplace...

«Beaucoup de jeunes chez eux ou dans leur environnement scolaire ou universitaire ont vu que l'entreprise n'était plus une fin en soi. On demande, aujourd'hui, à l'entreprise d'être dans une situation totalement schizophrénique. D'un côté, l'entreprise pallie tous les manques de la collectivité. Elle remplace la famille, l'éducation nationale, l'armée. On demande à l'entreprise d'embaucher des gens de les sociabiliser, de les former, de leur apprendre un métier. De l'autre côté, les gens qui ont des formations supérieures savent qu'ils concluent avec l'entreprise un contrat à durée déterminée, que dans deux mois, dans deux ans ou cinq ans plus tard, ils changeront d'entreprise ou elle les mettra à la porte pour embaucher d'autres gens. Donc, ils se disent : dans quelle entreprise, ai-je envie d'aller travailler ?»

Mais déjà...

«Lorsque vous regardez les études de notoriété, deux grandes tendances peuvent être constatées. La première, c'est que curieusement certaines entreprises très importantes attirent parce que dans ces moments d'incertitudes elles représentent une espèce de garantie de bonne fin, par exemple Danone, EADS, mais vous rencontrez aussi des entreprises qui sont bien classées dans le palmarès Great Place to Work. Vous retrouvez les PepsiCo, Microsoft ou Johnson & Johnson, ces entreprises qui donnent beaucoup d'argent pour le mieux-vivre de leurs collaborateurs et pour les jeunes d'aujourd'hui, et plus encore pour les jeunes de demain. C'est extrêmement important. »

Individualisme et solidarité

« Parce qu'on s'intéresse à beaucoup d'autres choses, pas seulement à sa carrière, mais à sa vie sportive, associative, à ses amis, à sa famille bien sûr, on s'intéresse aux enjeux humanitaires, on s'intéresse à l'autre. On est à la fois extrêmement égoïste quand on est jeune aujourd'hui, mais on est, aussi, extrêmement tourné vers les autres. Je ne vais peut-être pas faire toute ma carrière dans une ONG au fin fond du Mali parce que je tiens à un certain confort, parce que je veux gagner ma vie. Je vais faire des missions pour eux, y passer quelques mois, en revanche je vais chercher une entreprise, celle qui va me payer le mieux et qui va me permettre d'avoir le mieux-vivre en entreprise. Celle-ci va avoir des critères différenciants, qui va tenir un discours : chez nous, tu vas être payé dans le haut de la fourchette sur le marché mais voilà ce que tu vas trouver aussi. Tu vas pouvoir travailler une partie du temps chez toi, le télétravail ; tu vas pouvoir prendre trois jours ou une semaine par an payés par l'entreprise pour une cause humanitaire. Tu vas pouvoir sur ton lieu de travail disposer d'une salle de fitness, de conciergerie, de crèches d'entreprise. Tu vas pouvoir moduler tes horaires de travail à ta guise, si tu veux travailler à temps partiel, c'est également possible. »

Le rôle des médias, l'image de l'entreprise...

« Ces jeunes-là se retrouvent dans une situation où la gestion des ressources humaines dans les médias reprend du pouvoir.

Je m'explique sur ce point. Les médias sont en retrait par rapport à des secteurs d'activités dans de nombreux domaines par exemple, ils ne sont pas hyperspécialisés en matière de process, de ressources humaines ou dans d'autres domaines. En revanche, une chose qui est essentielle dans les ressources humaines et vraiment au cœur des médias, c'est la gestion individualisée de celles-ci. Dans les médias, la moindre femme de ménage se prend pour Mireille Mathieu et donc, il faut apprendre à gérer les gens d'une manière très individuelle. Ce qui se justifie peut-être quand les gens ont une vraie notoriété, pour ce que j'ai vécu des animateurs, des journalistes, des réalisateurs, des acteurs, des comédiens ou des producteurs, etc. Ce qui se justifie moins pour des contrôleurs de gestion, des assistantes de direction. Et pourtant, ce sont des gens qui se considèrent comme des *primus inter pares*» parce qu'ils travaillent dans des médias. »

Une offre de travail individuelle...

« Aujourd'hui l'avenir de l'entreprise est de proposer une offre collective comme si c'était pour chacun une individuelle. L'entreprise ne peut évidemment pas faire un package individuel à 100 % pour chaque collaborateur. Mais elle doit faire passer le message que le package va être un assemblage de plusieurs possibilités d'outils ; en fait chaque package sera un peu individuel. On est exactement dans la situation de l'achat d'une voiture. Aujourd'hui, la mode est à la voiture personnalisée. Vous n'avez pas la même voiture que votre voisin. Votre toit sera d'une couleur différente, les jantes aussi, etc. Cela ne veut pas dire qu'il y a autant de possibilités que d'acheteurs mais le fait que deux personnes aient exactement la même voiture devient assez faible. Les jeunes d'aujourd'hui ou de demain voudront aller travailler dans telle entreprise plutôt que dans telle autre. »

Demain, l'organisation du travail...

« Bien sûr, tous les outils ne concernent pas l'ensemble des collaborateurs. Par exemple, je parlais du télétravail, cela ne peut évidemment concerner les ouvriers sur une chaîne de production. En revanche, cela peut tout à fait concerner des employés de secteur de services ou dans des entreprises industrielles les employés des secteurs administratifs ou commerciaux, financiers, etc. Ils peuvent travailler de chez eux parce qu'aujourd'hui les outils informatiques permettent de le faire extrêmement efficacement. Je vais vous citer un exemple : mon épouse a une petite entreprise de vente de produits informatiques. Pour des raisons familiales, son responsable des achats vit à Limoges. Il est de tellement bonne qualité qu'elle n'a pas voulu le perdre. Elle a fait mettre chez lui une liaison haut débit et il travaille de chez lui comme s'il était à Paris. Et il vient à Paris tous les quinze jours. Et il achète dans le monde entier des programmes, c'est la beauté des outils technologiques aujourd'hui. Beaucoup de choses concernent l'ensemble des collaborateurs, d'ailleurs la conciergerie a été bien faite pour l'ensemble des collaborateurs y compris la production pour leur faciliter la vie ou les crèches en entreprise ou interentreprise, c'est exactement la même chose. Cela permet de se dire, il n'y a plus de problème de baby-sitter, il n'y a plus de problème de voiture à amener chez le garagiste, etc. et cela crée des entreprises qui gèrent ces services. Je connais des entreprises qui s'installent en lointaine banlieue parisienne parce que c'est moins cher et compte tenu de l'effectif établissent des boutiques, un coiffeur, un pressing, une agence bancaire. Au lieu de perdre un quart d'heure à l'aller, autant au retour, ils ont tout sur place. »

La téléconférence

« Dans beaucoup d'entreprises, on fait attention aux frais généraux, on commence à supprimer les voyages et on développe beaucoup la téléconférence, c'est un moyen de donner un peu plus d'humanité. Il ne faut pas tomber dans une attitude de facilité qui consiste à ce que deux personnes dans les mêmes bureaux s'envoient des mails uniquement pour confirmer un entretien sauf s'il y a plusieurs destinataires. Trop de communication tue la communication. »

« Il est incontestablement plus difficile de manager des sociétés aujourd'hui qu'il y a vingt ans pour plusieurs raisons. La première, c'est que le collaborateur moyen est beaucoup plus éduqué et il est beaucoup plus difficile à gérer, il est beaucoup plus individualiste, particulièrement en France. Il veut bien tout à condition que cela concerne les autres. Je suis extrêmement frappé d'une chose : tous les pays du sud européen sont considérés comme des "glandeurs" et tous ces pays ont mis en place des plans d'économie drastique pour remettre leur économie d'équerre. Ce sera de la sueur et des larmes mais ils vont y arriver et le seul pays qui ne s'accorde pas, c'est la France parce qu'on ne touche pas aux castes, aux profits, aux droits acquis. »

Le management a-t-il beaucoup changé ?

« La France glisse tout doucement malgré son potentiel formidable vers des pertes de compétitivité par rapport à ses voisins, du moins ça c'est un fait acquis depuis longtemps. La deuxième chose aussi, c'est que le rôle du management a beaucoup changé. J'ai fait en juin dernier un dossier dans la revue *Personnel* sur la "gouvernance humaine". L'année dernière, j'avais fait un dossier sur "la RH business partner ?" *Aujourd'hui dans beaucoup d'entreprises, on a supprimé les RH de proximité et cela a certainement conduit à connaître des situations comme celle de France Télécom. Parce que le RH de proximité c'est un lien visuel, quelqu'un que vous voyez tous les jours, toutes les semaines.* On a transformé les managers opérationnels. Les chefs de rayon, les responsables de service, les chefs des ventes, on les a transformés en mini-DRH. Ils doivent gérer les ressources humaines de la population dont ils s'occupent. Ils ne sont pas formés à ça, cela n'est pas leur travail. Et s'ils font bien celui-là, ils ne font plus bien leur travail opérationnel. C'est ce qu'on appelle vouloir gagner aujourd'hui, c'est l'exacte illustration d'un proverbe qui est que le mieux est souvent l'ennemi du bien. On économise aujourd'hui à court terme sur des postes de RH de proximité, mais on donne aux managers des rôles que souvent ils ne peuvent pas tenir. Aujourd'hui cela craquelle partout. »

Les entreprises familiales...

« Quand j'ai débuté il y a trente ans, il n'y avait rien de plus poussiéreux que de travailler dans une entreprise familiale. C'était paternaliste, des actionnaires familiaux, cela n'avançait pas, pas de stratégie, on n'était pas dans le business. Aujourd'hui, le *nec plus ultra* c'est de travailler dans des groupes familiaux, parce qu'ils ne sont pas soumis au diktat de la valeur boursière, des analystes financiers et de la tenue des comptes permanents et du coup ils ont davantage de temps pour agir. En fait, ces entreprises qui étaient plus lentes il y a trente ans sont aujourd'hui moins rapides, mais tout en restant dans des cadres qui permettent une vue sereine de la situation. Alors que dans les autres entreprises, il y a une schizophrénie complète à associer le DRH et le DAF. Ce dernier doit avoir à la fin de chaque mois des résultats *world wide* qui puissent satisfaire les actionnaires, et le travail du DRH est de construire à plusieurs années ce que sera la meilleure population de l'entreprise pour demain. Et l'entreprise qui réussit à équilibrer ces deux extrêmes est bien placée sur son marché concurrentiel. »

L'ANDRH est certainement représentative de cette profession et mes recherches croisent le chemin de Sylvie Brunet. Forte de l'expérience de ressources humaines dans des groupes qui illustrent la créativité française, Bull et Gemplus, elle apporte aujourd'hui ses compétences à cet organisme et siège, par ailleurs, au Conseil économique, social et environnemental. Elle a rejoint récemment Euromed.

Sylvie Brunet a pratiqué depuis longtemps, bien avant que le bien-être ne soit d'actualité, des actions en faveur d'un cadre de vie professionnelle heureux. Toutes ces raisons justifient sa présence dans ces lignes. Elle nous apporte une vision plus institutionnelle de cette recherche.

SYLVIE BRUNET, PROFESSEURE, VICE-PRÉSIDENTE DE L'ANDRH, MEMBRE DU CONSEIL ÉCONOMIQUE, SOCIAL ET ENVIRONNEMENTAL, MEMBRE DE LA DÉLÉGATION AUX DROITS DES FEMMES ET À L'ÉGALITÉ
Une carrière de DRH

Après une formation de juriste et un DESS, elle a choisi une carrière dans les relations sociales. Sa vie professionnelle commence chez Bull où en dix ans elle va toucher à toutes les facettes de la fonction des ressources humaines dans des domaines variés tels que la formation et la gestion du personnel.

Sylvie Brunet : « Après ces dix années très formatrices, car nous avions la chance de pouvoir faire beaucoup de formation, mon rôle s'exerçait dans une vingtaine d'établissements en droit social et enfin au siège à Malakoff. Et puis le premier plan de licenciement, avec 1 491 départs à justifier et expliciter. Ça m'a donné l'opportunité de rejoindre ma ville d'adoption, Marseille, où mes parents étaient venus s'installer lorsque j'avais 13 ans. »

Elle rejoint une société française, en pleine croissance, Gemplus dans un secteur qui révolutionne les moyens de paiement, avec la puce inventée par Roland Moréno, et industrialisée par Marc Lassus, qui crée cette société avec quatre amis dans un garage. Cette extraordinaire aventure rassemble rapidement 30, puis 40 personnes et enfin la confiance de France Télécom qui cherche une troisième solution pour sa carte et ce sont très rapidement des millions de cartes.

« J'ai participé à cette belle aventure durant dix ans jusqu'à fin 2002 avec trois valeurs qui étaient l'innovation, le profit et le "fun". C'était quand même une des seules sociétés qui avait le mot "fun" dans ses valeurs. Tous les ans, on organisait un événement sportif incroyable ou culturel avec une grande fête du personnel. J'étais aussi chargée de la communication

interne qui était une fonction essentielle pour Marc Lassus. Il était important pour lui que le personnel vienne le matin et "s'éclate". Il avait cette vision et quand la société est entrée en Bourse, il a voulu que tous les salariés, y compris en Chine reçoivent des actions gratuites ou des *stock-options*. J'avais 33 ans et être DRH, ça a été une aventure extraordinaire ; j'ai conduit le recrutement de plus de 3 000 personnes. J'avais, à un moment donné, des salariés dans 90 pays. »

Puis la situation mondiale se dégrade et elle doit assumer les premiers licenciements de 430 personnes. Heureusement, c'était une entreprise qui consacrait beaucoup d'effort en formation – plus de 6 % de la masse salariale –, beaucoup de gestion prévisionnelle de l'emploi, une culture sociale très forte, ce qui fait que cela s'est plutôt bien passé. Les gens se sont assez vite reclassés y compris dans le Sud-Est. Il y a eu une quarantaine de créations d'entreprises. C'est une politique de ressources humaines qui permet de passer des crises.

« Aujourd'hui, j'ai été élue trésorière de l'Association nationale des directeurs de ressources humaines qui regroupe environ 5 000 DRH qui sont dans cette fonction-là sur tout le territoire français dans 80 groupes locaux. Il y a une dizaine de permanents à Paris qui font vivre l'association qui travaille sur l'évolution du métier, la fonction elle-même, les outils dont il faut se doter, la place à tenir dans la société. »

Elle constate un intérêt plus fort sur tout ce qui concerne la RSE. Les ressources humaines deviennent plus importantes dans les comités de direction, aussi stratégiques que la finance. La santé depuis trois ou quatre ans est devenue un vrai sujet de management. C'est la vision que doit avoir aujourd'hui un grand patron, avec des sujets autour de la pénibilité, le bien-être au travail, la santé tant physiologique que psychosociale, particulièrement en France. On vit dans un pays où il y a, de loin, un très haut niveau de protection sociale, un code du travail hypercompliqué, hyperprotecteur ce qui n'est pas le cas ailleurs. En même temps, on consomme plus d'anxiolytiques. On a des problèmes de démotivation, on sent qu'il y a un mal-être, au travers des enquêtes on voit que peu de gens sont heureux au travail. On se demande : qu'est-ce que ça cache ? Comment cela se fait-il ? On entend dans le langage courant : « Si ça continue, je vais me mettre en arrêt maladie ! » et c'est toujours le patron qui est fautif. Le pauvre salarié cultive la notion de lien de subordination qui est très franco-française. Certes quand on est salarié, on a des droits mais aussi des devoirs. L'employeur donne un emploi, mais il ne donne pas qu'un travail. Il doit donner plus et c'est là que cela rejoint les notions de bien-être.

Dans la pyramide de Maslow, une fois que l'on a bien assouvi les besoins de base, on demande plus et en France on est exigeant, très productif avec un gros niveau de maturité. Pourtant on entend maintenant parler de présentéisme. Éviter cette situation, c'est exactement le sens de ce que doit être la politique d'un DRH qui doit être le bras droit du président, du directeur général ou du patron à condition évidemment que ces derniers aient une vision claire du sujet. On a une culture très technique et scientifique, l'élite aujourd'hui est très technocratique. Il y a, aussi, des techniques en RH, notamment en droit, mais il y a en plus une compétence, une sensibilité dans le domaine humain. Ce qu'il y a de difficile c'est que ça ne s'apprend pas, peu de gens ont naturellement cette attitude, cette qualité, mais on pourrait au moins en parler dans les enseignements managériaux. S'intéresser, regarder l'autre, c'est essentiel. Toutes les fonctions qui ont un caractère humain, le commercial, le marketing, doivent avoir ces sensibilités. Un des meilleurs commerciaux chez Gemplus, avait fait des études de philosophie. Beaucoup ont pensé qu'il n'arriverait pas à vendre. Ce fut l'un des meilleurs. Le profil de DRH est très éclectique. Dans DRH, il y a humain.

Quand Onet, une entreprise familiale dont j'étais DRH après 2002, a construit un nouveau siège à Marseille, on y a inclus une salle de fitness, une crèche d'entreprise et d'autres services.

Enfin, les très grands patrons que j'ai pu côtoyer ont à cœur de donner de l'autonomie à leurs collaborateurs et de permettre à un ouvrier d'avoir un petit budget à gérer à son niveau afin de le responsabiliser.

Être DRH, c'est une fonction clé !

CHAPITRE 2

RESPECTER, DONNER DU SENS ET ÊTRE CRÉATIF

Bonjour, merci, au revoir… le regard franc !

Commençons par le début. Savez-vous dire à vos collaborateurs, bonjour, merci, au revoir? Le regard franc. Oui, j'imagine votre réaction: de quoi se mêle-t-il? Il est pourtant devenu usuel de s'adresser à un «gilet rouge» dans une gare comme s'il s'agissait d'un automate. Non ce n'est pas une borne, c'est un homme. Ou une femme! Je choisis cet exemple pour bien marquer l'importance des rapports humains. Ceux-ci sont encore plus sensibles dans l'entreprise du fait de la communauté qu'il convient de développer. Une équipe qui doit être solidaire dans l'objectif de gagner des parts de marché, sans lesquelles pas de rémunération, pas d'emploi, et pas, accessoirement, de progression de carrière. Ce comportement civique, le respect des gens quel que soit leur statut, implique aussi la nature du rapport hiérarchique. *Il faut toujours avoir en tête que l'estime du chef de s'impose pas, ne se décrète pas, elle se gagne.* Si l'on fait partie d'une communauté, on partage ensemble des moments de convivialité qui, du fait de notre mode de vie, n'émergent pas naturellement. *Reste à savoir comment entretenir une bonne relation sans remettre en question son autorité dans l'entreprise.*

«Sans l'assurance claire que vous les soutenez et prenez en compte leurs propositions, vos collaborateurs ne bougeront pas le petit doigt.

À vous de leur montrer, par vos actes, que vous pouvez changer votre façon de manager[1].»

Dans l'annexe de ce livre, nous retrouverons beaucoup d'engagements pris par des entreprises pour respecter leurs collaborateurs. Les dirigeants qui ne prennent pas conscience des effets néfastes d'un manque de considération pour les plus humbles s'exposent à une absence de motivation. Les difficultés économiques poussent les gens à garder leur emploi, même si ce n'est pas une sinécure, quitte à adopter un comportement présentéiste. Être là, mais…

Dans l'annexe, au cours de l'entretien avec Yves Grandmontagne, DRH de Microsoft, je m'étonne qu'il ne me parle pas de la conciergerie, la salle de fitness et d'autres services mais s'attache à souligner les règles établies pour respecter la vie privée des collaborateurs. Il en tire la conclusion que ces services sont certes nécessaires, mais que respecter les salariés est essentiel dans une profession sans cesse en mutation et dans laquelle les talents sont très sollicités.

En temps de crise…

Hormis l'aspect moral, en temps de crise, si l'on n'a pas le moyen d'être dans l'offensive (c'est-à-dire de gagner des parts de marché), il faut résister. Pour cela, la solidarité, la confiance entre soi, le courage et le dynamisme sont des valeurs déterminantes. Être là sans ces valeurs ne suffit pas pour garder ses parts de marché.

Être considéré

On verra aussi, par la suite, que les entreprises qui ont le plus développé de services (salle de fitness, conciergerie ou

---

1. *Le Livre du changement, ou l'extraordinaire aventure de Philippe, Frédéric, Anne et les autres, op.cit.*

crèches pour enfants, par exemple) sont souvent celles qui prennent des dispositions pour rendre la vie plus humaine : Interdire l'envoi de mail entre le vendredi soir et le lundi matin, limiter les réunions de 9 h 30 à 18 h 30, ou encore permettre aux personnes d'arriver plus tard le jour de la rentrée scolaire. Je pourrais ajouter savoir fêter les réussites, réunir les collaborateurs régulièrement pour les informer et aussi les écouter. Vous trouverez d'autres initiatives dans l'annexe, mais ce qui me semble important, c'est de bien comprendre qu'au XXIe siècle, en France, les gens *veulent être considérés* !

Avant de répertorier, d'analyser les méthodes qui améliorent la vie, les services que des entreprises proposent, de découvrir tout ce que font certaines entreprises pour leurs salariés, il me semble nécessaire de s'interroger sur le rôle du mental, sur la psychologie des salariés. Leur bonheur est-il seulement matériel ? Améliorer leurs conditions de travail est-il plus important que d'appréhender leur motivation, ce qu'ils ressentent. Sommes-nous suffisamment à l'écoute de leur motivation ?

En un mot, le corps est-il plus important que la tête ?

J'ai demandé à Florence Servan-Schreiber, psychologue et journaliste, particulièrement intéressée au monde du travail de nous apporter son analyse sur ces humains. Pour ne pas édulcorer ces informations qui ne manqueront pas de vous fournir des « clés » de compréhension dans ce difficile *mano a mano* avec ces individus que vous devez manager, je reproduis *in extenso* ses explications.

Florence Servan-Schreiber, psychologue et journaliste

« L'aspect psychologique dans le bien-être en entreprise est complètement central. Le nier supposerait que les gens viennent travailler sans leur tête, ce qui, évidemment, n'existe pas. Ils

viennent travailler avec leur tête, avec leur personnalité, avec les relations qu'ils ont à l'intérieur de l'entreprise. Tout est psychologique : la reconnaissance qui est présente ou absente, tout comme la nature des rapports qu'ils entretiennent avec les gens, leur degré de motivation ou de présence.

Donc loin de moi l'idée même qu'il puisse y avoir quoi que ce soit de mécanique, de structurel ou organisationnel, de l'ordre de la posture ou de la tâche à accomplir. Je pars du principe que ce sont des individus qui viennent travailler. Donc, à partir de là tout est psychologique. Il y a deux façons de regarder ce que l'on fait. La première est ce vers quoi tendent les entreprises, les grosses notamment, c'est, ce qu'ils appellent, la prévention des risques psychosociaux. C'est pour moi par défaut, parce qu'on ne s'en est pas préoccupé plus tôt, et maintenant on vit des drames, des *burn out*, des surmenages, des situations de stress qui n'ont pas été gérés parce que les gens n'ont pas appris à le faire. Ou alors il y a d'autres entreprises qui raisonnent un peu autrement et qui préfèrent pratiquer la prévention. Celles-là sont capables d'envisager qu'il y a des facteurs relationnels et humains qui vont faire la différence dans l'engagement des gens vis-à-vis de leur travail et de l'entreprise. C'est la différence entre l'employé qui est motivé et celui qui ne l'est pas, entre celui qui est engagé ou qui ne l'est pas. La productivité baisse, l'absentéisme augmente, les gens tombent malades, quand ils ne sont pas motivés, reconnus, intéressés à ce qu'ils font et quand ils ne savent pas pourquoi ils le font. »

➤ État d'esprit positif, neutre ou négatif

« Il y a des gens qui se penchent dans des laboratoires aux États-Unis pour essayer de comprendre quelle est la différence entre un état d'esprit positif, neutre ou négatif. Sur la performance d'une part de ce que l'on effectue mais surtout sur la satisfaction de ce que l'on effectue.

Parce que tout ça, c'est un cercle vicieux. Si j'exprime qui je suis, ce que je suis à l'endroit où j'exerce mon activité professionnelle, plus je suis motivé, plus je suis entraînable, plus je suis une contribution à mon entreprise. Et inversement, moins je suis reconnu, moins je suis intéressé par ce que je fais, moins je produis. Or les gens se lèvent le matin pour avoir la sensation de faire des choses utiles.

Quand on parle de niveau de bonheur, souvent les gens me disent: "Franchement est-ce que ça ne relève pas de la vie privée? Ça ne regarde pas l'entreprise." Je ne comprends pas qu'on raisonne encore comme cela aujourd'hui. Il n'y a qu'un seul individu pour deux fonctions. Ce sont les mêmes compétences, les mêmes qualités, les mêmes forces qui habitent le même corps et pour faire en sorte que les gens soient pleinement engagés là où ils sont, il faut se servir pleinement de leurs atouts et ce n'est pas très compliqué. Cela consiste à prendre avec eux le temps de leur faire comprendre à quoi sert ce qu'ils font. Quand on est dans les métiers intellectuels, on le sait à peu près, quand est dans des travaux mécaniques cela suppose de présenter ce qu'est une chaîne de production, à qui est destiné le produit et pour quoi faire, quelle est la conséquence d'un camion qui part en retard, d'un client qui n'est pas servi. Si le destinataire est un hôpital, on peut imaginer les conséquences.

Premier point: montrer aux gens la portée de ce qu'ils font. Second point: essayer de comprendre qui travaille dans l'entreprise et quelles sont les qualités de chacun. À partir de là, on va pouvoir veiller du point de vue de l'entreprise à mettre des gens à la bonne place en fonction de ce qu'ils sont.»

➤ L'exemple de MetLife

«Exemple très connu aux États-Unis, celui d'une compagnie d'assurance, la MetLife qui a fait venir des chercheurs en psychologie positive. C'est l'étude scientifique de l'épanouissement de la créativité, de l'innovation, de l'attachement, de l'attention. Cette discipline, fondée en 1999 par un chercheur de l'université de Pennsylvanie, Martin Seligman, repose sur une psychologie préventive partant du constat qu'on sait "réparer" les gens mais qu'on ignore comment ils s'épanouissent, et comment les guider vers l'épanouissement. On a donc d'abord levé des fonds – c'est par là que débute la recherche là-bas – et on a ouvert des laboratoires dans des universités. Aujourd'hui, tous les départements des universités américaines ont au moins un chercheur en psychologie positive et dans les plus importantes comme Harvard, l'université de Pennsylvanie ou de Californie, dans les universités d'État, des laboratoires de recherche travaillent sur le bonheur. Cette compagnie d'assurance, la MetLife a un problème épouvantable de turn-over avec ses collaborateurs commerciaux. Elle ne les garde pas, et ça lui coûte une fortune, car le phénomène persiste. Elle change sa méthode de recrutement en prenant des gens d'expérience, sans résultat, et elle fait appel à M. Seligman. Et celui-ci a travaillé notamment sur la notion d'interprétation, optimiste ou pessimiste, d'un événement, par celui qui le vit. L'interprétation optimiste consiste à considérer que je suis l'artisan de ce qui m'arrive de favorable. Dans le cas des commerciaux, s'ils ont signé un contrat, c'est parce qu'ils ont été bons. L'interprétation pessimiste consiste à estimer que si le contrat a été signé, c'est parce que le client était bien luné ce jour-là. Inversement, si je ne vends pas mon contrat, j'en conclus que je suis un mauvais vendeur et que je suis nul alors que si je suis optimiste, je vais estimer que le client n'en avait pas besoin. Chez MetLife, c'est 90 % de refus ; il faut donc être extrêmement optimiste, pour ne pas se laisser affecter et pour y rester. On a donc changé la méthode de recrutement et au lieu de vérifier les références, on a fait passer un test qui évaluait le style d'interprétation. »

➤ Ne pas chercher à changer les individus

« C'est strictement psychologique : on part de la force psychologique des individus. On va mettre en place des gens en fonction de ce qu'ils ont en eux naturellement, en écartant l'idée de les changer, de les "dresser" pour qu'ils rentrent dans la cage mais en veillant à comprendre quel est leur mode de fonctionnement et si celui-ci est adapté à la dureté du métier, car c'est bien de cela dont on parle. Tout le processus a été revu et ce sont dix millions de dollars qui ont été économisés sur le recrutement et le *turn-over*.

Nous agissons de manière beaucoup plus efficace lorsque nous sommes dans un état d'esprit positif. Il suffit d'être de bonne humeur, pour que le cerveau connaisse ce qu'on appelle un phénomène d'élargissement qui permet de percevoir plus d'information, de mieux les stocker et de mieux pouvoir les trouver par la suite.

On a comme un grille-pain dans la tête avec – disons six enclaves – pour six tranches de pain et pas une de plus. Il faut donc en sortir une pour en entrer une autre. Le phénomène d'élargissement permet d'entrer plus de six toasts dans la machine. »

➤ Qu'est-ce qui empêche ?

« Il s'agit de vivre entre humains, de la façon la plus humaine possible dans des schémas auxquels nous ne sommes pas habitués. À l'école, avant une interrogation, on dit aux enfants, attention ça compte pour la moyenne mais on ne pense pas toujours à les encourager, à leur dire qu'ils sont formidables. Donc, nous ne sommes pas programmés pour ça, mais on commence à se rendre compte que ça marche comme ça.

Qu'est-ce qui est valorisé dans l'entreprise ? Le résultat ou la manière dont on y est arrivé ?

Qu'est-ce qui empêche les réunions de commencer par les bonnes nouvelles ?

Qu'est-ce qui empêche les comités de pilotage de projet de commencer, par exemple, par les trois projets qui ont réussi dans la semaine ?

Qu'est-ce qui empêche ça ? Le fait de ne l'avoir jamais fait tout simplement.

Si on instaure des pratiques comme celles-là, on valorise ce qu'il y a de positif. Un chef d'entreprise américain propriétaire de plusieurs hôtels tient une réunion hebdomadaire de managers et il réserve toujours les cinq dernières minutes pour qu'un manager fasse l'apologie d'un de ses employés qui, par exemple, a rendu service à une cliente. Le but du jeu est qu'un autre manager présent dans la pièce aille voir cet employé et lui dise : voilà ce que ton patron raconte de toi. C'est donc instaurer un système de reconnaissance qui n'est pas public, comme l'employé du mois comme on le voit d'une manière assez factice dans les restaurants américains.

La question est toujours la même : est-ce qu'on vient pour travailler ou est-ce qu'on vient pour gagner sa vie ?

Il y a trois niveaux :

Je travaille pour gagner ma vie.

Je travaille parce que j'y trouve du sens.

Je travaille parce que c'est ma vocation, parce que je ne peux pas faire autrement. J'aime ce que je fais et il se trouve qu'on me donne de l'argent pour faire ça.

Dans le premier cas, l'importance de la tâche est assez mineure, l'importance de l'argent est considérable. Dans le second, on est à peu près à égalité d'intérêt. Dans le troisième, l'argent compte très peu et l'intérêt de la tâche, beaucoup. L'intérêt de l'entreprise, c'est d'attirer tout le monde vers la troisième catégorie. *Aide-t-on les gens à faire ça ?*

Aide-t-on les gens à trouver du sens à ce qu'ils font ? Est-ce qu'on prend le temps de leur expliquer en quoi consiste leur intervention, à quoi elle sert et qui elle sert ? S'ils n'en ont pas conscience on va les aider à trouver, à suivre le fil à partir de la toute petite production dont ils sont responsables : où va-t-elle, à quoi sert-elle ? Pour moi, pour la personne d'après, à quoi sert-elle pour le client, pour l'entreprise, dans le monde ?

Nous avons des besoins. On connaît tous cette pyramide de besoins d'eau, de nourriture, de sécurité, de chaleur, de relations humaines et c'est seulement lorsqu'on a tout ça qu'on peut commencer à se préoccuper de ce que Masselot appelle l'actualisation, en gros tout ce qui est développement personnel, bonheur, plaisir. Je ne vois pas comment je peux m'épanouir si je n'ai à pas à manger, si quand je sors de mon travail je vais habiter dans la rue, il y a une hiérarchie de nos besoins. Mais nous sommes dans une entreprise, dans un univers où les besoins de base sont respectés. Donc, ce dont il faut se préoccuper du sommet de la pyramide c'est : comment les gens s'épanouissent-ils ici ? quelle place leur donne-t-on ? quels moyens d'expression ont-ils ? Et si l'on a dans l'entreprise des métiers exceptionnellement rébarbatifs, il faut entendre et faire parler ceux qui les exercent. On peut se faire des idées sur ce que ressentent les gens, en n'ayant aucune vision réelle de ce qu'ils ressentent véritablement. Ils ne sont peut-être pas si mécontents que ça. Tout le monde n'a pas les mêmes aspirations et si un individu aspire à autre chose, on peut l'aider à voir un peu plus grand.

Dans l'entreprise, spécialisée dans les chaussures, qui s'appelle Zappos, il y a principalement deux types de métiers. Des centres d'appel et des gens qui gèrent le stock. L'indication donnée aux personnes du centre d'appel est d'avoir la réponse à tout ce que veut le client et vous avez carte blanche pour y parvenir. À tel point que le patron racontant cette histoire lors d'un déjeuner en ville, l'un des participants décide de vérifier sur le champ et dit : je vais les appeler pour leur commander une pizza ! La femme qu'il a au téléphone ouvre son navigateur et répond du tac au tac : "Voulez-vous que je les appelle pour vous ou le faites-vous vous-même ? En tout cas, il y en a une à proximité, c'est à deux cents mètres de chez vous." L'épanouissement de ces gens-là fait que cette entreprise a un succès incroyable.

Il y a une chose que l'on ne dit pas souvent aux gens, c'est la nature des objectifs que l'on fixe aux personnes. On est très vite, tous, dépassés par l'ampleur d'un objectif. On réunit les gens, on leur parle de la vision à deux, cinq ans, c'est des chiffres en millions. C'est accablant !

Très peu de gens ont la capacité à se dire il y a une énorme montagne, formidable, c'est ça qui me donne très envie. Ce dont nous avons besoin c'est de décomposer les choses.

Commencez par des choses que je peux, non seulement fournir mais réussir. Nous avons besoin d'une destination pour profiter du voyage. C'est très difficile de faire les choses avec entrain, avec volonté, avec motivation si on ne sait pas où l'on va. Et à la fois, si on va trop loin, c'est complètement flou.

Il y a deux listes que je peux constituer : je fais la liste de tout ce que j'ai, je gagne deux points de bonheur. Si je fais la liste de tout ce à quoi j'ai échappé, je gagne dix points de bonheur. C'est-à-dire je suis contente de... mais aussi je suis contente de ne pas... habiter en Syrie, travailler pour Peugeot, etc. Quand on procède comme ça, c'est très simple, c'est une histoire de relativité qui nous permet d'appliquer ce philtre sur une expérience qui est la même sauf que tout à coup, c'est ma vie qui mérite d'être vécue. »

Le nécessaire « espace temps d'échange »

À ce stade, il est déjà évident que l'ambiance au travail, l'envie de s'investir dans l'entreprise commence par un rapport de considération des personnes quelle que soit leur fonction ou leur situation dans la société.

Reconnaître les personnes dans leur utilité, c'est d'abord les saluer quand on les rencontre. C'est aussi donner du sens à leur mission, expliquer leur rôle et chercher à connaître leurs idées.

« L'optimisation du temps est aussi à l'origine de la quasi disparition des moments d'échange et de convivialité entre collègues. Or ces moments, outre le fait qu'ils contribuaient à résoudre bien des difficultés, favorisaient les solidarités de proximité »

Selon l'urgentiste Philippe Rodet dans son livre,
Se protéger du stress[1].

---

1. Philippe Rodet, *Se protéger du stress & réussir. Sept leviers de motivation*, Éditions Eyrolles, 2011.

« *Traiter les salariés avec respect plutôt qu'avec mépris est une bonne politique, même si ça ne suffit pas toujours pour sauver une entreprise en difficulté. Nous ne pouvons jamais savoir ce que l'avenir réservera à notre entreprise et à nous-mêmes. Mais lorsqu'on travaille avec d'autres personnes, on peut être certain que les journées seront faites de contacts personnels, de conversations téléphoniques, d'échanges d'emails, de réunions et d'autres interactions, et que le temps passé au travail sera plus, productif, plus serein, plus agréable si l'objectif Zéro Sale Con est la règle d'or de l'entreprise.* »

Robert Sutton, professeur à l'université de Stanford (États-Unis) dans son livre *Objectif Zéro-sale-con*[1].

Le but de ce livre qui est un vrai *best-seller* n'est pas de prendre en considération toutes les dispositions à prendre pour instaurer du mieux-vivre dans l'entreprise, mais étudie en profondeur les conséquences désastreuses qu'un ou plusieurs individus peuvent engendrer dans un service, dans une entreprise. Je vous le recommande, bien sûr, il se peut que cela vous détende pour mieux vivre vous-même !

Tout au long de cet ouvrage, on retrouvera des exemples dans lesquels la recherche d'espace de communication a vu le jour, parfois spontanément, parfois de l'initiative d'un dirigeant. Dans la société Velux par exemple, le directeur général, Michel Langrand et le DRH Nicolas Bruneteaux décident en 2008, début de l'incertitude des marchés, de consacrer une heure tous les mois pour réunir les 120 salariés au siège, et par un jeu de questions-réponses de réfléchir ensemble sur le proche avenir. Vous trouverez tous les détails dans l'annexe. Les contraintes de la vie aujourd'hui, le management qui considérait la relation humaine comme une perte de temps, la virtualité des informations et enfin, l'indépendance des jeunes cadres avec néanmoins une forte attente d'implication de leur entreprise, ont créé un déficit

---

1. Robert Sutton, *Objectif Zéro-sale-con*, Vuibert, 2010.

important dans les relations entre les personnes. On me dit parfois que celles-ci, aujourd'hui, leurs 35 heures accomplies, n'entendaient pas prolonger leur présence dans l'entreprise, fût-ce pour une réunion amicale. J'ai pu constater que lorsque les desseins de l'entreprise sont clairement reconnus et la confiance rétablie, ces mêmes personnes retrouvent l'envie de partager du temps ensemble hors nécessité professionnelle.

Quel est le rôle de l'entreprise ?

On peut certes, comme sur d'autres sujets, se demander si c'est bien le rôle de l'entreprise de se charger de recréer du lien, d'encadrer les activités physiques ou de mettre des services domestiques à la disposition des personnels. La réponse est simple. Comme je pense l'avoir démontré dans le premier chapitre, les résultats économiques dans presque tous les secteurs dépendent de l'état d'esprit des collaborateurs. Sauf démonstration contraire, quand on est heureux, on est positif.

Être rassurant, être optimiste est une qualité déterminante, comme l'ont montré Nicholas Christakis de l'université de Harvard et James Fowler de l'université de Californie, dans un article paru dans le *British Medical Journal* le 4 décembre 2008.

Ces qualités, pour être simplement humaines, sont pour certains difficiles à assumer. Être simple dans sa démarche, ne pas hésiter à montrer que l'on est aussi confronté à des obstacles, rapproche des autres. Après tout, chacun est confronté à son niveau à des difficultés.

« Tout d'abord, bien que beaucoup de situations nécessitent un mélange de coopération et de compétition, essayez de mettre l'accent sur la dimension gagnant-gagnant. Quand, dans une entreprise les mots les plus souvent prononcés sont "nous" au lieu de "je" et de "moi", c'est la preuve d'une certaine solidarité entre les différents groupes d'une entreprise. »

«Écoutez-vous parler et écoutez vos collègues. Enregistrez et écoutez les discussions de quelques réunions: si "je, moi, moi-même" prédominent sur "nous contre eux", il est peut-être temps de changer de langage. Ensuite, dans votre manière de voir les choses, portez votre attention là où vous êtes ni meilleur ni pire que les autres. Ne vous focalisez pas sur vos points forts (pour ne pas être arrogant et condescendant à l'égard des autres) ou vos faiblesses (pour ne pas devenir envieux et agressif). Réfléchissez à tout ce que vous partagez avec les autres êtres humains, comme le besoin d'amour, de confort, de bonheur et de respect... Mais croire que la vie professionnelle n'est faite que de compétitions à outrance est une demi-vérité dangereuse. Elle est presque toujours un mélange de coopération et de compétition et les entreprises qui interdisent la rivalité intense et totale sont, non seulement plus civilisées, mais aussi plus performantes.»

Robert Sutton

Je me souviens de l'étonnement d'un dirigeant de l'ASPTT, à la sortie d'un rendez-vous de travail avec un directeur d'hypermarché, qui faisait le constat de ses contraintes; «Finalement, me dit-il, c'est un homme comme les autres. Il a, lui aussi, ses problèmes à résoudre.» Son capital sympathie venait de s'accroître.

L'autonomie donne du sens

Enfin, c'est donner de l'autonomie aux collaborateurs en leur donnant une marge (variable) d'indépendance. Il n'est pas impossible qu'ils organisent leur travail autrement que vous ne le feriez et, peut-être, mieux que vous ne l'auriez fait.

Bien entendu, cela suppose un contrôle régulier qui peut sembler une perte de temps, mais qui s'avérera rapidement profitable. Pour cela, il est indispensable d'organiser des «espaces temps d'échanges» auxquels il convient d'accorder un réel intérêt si l'on veut qu'ils soient utiles. Considérer cela comme un «placebo» ne résoudra pas le mal-être et n'apportera donc pas de solution au présentéisme.

C'est, d'ailleurs, l'explication sociétale du développement des activités physiques et sportives en entreprise car ces pratiques sont créatrices de liens et d'esprit d'équipe.

J'attire votre attention sur l'entretien avec M. Yves Grandmontagne, DRH de Microsoft France, voir annexe, pour son explication détaillée de l'autonomie proposée et presque imposée à ses collaborateurs dans la limite de ce qu'il appelle les moments coopératifs.

Le rôle des activités physiques

Je consacre dans ce livre page 48 un paragraphe au rôle de la Fédération française du sport d'entreprise, agrée par le ministère des Sports et membre du CNOSF depuis 2004. Cette évolution du sport «corpo» correspond au début de l'identification de nouveaux problèmes à la fois physiques et moraux, dans le monde du travail. On sait depuis longtemps qu'une activité physique ou sportive régulière réduit les causes de maladies cardio-vasculaires et réduit le niveau du stress.

Un profond changement s'est produit dans les attentes des jeunes par comparaison avec les générations précédentes. Depuis toujours la valeur travail était la référence par nécessité et par concept. Dans le monde marchand, depuis les années 1990, on constate chez ces jeunes gens que le sens de la vie souhaité sépare clairement le travail et le social. Autrement dit, ils veulent pouvoir se «ressourcer» dans la famille, avec des amis et dans des activités hors travail. D'où la nécessité d'organiser la fonction, sans réduction des exigences économiques, de manière plus souple, en utilisant notamment les technologies numériques.

Les habitudes, être visiblement au travail !

Au cours d'une conférence[1] en février 2012, à l'université Paris-Dauphine, Pascal Picq, paléoanthropologue au Collège de France évoquait ce sujet.

« Vous avez évoqué le présentéisme. Il faut être présent, visible dans l'entreprise pour y évoluer ; c'est l'épouillage chez les singes ou l'étiquette à la cour de Louis XIV[2] !

Le présentéisme, c'est une des caractéristiques du Sud de l'Europe où si vous êtes présents vous travaillez et si vous n'êtes pas là vous ne travaillez pas ! Or, dans des métiers dans lesquels on demande de plus en plus de performance, c'est absolument impossible d'être efficace pendant huit heures d'affilée ! Personne ne peut le faire. Ceux qui ont travaillé dans une entreprise américaine ou outre-Atlantique savent que l'on peut s'absenter pour faire du sport dans la journée et revenir plus tard ; de même l'importance de pouvoir faire une sieste et, plus largement, le fait qu'on ne prend pas d'année sabbatique. C'est un mode de vie de type macaque or, les chimpanzés et les hommes vivent dans des sociétés de fusion/fission dans lesquelles les individus se séparent et se rassemblent en fonction de leurs activités... »

« Or, il est très clair que par exemple l'héritage que nous avons encore de l'organisation du travail est quelque chose d'assez aberrant quand on pense à la façon dont nous travaillons aujourd'hui. »

« Travailler 5 jours d'affilée de 7 à 8 heures par jour, c'est un héritage qui nous vient de la fin du XIXe siècle où l'on a mis les hommes à l'usine et les femmes à la maison pour faire des enfants. »

---

1. Conférence à l'université Paris-Dauphine le 21 février 2012 sur le sujet : « Les activités physiques et le bien-être dans l'entreprise ont-ils un effet sur ses résultats ? ».
2. Pascal Picq, *Un paléoanthropologue dans l'entreprise*, Éditions Eyrolles, 2011.

« Or, en tant qu'évolutionniste, je peux vous dire que nous vivons sur les adaptations du passé et nous avons beaucoup de mal à les réinterpeller… Il y a un exemple que j'aime à citer, et vous allez comprendre tout de suite le propos : qu'est-ce qui fait que nous montons ou nous descendons toujours à gauche d'un avion ? Tous les aéroports du monde sont équipés pour faire monter ou descendre les passagers à gauche de l'avion et exclusivement à gauche alors que ceux-ci sont pourtant équipés de portes à la droite de la carlingue. On en a évidemment oublié la raison, mais c'est parce que les premiers pilotes de chasse pendant la Première Guerre mondiale étaient des cavaliers et on monte donc à gauche d'un avion comme on monte toujours à gauche d'un cheval ! »

« Donc attention, nous sommes des êtres pétris d'habitudes qui, en leur temps, ont été des adaptations. »

« Je ne dis pas qu'il faut tout mettre par terre, ce n'est pas mon propos, mais nos habitudes sont des obstacles majeurs et on se dit constamment qu'il n'y a pas de raison de changer "puisqu'on a toujours fait comme ça !" »

« Exclure les conduites managériales perverses »[1]

Ce sont des comportements, gestes ou propos qui portent atteinte à la dignité de la personne. Ces conduites managériales ont des causes diverses, parfois subies du fait de contraintes externes qui pressurent l'entreprise, mais peuvent être également sciemment mises en place par de la mémoire de leurs collaborateurs d'aujourd'hui.

Management par la peur ou pervers, intentionnel ou non, quelle que soit la dénomination ; les résultats sont les mêmes. À terme, peu rentables en ce qui concerne la mobilisation des énergies de l'entreprise et parfois même dramatiques.

---

1. « Bien-être et prévention », Les cahiers d'Entreprise et Progrès, mars 2011.

« De nombreuses sources de stress proviennent de difficulté de management. Les managers ont besoin de temps et d'exemplarité. Or, ils ne disposent souvent que du temps nécessaire pour gérer les urgences et eux-mêmes, ne bénéficient pas toujours d'attention particulière. »

« Combien de salariés manquent-ils de considération de liberté d'action, d'une bonne visibilité de l'utilité de leur action, d'objectifs clairs et précis, d'encouragement nécessaire au bon moment... ? Tous ces manques sont à l'origine de nombreuses situations de mal-être. »

Philippe Rodet[1]

Des collaborateurs reconnaissants

Toujours dans cette même conférence[2], Marc-Henri Bernard interrogé plus avant exposait sa méthode de la manière suivante :

« Justement un point pour revenir sur la notion de sport pendant ou hors le temps de travail... Chez PepsiCo, nous n'avions pas tranché le sujet et on mettait simplement à disposition un certain nombre de moyens pensant qu'ensuite, les gens devaient s'organiser... À partir du moment où vous faites confiance aux collaborateurs, où ceux-ci sont rémunérés pour une mission et un niveau de performance, c'est à eux de s'organiser en conséquence. Donc celui qui veut travailler dix heures, travaille dix heures, celui qui veut travailler huit heures travaille huit heures et celui qui veut faire trois heures de gym le fait et tant mieux pour lui à partir du moment, bien entendu, où la performance professionnelle attendue est au rendez-vous. Nous n'avons donc pas eu besoin de "légiférer" sur le sujet même si évidemment certaines activités étaient

1. *Op. cit.*
2. Conférence à l'université Paris-Dauphine le 21 février 2012 sur le sujet : « Les activités physiques et le bien-être dans l'entreprise ont-ils un effet sur ses résultats ? ».

plus facilement exploitables entre midi et 14 heures pour des raisons simples d'organisation et de logistique. »

«Nous sommes aussi allés un peu plus loin sur le sujet de la santé, c'est-à-dire qu'au-delà des activités physiques et sportives, on avait une conception plus globale du capital humain et pour vous donner un exemple, on a mis en place des *check-up* médicaux pour l'ensemble de nos collaborateurs. Partant de l'idée de ce qu'avait fait PSA, en se disant qu'en prenant soin de nos collaborateurs il devrait y avoir moins d'absentéisme, une réduction des coûts de la Sécurité sociale et des mutuelles en frais de santé et je m'étais rapproché de notre mutuelle pour passer un accord avec elle. La mutuelle mettait en place des bilans médicaux complets qui allaient permettre de faire de la prévention auprès de nos collaborateurs et faire ainsi des économies, en contrepartie de quoi elle prenait en charge la totalité du financement des bilans médicaux en question. La mutuelle m'a suivi sur le sujet ce qui m'a permis de mettre en place un *check-up* médical complet et poussé tous les deux ans pour tous les collaborateurs de PepsiCo, sur la base bien entendu du volontariat, et tous les ans pour les plus de 45 ans.»

«Donc c'était vraiment un dispositif très large.»

«En 2008, nous avons décidé de mettre en place le "télétravail", qui répondait à un certain nombre de demandes qu'on entendait ici et là et qui était dans l'air du temps puisque quelques entreprises commençaient à s'orienter vers ce type d'organisation. À l'époque, on parlait beaucoup des transports et des grèves qui posaient de nombreux problèmes de déplacement aux collaborateurs qui avaient de longs trajets.

Et avec beaucoup de fierté à l'époque je dois dire, j'avais annoncé le fait que PepsiCo se lançait dans le télétravail et que tout collaborateur pouvait solliciter une journée par semaine de télétravail à distance chez soi. Une journée par semaine simplement si je puis dire pour des raisons d'organisation et pour éviter que "cela parte dans tous les sens". Et une fois cette annonce faite qui m'a rendu extrêmement populaire auprès des collaborateurs, j'ai attendu les candidatures et en fait, nous n'en avons reçu que très, très peu. Donc nous avons pensé que soit notre communication avait été mauvaise et non comprise, soit il y avait un autre problème non identifié... Après enquête, en faisant le tour des bureaux et des cafétérias, on me répondait invariablement que ce qui posait problème n'était pas de venir à Colombes cinq jours par semaine. En revanche, savoir qu'on pourrait bénéficier du télétravail le jour où on le voudrait était une possibilité d'un grand confort et d'un luxe appréciables. »

« Donc j'insiste, mais ma politique RH a été de mettre en place des dispositifs divers et non obligatoires dans lesquels les collaborateurs pouvaient piocher ou non mais pour le choix desquels ils conservaient leur libre arbitre. Et du coup, les collaborateurs étaient reconnaissants à l'entreprise de leur offrir ces prestations qu'ils connaissaient, n'utilisaient pas forcément mais qu'ils savaient être à leur disposition quand ils le voudraient. »

« Un dernier point sur les chiffres dont on dispose :

- ➤ En 2004, lorsque je suis arrivé chez PepsiCo France, je recevais 6 000 candidatures toutes comprises pour rejoindre l'entreprise, et en 2010, j'en ai reçu 20 000... Par définition, l'attractivité de l'entreprise s'est améliorée et je suis personnellement convaincu que ce programme santé bien-être a largement contribué au sujet.

- ➤ Sur la fidélisation, le *turn-over* dans l'entreprise était de l'ordre de 9 %, alors que celui de nos concurrents et éminents confrères tels les Danone, les Unilever, les Craft et autres, était autour des 15 %.

- ➤ Sur les enquêtes de satisfaction interne, dans lesquelles tout un pavé de questions portait sur les conditions de travail au sens large et, bien entendu, le programme santé bien-être faisait partie de ce qui était très apprécié des collaborateurs. »

L'expérience vécue par les salariés est essentielle[1]

« Sans l'assurance claire que vous les soutenez et prenez en compte leurs propositions, vos collaborateurs ne bougeront pas le petit doigt. »

Cette phrase dans le livre déjà cité d'Alter&Go s'adresse au P-DG d'une grande PME en difficulté, très surpris du message transmis par son équipe[2]. Elle donne le ton des rapports entre le management et les collaborateurs. La culture française d'entreprise s'est construite sur un modèle « militaire », les ordres descendent du sommet de la pyramide vers la base. Pendant longtemps, cette vision de la stratégie était compatible avec la société. Dans les chapitres précédents, j'ai essayé de faire valoir l'ampleur des mutations de société en ce début de millénaire. Le rôle du « chef » est au cœur de ces changements. Aujourd'hui, l'acceptation de l'autorité passe par un rapport fondé sur l'intelligence et sur le respect de l'autre. D'autant que les solutions aux problèmes posés, vous le savez, sont devenues très complexes. Pascal Picq, adepte déclaré de Darwin et de l'évolutionnisme donne cette explication de cette tradition française :

« À cause de l'archaïsme de l'université française, Napoléon Bonaparte créa les grandes écoles, instrument nécessaire à l'enseignement des sciences et des techniques, disciplines tant méprisées par la Sorbonne. (Notre système éducatif souffre toujours de cette inertie, depuis la création du Collège de France en 1530 – La Renaissance – pour les mêmes raisons, jusqu'à la situation universitaire actuelle dont on espère sortir avec la loi LRU du 10 août 2007.) D'un point de vue darwinien, cela commence à poser quelques problèmes puisque, en raison des changements multipolaires du monde actuel, il devient nécessaire d'avoir une diversité d'élites. »

---

1. Michael Burchell, Jennifer Robin, *Ces entreprises où il fait bon travailler. Qui sont-elles ? Que font-elles ? Pourquoi ça marche ?*, Éditions Pearson, 2011.
2. *Le Livre du changement, ou l'extraordinaire aventure de Philippe, Frédéric, Anne et les autres, op. cit.*

Ce qui précède s'adresse, évidemment, au top management mais par mimétisme le management intermédiaire copie ce comportement et les attitudes vis-à-vis des subordonnés sont souvent (et peut-être inconsciemment) méprisantes. *Or, aujourd'hui, personne n'accepte d'être méprisé et subalterne (conséquence de la démocratie). Le respect, de mon point de vue, se traduit d'abord par écouter et regarder dans les yeux les gens avec qui on travaille.*

DONNER DU SENS ET DE L'AUTONOMIE

Des managers communicants (= convivialité)

On sent bien que les nouvelles générations ne considèrent plus la réussite professionnelle comme un épanouissement personnel. Plus informés, plus instruits que leurs prédécesseurs, ils n'attendent pas de la direction pyramidale la vérité et la lumière. Leurs aspirations sont associées aux décisions. Les managers intermédiaires (directeur de service, contremaître, etc.) doivent chacun à leur niveau entretenir ces échanges en profitant, ponctuellement, des opportunités naturelles. Le sport, encore, par exemple. Le but n'est pas de mobiliser les équipes à tout moment, mais de saisir des instants neutres comme les pauses.

Évidemment cela implique un management de communicant, ce qui n'est pas forcément un critère dans leur formation.

« De nombreux observateurs estiment qu'il est indispensable de repenser les modes de management, d'organisation et de vie sociale dans l'entreprise afin de créer un nouvel équilibre, intégrant la performance tant sociale qu'économique[1]. »

---

1. Vous pouvez trouver l'intégralité de ce livre blanc à l'adresse suivante : http://www.apicil.com/entreprises/contacter_apicil/livreblanc/livreblanc.jsp

Dans le livre *Ces entreprises où il fait bon travailler* (GPtW), les auteurs précisent dans l'avant-propos, que «l'expérience vécue par les salariés est essentielle pour comprendre comment créer une entreprise où il fait bon travailler. C'est le salarié, et non quelque gourou des affaires, qui juge ce que vaut son cadre de travail. En tant que leader, c'est à vous de susciter et de renforcer ces sentiments chaque fois que vous vous exprimez, que vous prenez une décision, que vous rencontrez quelqu'un».

«Quatre-vingts pour cent de mes moyens de production quittent l'entreprise tous les soirs. Mon rôle est de les faire revenir.»;

Jim Goodnight, P-DG et fondateur de SAS,
éclaire le sujet au début du livre[1].

Des stratégies court-termistes[2]

«Si ces stratégies managériales peuvent produire les effets escomptés à court terme (émulation, hausse de la productivité individuelle), à moyen terme, elles détruisent toute communication entre collaborateurs et aboutissent à une ambiance de travail exécrable, voire à une atteinte à l'intégrité physique et morale du salarié concerné.»

Les objectifs économiques, un postulat

Il faut être clair sur ce qui précède et prendre comme postulat préalable que les objectifs économiques demeurent incontournables. Le nouveau paradigme est de conduire deux aspects du management qui semblent à beaucoup de Français inconciliables. Pascal Picq cite «le paradoxe de Moravec: "Et si les choses de la vie les plus simples étaient les plus difficiles à réaliser et, réciproquement, les choses les plus complexes les moins ardues à faire[3]?"»

---

1. Michael Burchell, Jennifer Robin, *Ces entreprises où il fait bon travailler. Qui sont-elles? Que font-elles? Pourquoi ça marche?, op. cit.*
2. «Bien-être et prévention», *op. cit.*
3. Pascal Picq, *op.cit.*

L'autonomie

Selon le dictionnaire Larousse, «c'est la possibilité pour un individu de décider par rapport à un pouvoir central». Décider dans un créneau préétabli avec un système de *reporting* clair. C'est surtout un état d'esprit, de responsabilisation individuelle qui a pour but d'inciter le n+1 à soumettre des idées, pour améliorer la productivité. Celle-ci sera d'autant mieux acceptée qu'elle émanera de ceux qui les dirigent.

«L'autonomie est une arme d'engagement massif», dit Victor Waknine, créateur de l'IBET® (indice du bien-être au travail) pour l'avoir vécu lui même à la grande époque de Lagardère comme relaté chapitre 4. Autre citation d'un grand connaisseur dont le métier est de lutter contre la sclérose de certaines entreprises, Xavier Sabouraud, Alter&Go Groupe[1] : «Si on n'a pas la liberté de gérer son agenda, on arrive stressé et inefficace.»

Pour que cela soit efficace, il faut qu'un climat de confiance s'établisse entre les parties sur les bases d'une prise en considération des actions soumises et de la reconnaissance des résultats positifs. À l'inverse, en cas d'échec, il faut savoir relativiser, ne pas culpabiliser et aider les gens à réfléchir sans concession aux erreurs. Un bon management du bien-être doit donner confiance, faire évoluer et encourager les subordonnés à progresser. «L'autonomie implique un droit à l'erreur, mais pas de la négligence», dit Hervé Garcia, DRH du groupe Serge Ferrari audité en annexe.

Ceci signifie pour moi, une capacité à ne pas craindre la concurrence dans une équipe car elle seule permettra de gagner et donc d'attribuer *in fine* le mérite à celui ou à celle qui en est responsable. Trop souvent, les leaders craignent

---

1. *Le Livre du changement, ou l'extraordinaire aventure de Philippe, Frédéric, Anne et les autres, op.cit.*

cette concurrence sans prendre conscience qu'elle éteint le dynamisme inconsciemment ou pas.

« C'est l'absence de perturbations et de stress superflus (tels qu'il en existe dans un contexte de faible confiance) qui conduit aux succès financiers. Quand les salariés ne font pas confiance à leurs dirigeants, se sentent coincés dans un poste sans intérêt ou ont l'impression de ne pas connaître leurs collègues assez bien pour se montrer tels qu'ils sont, ils ont tendance à ruminer et à se démobiliser. Sans compter qu'ils ne bondissent pas du lit le matin dans la hâte d'aller au travail et ne débordent guère de leurs horaires, quitte à laisser en plan des projets importants pour la croissance et la réussite de l'entreprise[1]. »

Sur le sujet de l'autonomie, qui me semble tellement essentiel, je citerai encore Philippe Rodet, urgentiste, auteur de plusieurs ouvrages (voir référence) et me permettrai d'y inclure un paragraphe dans lequel il reprend un texte de Mme Jacqueline de Romilly. L'époque qu'elle évoque peut vous sembler décalée et pourtant sommes-nous si différents de ces Athéniens en matière de comportements humains ?

La liberté d'action appelle le succès

L'autonomie libère la créativité

À l'échelle d'une civilisation

«L'Homme est conduit par la liberté d'action. L'histoire en offre des exemples inlassablement répétés. Jacqueline de Romilly[2] l'exprime avec éclat dans un texte de 2008 consacré à l'engagement :

---

1. Michael Burchell, Jennifer Robin, *Ces entreprises où il fait bon travailler. Qui sont-elles ? Que font-elles ? Pourquoi ça marche ?, op. cit.*
2. Jacqueline de Romilly, était une philologue, écrivaine, professeure et helléniste française. Membre de l'Académie française, première femme professeur au Collège de France, elle est connue sur le plan international pour ses travaux sur la civilisation et la langue de la Grèce antique, en particulier à propos de Thucydide, objet de sa thèse doctorale. Wikipédia.

"Les Athéniens lorsqu'ils travaillaient pour un maître ne se donnaient aucune peine et aussitôt libérés, travaillaient pour eux-mêmes, ils firent un grand effort et connurent de grands succès. Ceci se traduisit d'ailleurs dans les faits puisque d'abord la liberté et l'enthousiasme des combattants rendaient compte de succès des Grecs comme envahisseurs bien plus nombreux, et que bientôt la démocratie à Athènes coïncida avec un effort extraordinaire dans tous les domaines et en particulier dans le domaine culturel où apparaissent alors tous les chefs-d'œuvre."

"Il est indéniable qu'à l'échelle d'une civilisation ou d'une société la liberté d'action et son corollaire, l'autonomie, peuvent être à l'origine d'une ardeur exceptionnelle et de grandes réalisations."»

La fierté d'appartenance

Peu de gens éprouvent un sentiment de fierté et d'appartenance à une société dont l'image n'est pas celle de la réussite, de l'utilité ou de la performance. Ils se sentent bien au travail quand ils ont l'impression d'être utile dans l'organisation, que la réussite de leur équipe est un peu la leur. J'ai le souvenir dans les années 1980 d'une entreprise performante offrant un bon niveau de rémunération, mais dont le métier supportait une image péjorative. Elle avait de grosses difficultés pour recruter des cadres de bon niveau. Il y a un rapport entre l'activité exercée et le sentiment de bien-être.

Toutes les grandes écoles d'enseignement supérieur sont prospectées par les entreprises du CAC 40 et beaucoup de grandes PME pour défendre ce que l'on appelle aujourd'hui la marque employeur. Enfin, presque tous les secteurs d'activités, grâce à l'évolution technologique, ont à présent une image acceptable.

Le propre de ce siècle est de sublimer l'image de métiers considérés auparavant comme un sous-prolétariat. Il convient de rechercher comment rendre ces images valorisantes.

Comme déjà évoqué, on vérifie que cette politique de management ne peut être que décidée au niveau hiérarchique le plus élevé localement et mise en œuvre par la DRH. Le rôle de celle-ci est essentiel et demande beaucoup d'investissement personnel pour transmettre, communiquer, convaincre et suivre l'application de ces mesures dans le temps.

Je terminerai ce chapitre par quelques déclarations de salariés d'entreprises où il fait bon travailler[1] :

➢ «Nous avons une culture dans laquelle les gens ne demandent qu'à se parler, à partager ce qu'ils savent et à vous mettre en contact spontanément avec la bonne personne.»

➢ «Si vous êtes patron ou manager, vous comprenez que vous n'êtes pas seul. Votre rôle est d'autonomiser vos collaborateurs. Et votre avis n'a pas plus de poids que celui des autres. Ce style de management ne fonctionnera que si vous alimentez, si vous stimulez, si vous soutenez un projet.»

➢ «Notre entreprise éprouve des difficultés, comme toute entreprise, mais le personnel passe toujours en premier. Je sais vraiment que je compte dans cette société, et c'est pourquoi j'y reste.»

RÉAPPRENDRE LA CRÉATIVITÉ ET L'INITIATIVE INDIVIDUELLE

«L'innovation est une alliance entre recherche, marketing, instinct, imagination et courage industriel.»

Antoine Riboud[2]

---

1. Michael Burchell, Jennifer Robin, *Ces entreprises où il fait bon travailler. Qui sont-elles ? Que font-elles ? Pourquoi ça marche ?*, op. cit.
2. Isabelle Denervaud, Olivier Chatin, *L'ADN de l'entreprise innovante*, Éditions Pearson, 2009.

Les principes

Dans ce chapitre, je commencerai par signaler quelques principes suivis d'exemples d'entreprises renommées pour leur adaptation au marché. Mon objectif est de démontrer que tous les secteurs d'activités peuvent retrouver ce dynamisme. Considérons, comme les exemples ci-après, que cette confiance dans le management soit établie, que les équipes se sentent concernées et enfin que l'ambiance générale contribue à susciter l'envie d'agir.

L'espace temps d'échanges

Les espaces temps d'échanges deviennent essentiels. Nous verrons par la suite que les entreprises analysées plus loin ont développé des moyens très adaptés et très différents les uns des autres. Les exemples d'entreprises économiquement satisfaisantes qui ont mis en place, de manière délibérée, des rencontres à bâtons rompus entre la direction et les collaborateurs, voir par exemple dans l'annexe, les sociétés Velux, groupe Serge Ferrari, Orangina ou encore Arkoon ; cela est naturellement plus facile à organiser dans des PME.

Ces moments peuvent, dans certaines situations professionnelles, devenir une sorte de *brainstorming* généralement destiné au marketing et aux commerciaux. Les techniques des prestataires qui s'appuient sur le sport, comme nous l'avons vu précédemment, sont dans cette démarche. Pratiquer un sport ensemble et analyser ensemble les rapports humains.

Ce qui veut dire que chacun, dans son milieu, peut «inventer» son propre modèle.

Spontanément, le sport d'entreprise managé par la direction générale donne un cadre favorable en mettant entre parenthèses la hiérarchie et en créant la détente propice à des échanges. En écrivant ces lignes, je repense aux sapeurs-pompiers dont le commandant Patrick Racoua explique que l'application des 35 heures et la croissance des tâches ne permettent presque plus les réunions de *debriefing* entre collègues pour amortir le stress d'après mission. Heureusement, là aussi, le sport y contribue.

Culture d'entreprise

Dans *L'ADN de l'entreprise innovante*[1], les auteurs distinguent deux types d'innovation :

« Elle recouvre tout d'abord l'innovation organique, tendancielle (ou de continuité), qui consiste à améliorer des services existants pour mieux les adapter au nouvel environnement généré par une discontinuité, les adapter à l'évolution de la demande des consommateurs. Elle est proche des offres et des marchés ciblés par l'entreprise. Elle ne change pas fondamentalement la nature du produit ou du service visé. Dans ce cas de figure, l'écosystème demeure relativement stable : les "développeurs" de l'innovation proposent de nouvelles solutions à des "utilisateurs". »

« L'innovation peut aussi toucher la structure de coût nécessaire au développement de ces produits ou services. On parle dans ce cas d'innovation de procédé ou d'architecture, un nouveau produit ou service bâti à partir d'une reconfiguration d'éléments existants dans le portefeuille d'offres. »

Vous trouverez en annexe différentes techniques préconisées dans ce livre[2]. Les auteurs affirment que les entreprises ont... encore et toujours deux équations à résoudre : « le rapport à soi » et « le rapport aux autres ». Elles doivent inscrire sur leur feuille de route le « rapport à soi » et intégrer la notion de diversité dans l'identification des protagonistes et la pièce de *théâtre* innovante.

---

1. *Ibid.*
2. *Ibid.*

Une réelle enquête

Autre exemple, j'ai en 1998 conduit, avec le soutien du directeur d'un hypermarché, un audit pour comprendre les raisons d'un *turn-over* inhabituel parmi les cadres. Je précise que ce magasin est implanté dans une zone économiquement favorable avec des résultats optimaux. L'anonymat étant assuré, il convenait de trouver comment les amener à des confidences. Sachant que dans cette société les «process» sont très développés, j'ai rencontré tous les chefs de rayons, les chefs de service pour leur demander ce qu'ils estimaient faire de plus et de mieux pour leurs clients que le plan établi pour chaque rayon. Tous mes interlocuteurs ont répondu favorablement à cette démarche et chacun de détailler sa propre méthode pour être plus efficace que la méthode globale.

Des réponses que j'étais venu chercher, je n'en signalerai qu'une seule en corrélation avec ce qui précède:

> «Je travaille beaucoup mais après je ne souhaite que rejoindre ma famille!»

C'est la phrase la plus souvent entendue dans cet audit et je la cite pour rappeler cette volonté d'équilibre des générations actuelles, entre la vie professionnelle et l'autre vie.

Le processus

Il est clair que cette volonté d'impliquer les subordonnés doit impérativement être soutenue par la direction générale, mais sa mise en œuvre doit aussi impérativement être déclinée, gérée, mise en forme et suivie d'effet par le management à tous les niveaux.

La responsabilité des intermédiaires est déterminante dans le succès de cette dynamique à double objet essentiel. Donner l'envie de se battre pour faire réussir son entreprise et adapter les process, voire inventer de nouveaux services. Il est à noter que d'après un sondage récent une majorité de salariés sont fiers de leur employeur contrairement à l'image préjugée. Il ne faut surtout pas décourager cette fierté, elle serait gravement entamée.

Cette étape sera d'autant mieux réussie qu'elle aura été anticipée. Définir le plus clairement (et pas précisément) les objectifs. Aider à clarifier le *debriefing*, orienter les pistes cohérentes avec la stratégie de l'entreprise sont des étapes importantes.

Pour que cette relation de confiance se perpétue, il faut faire remonter la quintessence de ces contributions vers le niveau décisionnel et retransmettre vers la base l'accueil que la direction a réservé à cette préconisation. En expliquant sérieusement les éventuelles raisons pour lesquelles elle n'aurait pas été prise en considération.

Enfin, quelle que soit justement la décision, ne jamais oublier d'attribuer cette idée aux personnes à l'origine de cette préconisation, sous peine de leur donner le sentiment d'être trompées. Ne jamais oublier, non plus, de les remercier pour leur implication publiquement dans l'entreprise pour manifester clairement leur intérêt pour l'avenir et la productivité de leur entreprise et comme exemples à suivre.

CHAPITRE 3

DÉVELOPPER LA PRATIQUE SPORTIVE

Être bien, c'est aussi, si l'on considère le temps passé dans l'entreprise, une recherche d'équilibre entre la vie privée et la vie professionnelle. Pour les quinquagénaires il est incontestable que la vie est devenue plus stressante, plus «speed». Évidemment, on fait beaucoup plus de choses qu'il y a vingt ans. Les générations qui ont suivi recherchent une vie plus fluide. Le sport, les activités physiques apparaissent comme un moyen de reprendre possession de son corps et de son esprit. Nous développerons d'abord cet aspect en tentant de donner du sens et des pistes par ces activités, puis nous mettrons en évidence des entreprises de services qui se différencient par le contenu de leur offre. Certaines entreprises auditées ont choisi de gérer elles-mêmes salle de fitness, conciergerie, etc., mais cela ne va pas sans poser des problèmes de gestion hors de leurs compétences. Quoi qu'il en soit, ces exemples vous permettront de vous familiariser avec le profil de ces services et leurs exigences pour être perçu efficacement par vos équipes.

LES ACTIVITÉS PHYSIQUES ET LE SPORT

Comme on le verra dans mes conclusions, le sport est omniprésent, sous une forme ou une autre, dans toutes les entreprises auditées. Je les ai rencontrées pour parler du bien-être, ou comment mieux vivre dans l'entreprise et toutes m'ont parlé d'activités physiques à un moment de notre entretien.

Il est évident que les activités physiques s'inscrivent dans l'une des premières actions logiques, souvent spontanées, pour fédérer et créer du lien entre les gens dans un monde où ce dernier en manque tellement. Même ceux qui n'en font pas – pour le fitness, le meilleur score de participation est de 20 % dans certaines entreprises (statistiques Club Med Gym) et pour le sport à ma connaissance 35 % chez Arkoon (voir annexe) –, les effets se font sentir dans l'entreprise sous forme d'exemplarité, de fierté et de sentiment d'appartenance.

Le sport ou les activités physiques ont un rôle particulier

Le sport, les activités physiques ont été, depuis le début de l'ère industrielle, associés au monde du travail. Mais le peu de considération portée par les élites de la nation au cours du XXe siècle les ont cantonnés aux fonctions multiples des comités d'entreprise. Il y a bien eu des «patrons» dits paternalistes, qui au cours de ce siècle, ont créé des installations sportives et se sont engagés dans la gestion de club. Mais ce phénomène a été important jusqu'aux années 1940. Combattu dans le dernier tiers du siècle, au motif que cette pratique aurait été aliénante et contraignante.

Au début des années 1980, on assiste à un véritable engouement pour l'effort physique, pour la compétition, le dépassement physique et même, parfois, la souffrance. Le slogan «sport pour tous» devient à la mode valorisant le sport loisir. Ainsi de nouvelles «communautés» se créent, par exemple, dans le *running*, dans les randonnées vélo ou pédestres.

Autre signe qui ne trompe pas, la plupart des pays européens ont constitué des Fédérations nationales du sport en entreprise. Il existe, donc, une European Federation for

Company Sport (EFCS), 26 pays y adhèrent et le président en fonction est Didier Besseyre. Celui-ci est aussi président de la Fédération française du sport d'entreprise (FFSE). Ce chapitre est dédié à cette fédération, et aux travaux d'une commission sur le sport dans la société, présidée par le Pr Jean-François Toussaint. Ce rapport auquel la FFSE a participé a été réalisé à la demande du ministère de la Santé, de la Jeunesse, des Sports et de la Vie associative en octobre 2008. La conclusion est un document de 295 pages. J'en ai extrait les dix recommandations d'ordre général et le chapitre entier sur le rôle du sport dans l'entreprise, ci-après.

Prendre en compte cette évolution parmi des institutions : la Fédération française de sport d'entreprise

Le ministère, des fédérations sportives, de grands clubs organisent des manifestations parfois de grande ampleur. Salons, conventions, *think tank*, se créent. Parmi celles-ci un forum de débats, l'Agora du Sport, se déroule tous les ans à Roland Garros, réunit des personnalités venues de tous les secteurs de la société pour analyser et faire évoluer les activités sportives dans la vie quotidienne, dans la société et, donc, dans l'entreprise. C'est aussi une économie importante qui est estimée à 600 000 emplois, dans le commerce, la gestion de salles, stades, consultants, cadres techniques, etc.

L'évolution de la vie professionnelle dans ces trente dernières années, l'allongement du temps de transport, la segmentation de la vie, favorisent les pratiques dans le cadre de l'entreprise. En 2004, le ministère des Sports agrée la Fédération française du sport d'entreprise, membre du CNOSF et de la Fédération européenne. Elle a pour vocation de fédérer, coordonner et susciter les activités sportives au sein du monde du travail. Un club est une entreprise, une collectivité ou un service public.

Santé morale et physique

Il apparaît rapidement que cette activité a des incidences bénéfiques sur la santé morale et physique des salariés. Certes, tout le monde ne fait pas de sport, mais des salles de gymnastique ou de fitness apparaissent *in situ*. Les études, pour l'essentiel nord-américaines, tendent à prouver que l'absentéisme est moins important parmi ce groupe de gens ou encore qu'après une maladie, leur retour au travail est plus rapide. Sont apparues depuis de nouvelles indispositions graves comme le stress, les troubles «musculo-squelettiques». Là encore le sport et les activités sportives contribuent à l'amélioration du bien-être.

Vient s'ajouter à ces sujets déjà impactant, la nécessité pour les dirigeants de recréer du lien, les espaces temps d'échanges. Dans ce cas de partage, le sport génère automatiquement des liens, en réduisant au maximum la pyramide hiérarchique. En short, chaussures de sport aux pieds, le manager ou le manutentionnaire sont sur le même plan.

La sacralisation, aujourd'hui, se mérite; elle ne découle plus du statut. Le comportement d'un dirigeant dans une compétition sportive a autant d'importance que celui qu'il a dans son bureau. Enfin, il y a les valeurs qu'on attribue au sport: esprit de performance, de dépassement, d'équipes, de *fair play*, etc.

Marie-Christine Oghly, dirigeante d'entreprise et présidente du Medef Île-de-France, souligne cette nécessité de remettre ces valeurs en exergue pour lutter contre l'esprit de loisir que notre civilisation a préempté. Elle a bien voulu, plus loin, développer son analyse.

Ces activités apparaissent de plus en plus comme un moyen d'atténuer, voir de résoudre, des problèmes internes aux entreprises et beaucoup de directions des ressources humaines, en accord avec leur direction générale, mettent en place une stratégie de management les incluant.

Le rôle de la FFSE

Dès ce moment se posent une série de questions de responsabilités, de formations, et de compétences auxquelles les cadres dirigeants ne sont pas préparés sauf exception.

La Fédération française du sport d'entreprise offre ces services pour harmoniser ces nouvelles prestations. Didier Besseyre, son actuel président exprime, ci-après, sa vision du développement du sport en entreprise. J'ajoute qu'elle a organisé avec le Comité national olympique du sport français (CNOSF), et le Medef des colloques sur ce sujet dont vous trouverez la teneur plus loin.

Didier Besseyre, président de la Fédération française de sport d'entreprise et de la European Federation for Company Sport

« La Fédération française du sport d'entreprise s'occupe de sport au sein de l'entreprise, en tout cas autour de la sphère entreprise, souvent cela passe par le prisme d'association sportive qui porte le nom d'une entreprise, Peugeot, Renault, Gan, BNP Paribas, qui sont généralement plus sportives. Leur objet est de structurer une pratique sur un modèle similaire à celui d'un club omnisports classique, à savoir x sections. Parfois, ces sections sont affiliées aux fédérations délégataires[1], football, tennis, etc., et d'autres fois elles n'ont aucune affiliation. Le club général, omnisports est quant à lui affilié à la FFSE (délégation affinitaire). On a organisé des rencontres sportives sur le modèle classique, de l'activité physique sous forme de gymnastique ou de *fitness*, des activités d'appellation plus ou moins modernes. Les affinitaires sont des gens

---

1. Délégataire signifie avoir reçu une délégation du ministère des Sports pour s'occuper d'une discipline sportive, comme l'athlétisme, le ski, le rugby, etc. La FFSE est représentative des activités sportives dans les entreprises. Même si les fédérations délégataires peuvent, aussi, avoir des licenciés de sports corpo. Mais dans ce cas, elles ne gèrent pas de compétitions spécifiques telles que les jeux nationaux ou européens.

qui se regroupent autour d'une ou de plusieurs activités sportives mais qui n'acceptent dans leur rang que des gens qui se sont réunis par affinités, c'est-à-dire, par exemple, des salariés du secteur privé, public ou les sapeurs-pompiers, la police nationale, etc. »

« Le sport tout court débute au XIXe siècle en Angleterre autour de l'entreprise. Le sport moderne, c'est l'entreprise qui l'a inventé. À cette époque, les moyens n'étaient pas dans les collectivités comme aujourd'hui, ils étaient entre les mains du grand patronat qui a décidé du sport ou d'une certaine forme d'activité physique pour son élite. Ensuite, les chefs d'entreprise s'y sont intéressés par passion personnelle (football, golf, etc. pour les cadres dirigeants). Il y avait une certaine notion élitiste. Très rapidement, on s'est rendu compte que le sport était aussi un enjeu pour l'entreprise et particulièrement pour les ouvriers qui étant ainsi associés, devenaient supporters de leur entreprise. Ils défendaient ainsi la bannière (la marque !) de l'entreprise.

Par ailleurs, les sociologues l'ont souligné, cette activité avait le mérite de les détourner des pubs, de l'alcool et d'autres « loisirs » néfastes avec leur paye quotidienne. Afin d'éviter parfois des troubles publics ou de retrouver le lendemain, des hommes incapables de travailler. Il y avait déjà une préoccupation sociale. En 1952, se crée en France l'Union des clubs corporatifs. C'est une initiative au sein de la Fédération française de football qui regroupait les clubs d'entreprise. Ces associations, très nombreuses à l'époque, souhaitaient un calendrier qui leur soit propre et être mieux représentées dans les instances fédérales. Mais ces clubs d'entreprise avaient souvent des sections de tennis ou de ski et dès l'année suivante ces disciplines ont rejoint cette union. Dans les années suivantes, tous les autres sports se sont affiliés puisque dans ces clubs multisports, on en recense souvent 40 à 50 différents. En 1973, changement de nom pour devenir Union fédérale du sport d'entreprise.

Le sport corpo perdait un peu sa signification initiale pour devenir moins liée à l'entreprise. Le mot "fédérale" dans le titre manifestait clairement une volonté d'indépendance. Mais le sport d'entreprise dans sa forme actuelle commence vraiment à la création de la FFSE en 2004, dans une acceptation différente qui ne se limitait plus à copier les fédérations délégataires.»

«Tout simplement parce que les réalités et les demandes au sein de l'entreprise devenaient différentes, proches du sport-loisir. C'est certainement le début du sport-santé. Sous la pression du ministère et du Comité olympique, il devenait nécessaire de donner les attributs de la fédération, c'est un indicateur comme un autre mais essentiel pour mesurer l'influence d'une activité sportive dans la société. Donc, nous avons de l'expérience tout en étant une jeune fédération avec ce nouveau départ en 2004. La gestion du stress, notamment les notions de bien-être dans l'entreprise sont tout à fait récentes, en particulier, pour l'opinion publique depuis quatre ou cinq ans. Pour les spécialistes que nous sommes, nous avons appréhendé ce sujet plus tôt parce qu'étant président de la Fédération européenne, j'ai eu des entretiens depuis longtemps avec mes collègues, en particulier les pays scandinaves qui avaient dix ans d'avance sur le sujet. Le modèle scandinave peut nous servir d'exemple sans pour autant correspondre exactement à nos coutumes et à notre culture.

À côté des pays scandinaves, les pays à l'est de l'Europe, restés longtemps dans le système communiste, ont bénéficié de l'usage du sport et des activités physiques dans les entreprises pour des motifs politiques et sociaux. Leur conversion dans un modèle économique similaire au nôtre a favorisé le sport. On se rappelle les images montrant les ouvriers faisant des mouvements dans les cours d'usine avant de commencer à travailler. J'ai constaté, avec surprise, leur intégration très rapide du concept de sport d'entreprise. Dans les difficultés professionnelles et personnelles que ces gens ont rencontrées, le sport a été un facteur amortisseur.»

" Dans la vie économique, on considère souvent l'importance d'un phénomène de société à son rôle mondial. Les pays du monde, en particulier, ceux qui sont en plein développement ont-ils ce même besoin ?

« Partant du principe que pour exister sur le plan national ou européen, il fallait une fédération, nous sommes un certain nombre à penser que pour exister au niveau européen, il faut exister au plan mondial. On s'aperçoit que les entreprises ne peuvent plus se contenter de l'espace français, voire européen. Le sport d'entreprise doit s'apprécier dans toutes les grandes régions économiques du monde. Ce développement permettrait d'élargir notre influence vers d'autres partenaires. »

« L'intérêt dans des régions importantes du monde atteste que les activités de groupe nécessitent un objet, le management favorise le groupe. Et pour faire ce type d'activité, il faut de la matière. Cette activité de groupe est ressentie à travers le sport comme une possibilité importante, simple, codifiée qui permet d'intéresser ou de réintéresser les gens à la vie en société et à ces différents pôles. Personne ne peut nier que l'individualisme, aujourd'hui, règne dans tous les milieux. Le sport d'équipe a ceci de particulier que le plus grand talent ne peut pas gagner dans une mauvaise équipe.

Une équipe, une entreprise c'est une somme de talent. J'ai la faiblesse de croire que les entreprises qui jouent un peu plus cette carte ont un temps d'avance, sachant que la notion d'équipe et de solidarité ne se décrète pas. Il faut encore plus qu'avant des outils subtils qui vont permettre de reconsidérer la politique de management, de trouver de nouveaux terrains d'entente avec les partenaires sociaux ou les syndicats. Sur le terrain du sport, je serais tenté de dire, quels que soient les partenaires sociaux dans le domaine du sport d'entreprise, chacun pour des raisons qui lui sont propres mais qui sont, en fait, convergentes. À savoir que le salarié ou l'individu sont mieux dans leur peau. C'est en gros la définition du sport de masse. »

« Le sport peut aussi contribuer à un certain nivellement de la hiérarchie ou plutôt un facilitateur. Ce qu'on recherche, c'est plutôt que le chef d'équipe direct se retrouve avec eux dans un espace temps ludique. Il faut laisser les choses au bon niveau. Je crois que lorsqu'on se parle entre le troisième et le quatrième étage dans une structure, ce n'est déjà pas si mal.»

" **Dans cet entretien, nous parlons évidemment de deux univers différents et, sans doute, complémentaires, l'entreprise et le sport. Avez-vous un parcours sportif ?**

«Je me suis essayé au rugby pendant plusieurs années, parallèlement à la natation, que j'ai très rapidement préférée. Certains qui me connaissent pensent que c'est en raison de la mixité de ce sport, par différence avec le rugby à cette époque. Mais surtout parce que mon caractère me prédispose plus à l'objectivité qu'à la subjectivité. Dans une équipe de sport corpo, on est bon si les autres le sont. Dans un sport individuel, on est bon si le chrono dit que vous êtes bon. J'ai très vite pris conscience de cela. Le niveau d'exigence et la fréquence des entraînements du rugby n'arrivaient pas à rassasier mon trop-plein d'énergie et une bonne séance de natation était plus profitable à mon tempérament. Et enfin les années passant, j'ai ajouté la course à pied et le vélo pour me lancer dans le triathlon. Bien sûr entre temps, je me suis essayé à beaucoup de sports comme le basket ; j'ai fait aussi beaucoup de boxe thaïlandaise, du tennis avec l'entreprise, ou de la planche à voile.»

«Tout cela explique mon intérêt pour le sport et pour le sport élargi. Je m'intéresse à peu près à tous les sports. Mais mon engagement dans le sport d'entreprise est plus une affaire d'opportunités, de rencontres. J'ai toujours eu un intérêt pour la pratique sportive, pour la technique sportive et un encore plus grand pour la gestion du sport, du club ou du groupe.»

«Je vois les prochaines années s'ouvrir à une pratique sportive par tous les publics. Tout simplement parce que je crois que le modèle que nos anciens nous ont légué et qui est toujours d'actualité a atteint ses limites. Ce n'est pas moi qui le dis, ce sont les pratiquants, les adhérents. Ils sont très contents de faire des compétitions mais ce n'est pas la seule forme de pratique qu'ils souhaitent. Il y a eu toute une évolution après

1945 ; jusqu'à la fin des années 1930, le sport était plutôt bien organisé par les entreprises, avec des considérations paternalistes qui pouvaient s'accepter dans le cadre de sociétés comme Michelin parce qu'il y avait une vraie bienveillance. Ce n'était pas le cas dans toutes les entreprises chez qui il y a eu une volonté de marquer leur empreinte. Toujours est-il que le général de Gaulle a créé les comités d'entreprise et que cela a provoqué une évolution importante. Cela ne s'est pas vu du jour au lendemain. Le Code du travail ne prévoyait pas que le CE avait la compétence unique pour s'occuper du sport. C'est venu progressivement mais assez rapidement. On a vu dans certaines entreprises l'équipe du patron et celle du CE. Cela s'est très vite délité pour ne considérer que le sport organisé pour les salariés par les salariés, donc par les syndicats ou le CE. Il se trouve que des associations sportives ont dû être créées parce que l'ensemble des fédérations ne reconnaissait pas les CE comme une entité pouvant être affiliée donc il fallait innover.

Cela a permis une certaine forme d'indépendance parce que les instances sociales avaient du grain à moudre. À la fin des années 1980, les entreprises ont commencé à connaître pour certaines quelques difficultés. Les organisations syndicales ayant des sujets plus prioritaires et l'entreprise cherchant à maintenir la cohésion, on a vu un changement se produire. Dans un premier temps, ce phénomène a «boosté» les CE qui avaient vraiment de l'intérêt pour le sport en consacrant plus de moyens à cette activité. Et puis les choses ont changé, les gens sont devenus plus individualistes, ce qui était novateur il y a vingt ou trente ans est devenu obsolète.

Les habitudes sociales ont changé et actuellement pour parler de l'avenir on doit réinventer le modèle du sport d'entreprise, la norme, doctrine, très particulièrement dans le sport santé, le sport entretien. Car il ne suffit de se rencontrer sur un terrain pour une compétition. Le but étant la prévention, l'idée d'une pratique collective qu'on aimerait voir subsister. Mais c'est plus une pratique de santé, de défoulement, qui permet de gérer le stress, donc du bien-être. C'est évidemment le

modèle d'avenir parce que, encore une fois, aussi bien les organisations syndicales, les individus, le patronat aussi, peut-être
pour d'autres raisons, les mutuelles de santé et de prévoyance,
l'État y trouvent leur intérêt aussi ; tout le monde, en somme. Il
y a un champ à cultiver pour celui qui veut s'emparer de cette
activité. *Et pour ce qui concerne les entreprises, la FFSE a plus
que d'autres une responsabilité au-delà d'une légitimité sur le
fait de développer ces nouvelles formes de pratiques.* »

Le sport et la santé, quel rapport ?

« Depuis peu, les spécialistes font la différence entre le sport
et les activités physiques ; le sport excessif tel que l'ai pratiqué
n'est pas absolument synonyme de santé. Quand on s'entraîne pour faire plus de 40 marathons dans sa vie, on a des
périodes ou l'on court un peu n'importe où sans s'occuper de
ses genoux en faisant 100 km et plus par semaine et il arrive
un âge où l'on regrette de l'avoir fait. Les médecins qui ont
du recul disent qu'il faut des activités physiques tout simplement parce que ça compense la sédentarité mais pour autant
il ne faut pas retomber dans l'excès inverse, tout comme les
ouvriers se tuaient au travail et mourraient à 50 ans. Une
dépense physique extrême comme le font certains marathoniens ou triathloniens pour ne parler que de ce que je connais,
ce n'est pas une solution en tant que telle. Je crois qu'entre les
deux, il y a la solution d'une pratique apaisée, qui peut être
d'un niveau intéressant, qui tient compte de la récupération,
de la prévention des chocs. »

Votre conclusion...

« *On a beaucoup travaillé avec les clubs et les comités d'entreprise depuis quelque temps en ignorant la direction de l'entreprise. Une nouvelle forme d'ouverture d'esprit et travailler avec
plus de collaboration, plus de sérénité peut utilement compléter
les moyens, et favoriser le plus grand bien des salariés. C'est nouveau. Travailler avec les trois socles de l'entreprise : la direction
et les actionnaires, les cadres dirigeants, les salariés et les organisations syndicales.* »

Le sport devait s'adapter aux exigences actuelles de l'entreprise. Comme c'est le cas pour l'ensemble de notre société, il fallait le professionnaliser, pour répondre aux règlements et lois récentes sur la protection des individus, aux attentes des personnes, et pour intégrer les techniques les plus récentes.

Notamment, si l'on pense aux contraintes des entreprises, il est indispensable d'intégrer la flexibilité des *calendriers*; les fédérations sportives classiques ne peuvent prendre en considération cette souplesse.

Autre exemple, un sportif-loisir pratique généralement plusieurs disciplines. Il faut une licence qui couvre les risques multisports. Dès sa création, la FFSE s'est vu confier la gestion de milliers de sportifs affiliés à des comités d'entreprise ou à des associations internes au milieu du travail dans tous les secteurs de l'économie. Mais les problèmes évoqués dans ce livre nous prédisposaient à prendre en charge les besoins de l'économie. C'est-à-dire, d'accompagner, voir de précéder les besoins des directions générales dans la mise en œuvre d'une stratégie de management par les activités physiques et sportives.

« Nous mettons au service des entreprises nos connaissances juridiques, notre encadrement et conseil sur la santé, ainsi que les formations à l'encadrement. Et évidemment, l'organisation de challenges, de rencontres. Nous sommes organisateurs d'événements dans le cadre sportif avec des jeux d'été et d'hiver français, des jeux européens, dans le domaine de la recherche des conférences, des colloques, des trophées. Dans ce dernier domaine, nous organisons le Sociétal Sport Trophée destiné à mettre en valeur les entreprises qui intègrent les activités sportives dans leur politique sociale », conclut Didier Besseyre.

ÉVALUATION DES EFFETS DU SPORT SUR LA PRODUCTIVITÉ

Ces dernières années, un certain nombre d'études et de rapports officiels analysent les conséquences de cette tendance. Les chiffres connus concernent surtout les effets sur la santé. Mais plusieurs institutions, dont la FFSE, le Medef, ont entamé des enquêtes pour mesurer l'incidence économique du sport dans les entreprises... et du bien-être pour celles qui le cultivent déjà.

Magali Tézenas du Montcel, responsable durant plusieurs années de la communication et du développement de la Chaire de marketing sportif à l'ESSEC (2010-2012) et aujourd'hui déléguée générale Sporsora[1] a recherché des éléments d'appréciation chiffrés. Elle a grandement contribué au rapport «Plan national de prévention par l'activité physique ou sportive», commandé à Jean-François Toussaint par le ministère de la Santé et du Sport en 2008, et fut notamment chargée de la synthèse sur la partie entreprise. Il propose dix recommandations prioritaires.

Plan national de prévention par l'activité physique ou sportive[2]

1. Sensibiliser les acteurs internes aux entreprises (les salariés, le management, les DRH, les partenaires sociaux) à l'intérêt d'utiliser l'activité physique ou sportive comme «fil rouge» dans une démarche globale d'amélioration de la qualité de vie en entreprise.

2. Intégrer l'APS en entreprise au titre de la prévention secondaire du stress tel que le recommande le rapport Légeron.

---

1. Sporsora a pour mission de réguler, de professionnaliser et de développer l'économie du sport, ainsi que de promouvoir le marketing sportif comme levier d'innovation.
2. La Documentation française.

3. Créer un référentiel qualité d'intervention en entreprise référençant les apports possibles des acteurs externes à l'entreprise.

4. Sensibiliser et former les médecins du travail à la prescription et au suivi des APS.

5. Impliquer les collectivités territoriales en particulier pour aider les PME et TPE.

6. Passer d'une politique de prévention du risque à une démarche santé/bien-être.

7. Sensibiliser les conseillers CRAM à la démarche APS en entreprise.

8. Utiliser l'entreprise dans sa composante environnementale (locaux, environnement direct, plan de déplacement d'entreprise, responsabilité sociale d'entreprise).

9. Intégrer l'APS dans le document unique formalisant l'évaluation des risques professionnels et les mesures de prévention.

10. «Retrouver la forme en trois escaliers» est un exemple de campagne d'intervention simple à mettre en place et ayant démontré son efficacité en matière de santé publique. L'objectif est de monter trois étages trois fois par jour, soit moins de 10 min intégrées dans une journée normale de travail.

Introduction

La sédentarité croissante constatée dans nos sociétés développées n'existe sous sa forme épidémique que depuis la deuxième moitié du XXe siècle. Facteur de risque de nombreuses maladies chroniques (cardio-vasculaires, métaboliques, cancéreuses, psychiques…), elle concerne les deux tiers d'entre nous et s'étend plus drastiquement encore dans la génération de nos enfants. Ce processus de sédentarisation suit deux courbes de croissance successives : celle du développement des transports motorisés, limitant la dépense énergétique individuelle, et celle de la communication : télévisuelle dans un premier temps, informatique désormais qui nous absorbent dans un quotidien toujours plus savant mais de moins en moins actif.

Activité et motorisation

Dans l'espèce humaine, le gradient de dépense énergétique va désormais de l'absence quasi complète de mouvements, avec une mobilité urbaine totalement passive, entraînant le déconditionnement des principales fonctions de l'organisme, jusqu'à l'exercice intensif soutenu 6 à 10 heures par jour tel que le pratiquent les athlètes de haut niveau. La première situation de sédentarité absolue se rencontre dans les nations développées où elle accompagne l'essor de l'obésité. Elle gagne progressivement l'ensemble des pays en fonction de leur croissance économique et de l'incorporation du moteur, automobile surtout, dans leur schéma de développement. En France, la courbe d'activité physique accélère son déclin au XXe siècle, suivant en cela la transition démographique qui voit passer en deux siècles le pourcentage d'emplois directement liés à l'agriculture de 65 à 4 %, tandis que celui du secteur tertiaire passe de 14 à 72 %.

Évolution séculaire de l'activité physique quotidienne des Français.

Pour l'entreprise, la commission propose de répondre à la demande d'équilibre au travail par une pratique qui a fait la preuve scientifique de son efficacité sur les indicateurs d'une santé améliorée des salariés. Ce cadre est légitime et pertinent et s'inscrit aussi dans la volonté de l'entreprise de veiller à la bonne santé de ses employés. L'ensemble des acteurs internes (direction générale, salariés, médecins du travail, management, partenaires sociaux, direction des ressources humaines, services de communication) et externes (collectivités territoriales, CRAM, monde sportif, secteur privé et institutions) doit être sensibilisé en s'adaptant au type de métier et à la taille de l'entreprise.

La commission recommande d'intégrer l'activité physique au titre de la prévention en créant un cadre d'interventions, en référençant les liens et les apports des acteurs externes à l'entreprise, en sensibilisant et en formant les médecins du travail à la prescription et au suivi des APS dans le cadre d'une démarche santé et en intégrant l'APS dans le document unique formalisant ces mesures de prévention. Elle propose une série de mesures simples à mettre en œuvre et adaptées à la plus grande partie des situations locales. Pour les seniors, le but est d'encourager la pratique en toute sécurité.

Dans le même temps que la sédentarisation progresse, l'offre sportive se développe et se diversifie considérablement. Au-delà de ses premiers cadres militaire ou hygiéniste, elle va proposer une exploration de plus en plus large de toutes les dimensions humaines : exercice individuel ou stratégie collective, effort explosif (moins d'une seconde pour le lancer du poids) ou très prolongé (ultramarathons de plusieurs jours ; circumnavigations de plusieurs semaines consécutives). Elle va également investir tous les champs environnementaux : eau, vent, sable, neige, glace, air définissent le cadre et les contraintes de sports qui sortent du stade et de ses conditions calibrées pour emprunter les chemins boueux des vélos tous terrains, traverser la Manche à la nage, gravir les parois du K2 ou s'inspirer des ascendances de la Coupe Icare ; les régates autour du monde finissant par réduire le globe à un étroit champ de compétition.

Pourtant, au fur et à mesure que s'étend sa spéciation, et que s'accroît le nombre de fédérations et de licenciés, le sport répond de moins en moins aux besoins de mobilité des citoyens : dans les pays européens, il ne compte plus aujourd'hui que pour 7 % de nos activités quotidiennes, sources de dépense énergétique.

Vers une liberté de mouvement retrouvée

La commission s'est donc inspirée de la très importante expertise collective commandée en 2006 à l'Inserm par Jean-François Lamour, alors ministre des Sports, de la Jeunesse et de la Vie associative, et rendue publique en mars 2008.

Avec le repère de 30 min d'activité physique ou sportive quotidienne, et d'une heure pour les enfants, celle-ci met en évidence :

- le grand bénéfice sanitaire à maintenir une activité physique régulière ;
- l'importance de combiner activité physique quotidienne et pratique sportive ;
- la réduction d'incidence des grandes pathologies dégénératives pour toute augmentation de l'activité physique au sein d'une population ;
- l'impact positif sur le bien-être, le stress et la dépression.

Elle a également intégré ses propositions dans le cadre national (Plan national Nutrition Santé, Plan Maladies

Chroniques, Plan Maladie Rares, Bien Vieillir, Santé des Jeunes, Sport à l'Université) et international (Union Européenne, livre blanc sur le sport 2007, Organisation Mondiale de la Santé) en adaptant également ces perspectives aux circonstances françaises.

Sur ce socle, montrant l'étendue des bénéfices sanitaires à attendre, jusque dans la qualité des interactions materno-fœtales[1], et l'impact des premières actions initiées, la commission propose de favoriser toutes les situations où la pratique d'activités physiques ou sportives améliore la qualité de vie. Elle propose donc un cadre systémique général décliné pour chaque âge et pour un certain nombre de milieux de vie. Avec des considérations spécifiques pour les enfants, les adolescents et les femmes, elle est particulièrement attentive aux conditions de pratique des seniors, des patients porteurs de maladies chroniques ou de maladies rares et des personnes en situation de handicap.

Pour lutter contre notre trop grande sédentarité et ses conséquences, nous proposons de revenir à la source et d'encourager chacun à reprendre progressivement sa liberté de mouvement : retrouver l'étonnement d'une marche en forêt ou simplement le matin pour accompagner ses enfants à l'école.

Retrouver le plaisir d'un effort commun dans une sortie à vélo en famille au bord du Rhône, partager la satisfaction d'un objectif atteint par tout un groupe de proches, d'étudiants ou de collègues engagés dans l'effort d'une course au profit d'une association de patients. Retrouver la joie du jouer ensemble, dans une partie de balle et toile, adaptée aux limitations physiques des pensionnaires d'une maison

---

1. G. Bjorn, "As Obesity Epidemic Grows, Research Shows Fitness Beefits Fetal Development", *Nature Medicine*, 2008 ; 14 (7 nov.) : 1167.

de retraite active, plutôt que se laisser détruire à bas bruit devant l'unique poste de télévision de la salle commune.

Enfin, réinsuffler un dynamisme dans une période qui bouleverse nos références mais qui nécessitera de chacun qu'il conçoive le juste enjeu de l'effort à livrer.

Les activités physiques et le bien-être dans l'entreprise ont-ils un effet sur ses résultats ?

Les établissements d'enseignement supérieur participent à la prise de conscience du rôle que les activités physiques et sportives peuvent avoir sur chacun d'entre nous. Parmi eux, l'université Paris-Dauphine se distingue, tant par la sélection à son entrée, que par la place qu'occupe le sport dans la vie des étudiants. Dans cette université au statut de grande école, spécialisée en économie et gestion, 40 % des étudiants pratiquent régulièrement un sport.

La Fédération française du sport d'entreprise, en partenariat avec l'Agora du Sport, a organisé avec cette université une conférence importante sur l'interaction du sport et de l'activité économique. Il m'a semblé intéressant de reprendre quelques déclarations de personnalités diverses.

Paris-Dauphine a deux masters de RH, dirigé par le Pr des universités Bernard de Montmorillon et Fabien Blanchot, maître de conférences. Elle est, sans doute, l'université de France qui comporte le plus d'étudiants sportifs. De ce fait, j'ai souhaité connaître la position d'un grand établissement d'enseignement supérieur qui prépare de jeunes gens au management à court terme concernant le bien-être et le sport. Le sujet a été débattu en février 2012 au cours d'une conférence déjà évoquée plus avant et je reprendrai quelques-uns des propos. Eu égard au rôle de la pratique sportive, dans les formations universitaires dans le sport, savoir s'il y a une interaction et comprendre les raisons de celle-ci. Cela m'a aidé à envisager le changement de management qui s'opérera dans les prochaines années. On sait qu'à l'École polytechnique ou à Centrale, à HEC et à l'ESSEC, le sport fait partie du cursus. Mais le double profil, université et grande école de Paris-Dauphine est, d'une certaine manière, plus généraliste.

Paris-Dauphine est, non seulement par son statut de grand établissement, seule université française à pratiquer une sélection à l'entrée, mais aussi parce qu'elle fait partie d'un IDEX (initiative d'excellence) nommé PSL (Paris Sciences et Lettres) qui regroupe 13 établissements parmi lesquels l'École nationale supérieure de la rue d'Ulm, Sciences Po, l'ENA, ou encore l'École normale supérieure, etc. L'actuel président, M. Laurent Batsch, soutient la pratique du sport mais veut relever le niveau d'attente des étudiants en leur proposant de faire des stages, pour insister par des exemples concrets de sport sur les valeurs humaines : la franchise, l'engagement, le respect.

Paul Deshays, professeur agrégé, directeur du Service des sports et codirecteur de la LP de management

« Je pense effectivement qu'un étudiant, bien dans sa tête, bien dans son corps, qui est de surcroît pas trop bête, va pouvoir comprendre que s'il est arrivé à ce résultat de bien-être personnel par un certain nombre de mesures que l'on a prises pour lui, notamment le sport, j'ose croire qu'il va retranscrire la même chose à travers ses administrés. Maintenant, c'est un vœu pieux tant que l'on ne donnera pas les chiffres. J'en suis intimement convaincu à travers mon *lobbying* dans l'université et mon expérience. *Je suis persuadé que si on discute avec des personnages de hautes responsabilités, tous vont sans exception être totalement convaincus que le sport ou l'activité physique, qu'elle soit à l'école ou dans l'entreprise, est une dimension fondamentale du bien-être et de l'humanité. »*

Paul Deshays ajoute: «Le bien-être de l'humanité passe par une pratique du sport, d'activité physique régulière qu'elle soit sportive ou pas et puis chacun va aller chercher dans le panel de tout ce que l'humanité a inventé comme sports. Il se trouve que j'ai choisi le golf, mais avant il y a eu le tennis, l'éducation physique, l'athlétisme, le rugby. J'ai eu plein de passions comme ça. Si je suis une semaine sans rien faire, je me sens mal tout simplement, dans ma tête, dans mon corps, je n'ai plus de bien-être pour moi. C'est l'essence de ma vie et c'est mon caractère.

La moyenne nationale est de 21 % et à Paris intra-muros, moins de 10 % d'étudiants font du sport avec leur établissement. »

Bernard de Montmorillon, professeur à l'université Paris-Dauphine, directeur du master RH en formation initiale

« Sur le bien-être en entreprise, il me semble que c'est un sujet qui est vraiment d'actualité. Je regardais cet après-midi le baromètre des risques publié par la CGE-CGC et les résultats sont très impressionnants. L'enquête a dû être faite à la fin de l'année dernière, et on voit qu'aujourd'hui, un tiers des cadres français considèrent que leur niveau de stress est situé entre 8 et 10 (sur 10). Ce score n'a jamais été aussi élevé depuis que ce baromètre existe, c'est-à-dire depuis 2002. Et du reste, ce qui m'a beaucoup intrigué, c'est qu'on s'aperçoit que les métiers où le niveau de stress est un des plus faibles sont ceux de l'industrie et où il est le plus fort est celui des services aux entreprises et de l'informatique. Cela pose en effet la problématique du bien-être dans l'entreprise et de la dynamique de sa performance.

Le concept du bien-être est ancien. Dans les années 1980-1990, on trouve déjà beaucoup sur la question de la qualité de vie au travail ou sur le bien-être au travail. Les travaux qui ont été faits à cette époque sont arrivés à un constat toujours pertinent qu'évidemment le bien-être est d'abord un ressenti avec donc une forte dominante psychologique.

Il y a trois dimensions qu'il faut retenir lorsque l'on parle du bien-être:

> Une dimension individuelle qui peut se traduire par «je suis bien dans ma peau».

> Une dimension organisationnelle qui peut se traduire par «est-ce que je suis bien dans l'entreprise où je travaille?».

> Une dimension sociale: «est-ce que les réseaux auxquels j'appartiens dans l'entreprise et en dehors de l'entreprise me valorisent?»

Ces trois dimensions restent, à notre époque, tout à fait pertinentes.

Ensuite, notre société en a un petit peu moins parlé, mais depuis deux ou trois ans la question du bien-être au travail, notamment au travers du stress, revient sur le devant de la scène à la suite de quelques événements malheureux intervenus dans de grandes entreprises françaises. Pour aller un peu plus loin, je voudrais faire état d'une étude qui a été menée en 2010 par Aurélia Poirier-Coutançais, étudiante du master des ressources humaines de l'université Paris-Dauphine.

Elle s'est interrogée sur la définition du bien-être au travers d'une enquête menée dans l'entreprise où elle travaille. Elle arrive à quelques résultats assez simples et très révélateurs: le bien-être est une perception du travailleur dans son rôle dans l'entreprise et cinq thèmes ressortent, qui ne contredisent pas les études précédentes:

> Le bien-être est lié au contenu du travail puisqu'un travail intéressant favorise le bien-être et un travail fastidieux et répétitif aurait tendance à l'empêcher.

> Le bien-être est associé à un travail qui permet de progresser et d'avancer dans sa carrière professionnelle.

➤ La vie au travail est d'autant mieux valorisée que l'on se sent utile. La question du sens est très souvent reprise et le baromètre dont je faisais état tout à l'heure met l'accent sur la perte du sens de l'activité dans l'entreprise ou la perte du sens du travail.

➤ Le quatrième thème de l'étude est relatif à la bonne ambiance de travail.

➤ Et enfin, le bien-être est également tributaire de l'autonomie.

Le bien-être dans l'entreprise sera-t-il plus aigu par temps de crise ? Y a-t-il une corrélation entre le bien-être et une crise économique, en d'autres termes doit-on d'autant plus se sensibiliser au bien-être que l'entreprise traverse une crise ? La réponse à cette question est oui à l'évidence, mais par le biais de la montée du stress qu'on ne peut pas nier. Dès lors que le mal-être psychosocial devient une évidence, la préoccupation des DRH ne peut qu'en tenir compte et la réflexion sur les moyens pour maîtriser ce stress, pour prendre en charge la santé physique et psychique des salariés devient une grande question de management. On peut dire que lorsque l'entreprise va bien, la santé physique et surtout psychique des collaborateurs n'est pas au centre des débats. En revanche, quand les choses sont plus compliquées, il est évident qu'on doit s'en préoccuper. Les DRH que je rencontre sont très sensibles à cette question et le sport entre dans cette réflexion et dans les panoplies mobilisables.

Magali Tézenas du Montcel, ancienne responsable en communication
et développement de la Chaire internationale de marketing sportif à l'ESSEC,
déléguée générale Sporsora

«Pourquoi favoriser le sport en entreprise? Je suis plus spécialisée dans le marketing sportif et dans le sport au cœur des
stratégies d'entreprise donc c'est un sujet un peu plus large
mais celui-là en fait partie et est tout à fait intéressant et
important.»

«Nous allons déjà répondre à la question: "Est-ce un sujet?"
Si nous sommes réunis ce soir, c'est que nous pensons qu'il y a
un contexte favorable, un besoin, une demande, une offre qui
en font donc un vrai sujet qui va au-delà et se présente aussi
comme un enjeu de santé publique.»

«Je vais vous parler plutôt d'activités physiques et sportives et
non exclusivement du sport poussé à son extrême et donc de
compétition mais d'une activité physique qui peut être relativement raisonnable pour avoir un effet positif sur la santé. C'est
ce que nous allons retrouver dans les entreprises avec des programmes sportifs, des équipes de football par exemple qui sont
engagées dans des tournois interentreprises avec des niveaux
assez élevés, et des activités beaucoup plus *soft* qui ont l'objectif
de mettre les personnes en mouvement. *Donc il y a effectivement
un véritable enjeu de santé publique à développer l'activité physique en France, car on compte moins de la moitié de la population française qui a un niveau d'activité physique ou sportive
suffisant pour être bénéfique sur sa santé. L'entreprise apparaît
assez rapidement dans le paysage car elle est en quelque sorte responsable de notre grande sédentarité.*»

«Le nombre d'heures quotidiennes d'activité physique a
diminué au cours des décennies. Dans les années 1800, nous
sommes à une moyenne de 8 heures d'activité physique quotidiennes et *on assiste à une tertiarisation de notre activité*
qui fait qu'aujourd'hui on est à *moins d'une heure par jour*

d'activité physique et sportive. Nous sommes derrière notre bureau, on envoie des mails, on ne bouge pas beaucoup et une grande partie de la population française n'est pas suffisamment active. »

« Donc l'entreprise est un milieu très privilégié pour aller mettre notre population française en mouvement. Lorsqu'on essaie de motiver une personne qui est sédentaire à avoir une activité physique même si elle n'est pas très poussée, on assiste à tout un processus qui se met en branle, processus d'ailleurs comparable au comportement du consommateur, qui peut prendre des mois voire des années avec des messages de sensibilisation pour arriver à faire bouger la personne. »

« Et le cadre de l'entreprise est un périmètre assez bien défini avec une population captive sur laquelle on peut envoyer des messages réguliers et du coup obtenir de bons résultats en matière de changement de comportement pour transmettre des valeurs communes entre l'entreprise et le sport. »

« Donc on m'a demandé de vous transmettre des chiffres sur les résultats d'efficacité du sport sur la performance de l'entreprise. On a quelques données mais nous sommes malheureusement assez pauvres sur ce sujet en France, d'autant plus que c'est un domaine encore assez peu exploité. On connaît cependant tous des exemples de belles et grandes entreprises qui proposent des programmes magnifiques pour développer l'activité physique de leurs collaborateurs. Mais comme c'est encore trop peu développé en France, on peut affirmer qu'il y a donc un fort potentiel car il y a un besoin de la part des entreprises avec des objectifs de performances de plus en plus importants pour l'excellence, la gestion du stress, de l'engagement et de la motivation des collaborateurs. Il y a également une forte demande de la part des salariés pour leur bien-être, on vient d'en parler, mais aussi de convivialité au travail, de plaisir pour donner du sens à leur activité professionnelle. »

« Face à cela, on a vu se développer des offres qui passent entre autres par le sport, mais aussi par des services qui sont proposés aux collaborateurs pour répondre à ce type de demande.

Mais l'offre sportive permet de développer l'implication, la motivation et une culture commune d'entreprise. »

« Je suis donc allée chercher des chiffres, ce qu'en France, on ne fait malheureusement pas le mieux. On a quelques données en matière de productivité qui viennent du Canada, sur des programmes qui vont développer des habitudes de vie saines comme l'arrêt du tabac ou une meilleure nutrition. Il n'y a aucune donnée directement liée au sport. Quand on investit une somme sur ce type d'objectifs, on obtient deux à trois fois le résultat de cette somme investie en gain de productivité sur cinq ans. On considère aussi qu'un salarié actif est 12 % plus productif qu'un salarié sédentaire. »

L'APS a démontré son efficacité sur des critères tangibles quantitatifs	
Productivité	• 1 € investi → 2 ou 3 fois plus de gain de productivité • Actif vs sédentaire → + 12 %
Absentéisme	Élimination d'un seul des facteurs de risque à la santé : • - 2 % d'absentéisme • + 9 % de la productivité
Troubles musculo-squelettiques	Réduction de morbidité des TMS chez les salariés sédentaires

D'après Santé Canada 2006, Pelletier

« Sur l'absentéisme, on sait qu'il y a à peu près 350 millions de journées de travail perdues liées à des problèmes de santé et à l'activité professionnelle (étude effectuée dans les années 2000 au niveau européen). *C'est donc réellement un fléau pour les entreprises et on sait qu'éliminer un des facteurs de risques à la santé permet de diminuer l'absentéisme de 2 % et d'augmenter la productivité de 9 %. Sur les troubles musculo-squelettiques, on a de bons résultats par le sport sur la réduction de morbidité et des accidents du travail et certaines entreprises du bâtiment échauffent leurs salariés sur les chantiers pour réduire le taux d'accident du travail et du coup, le taux d'absentéisme. On a des critères d'efficacité de ces campagnes ou de ces programmes d'activités physiques et sportives qui sont plus intangibles ou plus qualitatifs sur l'image ou l'attractivité de l'entreprise. Je vous renvoie pour cela au livre* Le Désir de santé *de Christophe Thomassin et Jean-Michel Gilibert.* »[1]

« On sait que l'implication en désir de santé de l'entreprise pour ses collaborateurs, qui comprend aussi du sport mais pas uniquement, en interne ou en externe, influence très positivement l'image de l'entreprise. Cela développe aussi ou accélère l'acte d'achat, par exemple : 73 % des personnes interrogées avaient déclaré être plus tentées d'acheter les produits de ce type d'entreprise qui développe des programmes de santé pour leurs collaborateurs. »

L'attractivité de l'entreprise en matière de recrutement

Sur la motivation et l'engagement des salariés, il est évident que lorsqu'on est impliqué dans un projet commun (marathon ou jouer au tennis de table avec des collègues de travail...) cela crée des contacts privilégiés et casse aussi des modèles classiques de communication dans les entreprises. Lorsque vous avez un mélange des responsables de l'entreprise avec des fonctions et des domaines à travers une activité commune qui peut être le sport, cela favorise la connaissance de l'entreprise et crée une ambiance favorable au travail.

Pour les étudiants qui nous écoutent, vous êtes les managers de demain donc c'est vous qui devez porter ces études et ces projets dans les entreprises. À l'ESSEC, nous avions fait une enquête auprès de 350 étudiants pour connaître l'attractivité de l'entreprise à travers le sport et savoir ainsi si le sport pouvait favoriser le recrutement des jeunes talents.

Nous sommes arrivés aux résultats suivants :

➤ 95 % pensent que le climat social est positivement influencé,

➤ 92 % pensent qu'APS et milieu de l'entreprise sont compatibles,

---

1. Édition d'Organisation.

> ➤ 92 % pensent que l'APS permet une meilleure gestion du stress,

> ➤ 78 % pensent que l'APS rend l'entreprise plus attractive,

> ➤ 75 % pensent que l'APS accroit la productivité d'un collaborateur,

> ➤ 26 % pensent que c'est un moyen de faire reculer l'absentéisme.

Étude réalisée en 2010 auprès de 355 étudiants ESSEC (moyenne d'âge 22 ans).

Les actifs principaux de l'entreprise sont ses collaborateurs, on doit déployer de l'énergie pour eux et si certains groupes dépensent beaucoup d'argent pour cela, certaines entreprises mettent des choses en place avec peu de moyens et avec malgré tout un retour sur investissement qui est et peut être colossal. On ne peut malheureusement que constater que ces dispositions sont sous-utilisées aujourd'hui en France.

LES ÉTUDES SPORT SANTÉ

Ce sujet intéresse depuis plusieurs années le monde de la médecine, de l'entreprise, des fédérations sportives, et bien sûr du CNOSF. La FFSE a pris des initiatives en organisant avec le Comité national olympique et sportif français en juin 2010, le Forum national, jumelé avec la Conférence européenne de l'EFCS qui a permis d'évoquer en détail tous les aspects de la pratique du sport en entreprise dans le domaine de la santé et du développement durable. *Le 25 novembre 2011, l'association Biarritz sport santé et la Fédération française de sport d'entreprise ont organisé les rencontres de Biarritz «Activités physiques et entreprise».*

Les différents intervenants sont tous d'accord pour reconnaître l'intérêt de l'activité physique. Facteur de santé indiscutable, l'activité physique favorise l'épanouissement de la personne. Les études montrent que lorsque les salariés pratiquent une activité physique, l'absentéisme diminue et la productivité augmente. Des salariés et des entrepreneurs qui vont bien, c'est une entreprise performante. Un chef d'entreprise moins stressé grâce à la pratique d'une activité physique ou sportive est un dirigeant qui ne transmettra pas ses angoisses à ses salariés. Un salarié détendu travaillera plus sereinement.

Cette mise en valeur de l'activité physique en tant que facteur de bien-être va donc au-delà de l'image que l'on associe généralement au sport, avec des vertus en matière de cohésion sociale et de management des pratiquants. L'activité physique et sportive (APS) a en effet des impacts sur la vie de l'entreprise. Pratiquer ensemble permet de lisser les hiérarchies le temps de la pratique et d'insuffler une énergie transférable au sein de l'entreprise.

Le Pr Pierre Rochcongar, au nom de la Société française de médecine du sport, souligne que, contrairement au sport, l'activité physique peut être pratiquée par tous. Quel que soit son âge, son état de santé, son niveau de handicap, tout le monde peut avoir une activité physique. 30 min d'activité par jour suffisent. L'entreprise, lieu où l'on passe un tiers de sa vie, peut inciter à la pratique, et surtout favoriser l'éducation à l'activité physique car ce n'est pas une « culture » naturelle pour les Français.

Les 2e Rencontres de Biarritz organisées avec la Fédération française du sport d'entreprise (FFSE), la Société française de médecine du sport (SFMS), en partenariat avec le Medef se sont tenues le vendredi 25 novembre. Consacrées à l'activité physique et l'entreprise, elles ont permis aux différents acteurs présents (chefs d'entreprise, médecins, partenaires sociaux, salariés, représentants du mouvement sportif) de procéder à un état des lieux et de formuler un certain nombre de propositions.

Voici les conclusions des Pr Gérard Saillant, président de l'Institut du cerveau et de la moelle épinière, Jean-François Toussaint, directeur de l'Irmes et Bernard Fouquet du CHU Trousseau de Tours, ainsi que de Jean-Luc Vergne, DRH Banque Populaire, Philippe Lamblin, DRH de Sofiproteol, de la Dre Isabelle Pivert, de Thierry Renard, Total exploitation et Didier Besseyre, président de la FFSE.

- Ils ont souligné le coût important qu'entraîne, pour les entreprises et la collectivité nationale, le développement des maladies professionnelles et du stress au travail :
  - au plan financier – le coût des journées de travail perdues, estimé à 2 ou 3 milliards d'euros, peut être imputé à ces deux causes,
  - au plan de la compétitivité de l'entreprise qui en supporte directement les conséquences,
  - mais aussi au plan humain : 61 % des salariés déclarent avoir un travail fortement stressant et se retrouvent, plus ou moins, en état de souffrance.
- Ils sont convaincus que la pratique d'une activité physique est un facteur de réduction des risques et constitue un facteur de compétitivité, de cohésion et de bien-être dans l'entreprise. Ils souhaitent que des études chiffrées complémentaires soient réalisées afin de prendre la mesure exacte de ce constat.
- Ils considèrent que, de ce fait, l'incitation à la pratique de l'activité physique ou sportive, la sensibilisation aux bienfaits d'une pratique APS peuvent être du ressort de la responsabilité du chef d'entreprise concernant la santé de ses salariés, notamment dans le domaine de la prévention des troubles musculo-squelettiques (TMS).

- Ils prennent acte des difficultés auxquelles sont confrontés les chefs d'entreprise pour faciliter, notamment dans le secteur des PME-TPE, la pratique des activités physiques.
- Ils préconisent à cet effet une démarche pragmatique. Le rôle du chef d'entreprise est certes de donner l'exemple, d'adopter une démarche volontariste mais aussi et surtout de la faire partager en jouant sur toute la palette des outils disponibles : la mobilité active, l'encouragement aux activités loisirs/plaisir (chèque santé), l'aménagement d'installations dédiées, la mutualisation, la gestion des horaires, le recours à des intervenants ou partenaires extérieurs, etc.
- Ils souhaitent que l'offre ou l'encouragement à la pratique d'une activité physique prenne en compte l'âge, la condition physique, ainsi que la problématique professionnelle spécifique du salarié.
- Ils demandent que les bonnes pratiques soient mutualisées et diffusées, que les partenaires sociaux décident d'en débattre directement et d'intégrer leurs réflexions sur la santé au travail dans leur vision de l'entreprise, en en tirant les conséquences au niveau du 1 % social versé aux comités d'entreprise.

« Activité physique et sportive : bienfait réciproque ou contrainte pour l'entreprise ? »

Le Pr Jean-François Toussaint, directeur de l'Irmes, souligne à quel point la pratique d'une activité physique ou sportive dans ou encouragée par l'entreprise constitue un vecteur de prévention en matière de santé. Elle peut être un support pour la nutrition et la lutte contre le tabagisme. En matière d'impact direct sur la santé, les bienfaits de l'activité physique et sportive se mesurent sur toutes les maladies métaboliques en diminuant les facteurs de risques. L'impact est également important sur la santé psychologique, l'activité physique ayant des effets sociaux positifs. Elle instaure ainsi un climat serein dans l'entreprise. La Dre Isabelle Pivert, médecin du travail, souligne que l'activité physique est également protectrice du stress, quels que soient le niveau et l'activité pratiqués. L'activité physique permet en outre de rester en forme plus longtemps. Les études montrent que les salariés sportifs sont moins absents, qu'ils ont moins d'accidents de travail et d'arrêts maladie. L'activité physique permet de mieux vieillir, et de maintenir la capacité de travail plus longtemps à un bon niveau.

Si les chefs d'entreprise sont convaincus des bienfaits de l'activité physique et sportive en général, ils le sont sans doute moins sur les améliorations de compétitivité qu'elle peut entraîner et le bien-être qu'elle suscite. Cécile Micouin, directrice Entreprise et société du Medef, regrette le manque d'études chiffrées pour étayer cette certitude et faciliter les actions de communication qui pourraient être faites à l'attention des patrons.

Tout le monde reconnaît que lorsqu'un chef d'entreprise montre l'exemple, cela suscite généralement une dynamique profitable à tous. Il serait particulièrement intéressant de mettre en exergue que cette démarche doit être partagée au sein de l'entreprise et qu'un progrès certain serait accompli s'il y avait mutualisation des bonnes pratiques. Pour Cécile Micouin, l'enjeu n'est pas seulement sociétal, il est social.

Quelques chiffres

Des actions ont été lancées depuis deux ans dans 180 entreprises. 25 % d'entre elles ont des objectifs de lutte contre la sédentarité (source Irmes).
La capacité fonctionnelle de mouvement diminue de 10 % par décennie. Avec la pratique sportive, elle ne diminue que de moitié.

DES ACTEURS DU BIEN-ÊTRE

Pour faciliter la suite du raisonnement, voici les attentes concernant le climat de bien-être.

A. Pour certaines entreprises, ce sera favoriser la contribution de tous à des efforts d'innovation, voire de créativité dans la production ou le positionnement commercial, le marketing.

B. Pour d'autres, il s'agira d'améliorer la relation client, le dynamisme des équipes commerciales et plus globalement la performance.

C. Si la santé physique et morale est un devoir, une obligation aujourd'hui dans certaines professions, la «ressource» devient un enjeu, et il est nécessaire de préserver la santé de chacun.

D. Enfin dans les métiers où la recherche et la créativité *stricto sensu*, sont fondamentales, la fidélité des collaborateurs, l'attractivité des meilleurs dans les prochains recrutements justifient des actions spécifiques.

Club Med Gym Corporate

Le sport est codifié depuis la fin du XIXe siècle, mais au cours des trente dernières années sont apparues de nouvelles formes d'activités physiques, qui semblent s'adapter mieux à notre mode de vie. De toutes ces formes, le *fitness* est certainement le plus présent en ville, mais aussi dans les entreprises. Club Med, toujours précurseur et innovant a donné son nom à un grand de ce métier, le Club Med Gym. Pour essayer de comprendre et avant d'aborder l'activité corporate, j'ai demandé à M. Franck Gueguen, président-directeur général, d'expliquer les raisons du succès de cette nouvelle activité physique.

Franck Gueguen, président-directeur général de Club Med Gym

➤ Le *fitness* est bon pour la santé, le besoin de défoulement aussi ?

« Je pense en effet que le *fitness* répond à la fois à un besoin de santé et de défoulement. Pour la santé, toutes les études qui ont pu être réalisées jusqu'à maintenant démontrent qu'il faut pratiquer du sport, se maintenir en forme et faire de l'exercice régulièrement. Cela prouve que c'est bon pour le corps, les artères, la souplesse (en vieillissant).

En général, on peut constater que les personnes qui ont fait un peu de sport vieillissent beaucoup mieux. Quant au défoulement, dans une époque où les personnes ne sont pas du tout sereines par rapport aux périodes de crise, où elles sont stressées, inquiètes, la seule échappatoire reste encore le sport au sens large, comme la danse, le fitness et les autres sports.

Aujourd'hui, le sport devient un choix de vie, un besoin pour surmonter les périodes difficiles, le stress. Le sport est unisexe ; de tout temps, le sport a été pratiqué autant par les hommes que par les femmes, avec une particularité en France : les femmes préfèrent faire du sport en collectif. »

➤ Le désir de bien-être est-il une tendance forte de l'évolution sociétale – un certain équilibre entre la vie professionnelle et la vie privée ?

« Chaque personne aspire à être bien dans son corps et dans son esprit, non seulement pour soi mais également pour son entourage.

Je pense que de plus en plus, les nouvelles générations vont faire du sport, car la vie est de plus en plus compliquée et faire du sport est une véritable évasion qui en plus est bonne pour la santé.

D'ailleurs, il existe de plus en plus de salles de fitness, de spas, d'endroits où l'on se fait du bien pour son corps et pour son esprit.»

➤ Votre avis sur l'avenir de cette pratique et notamment dans sa forme corporate...

«Je pense que l'avenir de cette pratique n'a pas fini d'évoluer, car on peut constater qu'il y a de plus en plus de sociétés du CAC 40 ou de PME qui disposent d'une salle de fitness à l'intérieur de l'entreprise, car elles en ont vu les bienfaits sur leurs collaborateurs, en matière de performance, de santé (moins d'arrêts maladie) et de concentration au travail.

Pour ce qui est de Club Med Gym, 50 % de nos adhérents pratiquent du sport à proximité de leur lieu de travail, ou de leur domicile, car ils ressentent le besoin de s'échapper et de se faire du bien.»

Le Club Med Gym
Corporate : Sandrine Bigot

Parmi les services à la personne dans l'entreprise, le plus évident est sans doute la salle de sport. Mais si l'attrait est compréhensible, cette activité nécessite quelques précautions. À quel moment, une entreprise décide-t-elle de consacrer de l'espace au *fitness* et quels sont les enjeux ? J'ai interrogé Sandrine Bigot, directrice de Club Med Gym Corporate, département de Club Med Gym, sur le processus et sur les obligations que lui impose le nom de Club Med Gym.

Le projet de créer une salle de *fitness* se pose quand la question de soigner les troubles musculo-squelettiques devient un enjeu. Il est nécessaire de faire du «cardio» pour le cœur et la santé. Également, de pratiquer la musculation pour avoir du gainage, qui permet, justement, de lutter contre ces troubles et d'avoir le dos bien droit.

La détente pour les gens est aussi un motif sensé car cela déstresse. Mais il y a plusieurs styles de détente, en fonction de la population. On va trouver des gens typiquement stressés tout le temps, hyperactifs, qui auront besoin de yoga, d'assouplissements, de *stretching*, et ceux qui sont derrière un bureau, souvent un peu plus jeunes, et qui eux ont besoin de se défouler. Ils ont besoin de cours assez soutenus, de «cardio» notamment. Il faut donc un peu de tout dans la salle. C'est pour cela que la décision d'installer une salle de sport est une demande et une attente des salariés. Ils ont exprimé le besoin, ils en connaissent, par d'autres personnes qu'ils rencontrent, l'intérêt et les bienfaits et ils demandent donc qu'une étude soit faite.

Pour Club Med Gym Corporate le premier contact se fait généralement avec la direction générale. Pourquoi? Parce qu'elle attend d'un prestataire quelque chose de complet qui soit vraiment adapté à ses salariés, sur mesure, avec des résultats et des mesures vérifiables. Ils ne veulent pas seulement avoir une salle ouverte et un professeur. Ils veulent avoir un concept adapté à leur population, des animations en dehors des cours pour faire vivre la salle, développer la convivialité: faire des challenges pour certains, découvrir de nouvelles activités, des *teambuilding*, dans les périodes de fermeture de la salle pour tous les départements de l'entreprise. Parfois, ils veulent passer à l'ouverture un test pour tous les services de l'entreprise afin que les salariés connaissent la salle de sport, et partagent un moment ludique et convivial tous ensemble. Les cours proposés sont alors construits pour répondre à chaque type de personne et de service. CMGC propose également d'accompagner les directions pour l'établissement des plans de la salle, en collaboration avec les architectes. Il est très important de faire en sorte que la salle soit accessible à tous. Si ce n'est pas le cas, cela engendre des frustrations qui créent du mal-être. Exemple : faire en sorte que les gens puissent se changer dans les douches, soient à l'aise, puissent suivre des cours sans se sentir observés. Ce sont des conditions essentielles pour que la salle de sport ait un taux de fréquentation élevé.

Les autres demandes émanent de comités d'entreprise de taille importante, dont les moyens permettent le même niveau d'exigence, notamment sur l'importance de l'encadrement.

Généralement, les directions des entreprises travaillent sur le projet de la salle de sport en collaboration avec les membres du comité d'entreprise et du CHSCT.

Autre différence, l'amplitude d'ouverture de la salle : elles sont ouvertes généralement de 7 h 30 à 9 h 30 le matin (10 % des adhérents plutôt des cadres et des dirigeants), puis de 11 h 30 à 14 h 30 (60 % des gens chargés de famille) et de 16 heures à 21 heures (30 % de jeunes cadres dynamiques ou des gens qui veulent éviter les bouchons). Enfin, il est essentiel que les valeurs de l'entreprise cliente soient en accord avec celles du prestataire, afin de développer un réel esprit de partenariat pour le succès de la salle et des adhérents.

Autre constat : les fumeurs sont devenus un vrai sujet de préoccupation pour les entreprises. « L'espace fumeurs », souvent devant l'entrée principale de la société, est aussi un endroit d'échange d'informations entre les collaborateurs ; il se dit que c'est le lieu le mieux informé sur les affaires internes. Parmi ceux-ci se retrouvent des gens de tous les niveaux, employés, cadres, dirigeants. C'est un moment de partage entre des gens qui n'auraient jamais eu l'occasion de se croiser autrement. Dans la salle de sport, on va retrouver le même échange, avec en plus un intérêt pour la santé des salariés. L'activité sportive en entreprise va également développer «la confiance en soi».

Depuis l'application des 35 heures, il devient difficile de prendre du temps pour des moments d'échanges et de convivialité. Dans une salle de sport en entreprise, les salariés vont se retrouver plus facilement et côtoyer à la fois des employés, des cadres ou des dirigeants. Lorsqu'on est plus rapide sur un vélo que son patron, et que l'on gagne un challenge cardio face à lui, cela renforce la confiance en soi ! Cela permet également de prendre conscience de la valeur des salariés, de la ténacité qu'ils manifestent à l'occasion d'un challenge et, peut-être, d'envisager leur progression sur la base de ces qualités. Les valeurs de travail au sein des entreprises se retrouvent souvent dans le milieu sportif : par exemple, la convivialité, le partage, l'entraide, l'envie de réussir. De plus, les cadres, souvent stressés, trouvent dans la salle de sport un réel «antistress», qui leur permet de relativiser, et de décompresser, et un lieu neutre où échanger différemment avec leur équipe.

Autre avantage, le coût réduit des abonnements en entreprises comparés à celui des activités sportives en dehors.

«Si nous ne pouvons pas faire d'enquête sociologique dans l'entreprise, n'étant que prestataires, nous pouvons mesurer la fréquentation. Il y a cinq ans, 15 % des salariés pratiquaient du sport en salle dans l'entreprise. Aujourd'hui, nous sommes à 20 % minimum. Donc, davantage de gens font du sport. Et si momentanément nous constatons une baisse, nous interrogeons nos clients pour chercher à en connaître les raisons. C'est un baromètre : parfois un plan social, ou une surcharge momentanée de travail», explique Sandrine Bigot.

Les règles : un certificat médical inférieur à trois mois d'aptitude aux sports en salle est exigé. Ceux qui reprennent des activités sportives après des années de vie stressante n'ont pas toujours conscience des risques. Les conseillers sportifs, qui sont diplômés d'État «BPJEPS AGFF» ont pour mission d'établir un programme spécifique pour chaque personne en fonction de ses souhaits. Diplôme à deux dimensions: «plateau» durant lequel ils pourront les suivre, faire des cours de renforcement musculaire et cardio. Ils peuvent aussi prendre une demi-heure avec chaque personne pour préciser le niveau, et suggérer un test d'effort même si le médecin traitant ne l'a pas conseillé. Ces conseillers constituent une catégorie professionnelle très physique, recherchée, dont la durée moyenne d'activité est généralement de cinq ans. Ils doivent également posséder un bon sens relationnel. À souligner que dans les autres pays européens, les exigences dans ce domaine sont moins importantes.

«Aujourd'hui, la filiale CMGC est présente dans 40 entreprises, emploie 70 personnes (Club Med Gym en totalise 500 salariés) et nous sommes leaders sur ce segment. Il y a quinze ans, trois entreprises étaient actives sur ce secteur. Nous sommes aujourd'hui entre 15 et 20. Mais peu d'entre elles peuvent proposer la même qualité: des études statistiques, des animations (parce qu'il faut des structures adaptées), des enquêtes de satisfaction, de nouveaux concepts de cours, ou encore la carte week-end du CMG. Nous sommes principalement présents en Île-de-France. En province, la demande est moins forte, le mode de vie étant moins contraignant. Même si cette situation est en train de changer. *Selon moi, dans les dix ans, toutes les entreprises proposeront à leurs salariés une salle de sport ou des activités physiques et sportives», conclut Sandrine Bigot.»*

Donc, il y a des salles de sport dans des entreprises. Mais l'aménagement de ces salles est-il conçu pour permettre à madame ou monsieur tout le monde de faire des mouvements adaptés à leur capacité, de prendre du plaisir, voire de se distraire, le tout en contrôlant son état physique? Ceci d'autant, que toutes les entreprises ne choisissent pas de faire appel à un prestataire dont on attendra une vraie compétence et une capacité à encadrer correctement des gens. Car, bien entendu, ce service étant géré par l'entreprise, *quid* de sa responsabilité en cas de problème de santé ?

Le matériel est évidemment essentiel pour répondre à ces questions auxquelles il faut ajouter la fiabilité et l'entretien. Un marché mondial s'est créé, en particulier aux États-Unis, mais l'Europe n'est pas en retard sur ce sujet. Là aussi, parmi de nombreux fournisseurs possibles, je vous propose de nous intéresser au leader européen, le deuxième dans le monde. Dans ces moments troublés avec des produits de toutes sortes venant de pays émergents qui concurrence la production européenne, c'est en Italie que cette société a vu le jour. En plus, c'est une belle histoire comme on en rencontre parfois dans l'entreprise, et M. Nerio Alessandri, le fondateur président-directeur général, est un autodidacte. Voilà pourquoi, je vais vous raconter son histoire.

Technogym

Certes les salles de sport existent depuis l'Antiquité, mais la nouveauté consiste à créer dans un local adapté les conditions de la pratique en plein air. À l'origine de ce mouvement, une volonté de conserver une santé physique et psychique malgré les contraintes de la vie d'aujourd'hui dans les grandes villes. S'ajoute à ces raisons très communes aux autres sujets traités dans ce livre, un désir de beauté, d'hédonisme que notre société magnifie au travers des médias.

Ce qui caractérise le fitness par comparaison avec une salle de sport, c'est de pouvoir courir de longues distances en milieu confiné. Si vous avez visité ces clubs, vous avez vu ces rangées de *personal trainers* qui réunissent sur une même ligne des femmes et des hommes lancés, à leur rythme, dans une course de fond sur place. Il fallait pour cela qu'un nouveau type de matériel voie le jour. En Émilie-Romagne, en Italie, un jeune diplômé en design industriel, M. Nerio Alessandri, va dans son garage, comme certaines célèbres réussites d'outre-Atlantique, donner naissance à l'un des leaders mondiaux de ces nouveaux appareils.

Les débuts de Technogym…

Technogym est née d'une première circonstance heureuse puisque c'est à la demande d'un ami que Nerio Alessandri accepte de concevoir un appareil pour un club de gym local, mettant à profit des connaissances mécaniques.

Il expliquait récemment cette vision : « À l'époque, le marché était principalement axé sur la musculation. L'esthétisme menait la danse. Mais j'ai deviné que toute la population gagnerait à faire de l'exercice et j'ai fondé l'entreprise. *L'homme est conçu pour ingurgiter 1 500 calories et marcher 30 km par jour. Au lieu de ça, il mange 3 500 calories et ne parcourt quotidiennement pas plus de 500 m à pied. L'activité physique n'est pas destinée uniquement aux athlètes. Les jeunes, les femmes, les managers stressés, les handicapés ou les personnes âgées : nous avons tous besoin de bouger !* »

Créée il y a trente ans, Technogym « The Wellness Company » est aujourd'hui un leader mondial et premier sur le marché français des solutions Wellness pour les clubs de forme, entreprises, hôtels/spas, cliniques et centres de rééducation, écoles et universités, associations sportives professionnelles, organisations militaires et particuliers.

Le *Corporate Wellness*™, outil essentiel pour construire un environnement positif et efficace au travail, peut améliorer le sentiment d'appartenance à la société, ainsi que le travail d'équipe. Une entreprise qui se préoccupe des valeurs de santé et de performance liée à l'activité physique, en offrant aux collaborateurs la possibilité de s'entraîner directement sur le lieu de travail, sera plus dynamique et productive. Il a été démontré que les personnes qui bénéficient d'une bonne forme physique sont plus aptes à interagir, à faire face au stress et à être en bonne santé que celles qui ont un mode de vie sédentaire.

En France, depuis 1994, dans la promotion d'un style de vie orienté vers le bien-être, cette société a développé des relations professionnelles durables et privilégiées avec de nombreuses institutions dont l'Insep (Institut national du sport de l'expertise et de la performance) qui a désigné la filiale française comme fournisseur officiel de son département médical.

En offrant un ensemble complet de solutions et services sur mesure en plus des équipements, elle contribue à créer de la valeur ajoutée à ses clients. L'objectif de ce projet ambitieux est de devenir, à terme, le partenaire Wellness incontournable des entreprises et des particuliers, en fournissant des solutions individualisées propres à influencer l'ensemble de la société en introduisant des changements positifs dans la vie de chacun.

Leur savoir-faire, l'expérience et la recherche d'innovation permanente, associés au souci du confort et du *design*, restent leur priorité. Précurseurs, ils ont été les premiers à associer le fonctionnement de leurs appareils de *cardio-training* à la fréquence cardiaque de l'utilisateur. Ils ont développé par la suite un système révolutionnaire pour permettre à chacun de gérer son entraînement et son activité physique au sens large, au moyen d'une simple clé qui enregistre tous les résultats d'entraînement en salle et à l'extérieur.

L'évolution des profils et des besoins des utilisateurs pousse aujourd'hui à étendre le concept Wellness à d'autres initiatives. Ils sont ainsi les premiers à incorporer des écrans tactiles interactifs aux appareils cardio et à personnaliser l'expérience d'entraînement grâce notamment à la plate-forme visioweb qui permet d'accéder à Internet pendant son entraînement et à la technologie *cloud*. Tout nouveau concept, la solution mywellness cloud qu'ils lancent sur le marché est flexible, évolutive, interactive et facile à mettre en place, créant un réel écosystème Wellness pour les établissements soucieux du bien-être de leurs clients ou collaborateurs. Cette technologie permet d'imaginer un monde sans limites entre les centres où elle est intégrée, les utilisateurs et les équipements de la même marque.

Au fil des ans, la société s'est développée pour devenir un acteur incontournable de ce secteur. Il faut ajouter qu'en créant cette entreprise, M. Nerio Alessandri a eu le pressentiment de l'importance que le bien-être dans la vie allait prendre, et le concrétise sous la forme d'un concept, le Wellness. The Wellness Company devient le sous-titre. Plus tard, il créera une fondation du même nom.

Plusieurs ouvrages ont déjà été consacrés à Nerio Alessandri, tant il y a de faits significatifs à remarquer dans sa courte vie professionnelle. Son entreprise est récompensée en 2003, par Great Place to Work. Enfin, ce qui m'intéresse, c'est de considérer qu'en marge de l'offre sociétale, sa production est aujourd'hui aux jeux Olympiques depuis Sydney, à Athènes, Turin, Pékin et Londres en 2012. Elle équipe une myriade d'équipes sportives européennes et internationales : pilotes de Formule 1, clubs de football professionnels, etc. Mais, aussi, 50 000 installations et 20 millions d'utilisateurs dans le monde.

Le sport de haut niveau, le domestique, les clubs et l'univers de l'entreprise...

Tout naturellement, le monde de l'entreprise ne pouvait pas être absent de ce phénomène.

Si le Club Med Gym, et d'autres sociétés organisent et gèrent des salles corporate, un matériel de haut niveau pour une exploitation permanente et performante était nécessaire.

En janvier 2011, Nerio Alessandri a assisté au Forum économique mondial à Davos à l'occasion du lancement de la Workplace Wellness Alliance (Alliance pour le bien-être au travail), une initiative rassemblant de grandes entreprises internationales dans le cadre d'un projet pour le bien-être au travail. Cette initiative constitue l'opportunité pour le secteur privé d'apporter une importante contribution à une cause universelle : la santé publique. Technogym, en tant que membre fondateur de la Workplace Wellness Alliance, a joué un rôle clé lors de la Wellness Week (semaine du bien-être), organisée à New York en septembre 2011. Grâce à son engagement dans la promotion du bien-être, l'Assemblée générale de l'ONU a abordé pour la toute première fois le thème de la prévention des maladies chroniques, le qualifiant de priorité mondiale. Aux États-Unis, Technogym a également collaboré sur le projet « *Exercise is Medicine* » (Bouger c'est la santé) avec l'American College of Sport Medicine (Collège américain de médecine du sport) et l'American Medical Association (Association américaine d'étude des maladies du cœur). Son objectif est d'encourager l'exercice physique à l'échelle nationale comme un véritable traitement pour de nombreuses maladies comme le diabète, l'hypertension artérielle et l'ostéoporose. Au niveau local, Technogym travaille depuis des années sur son projet « Wellness Valley » (la vallée du bien-être), dont le but est de mettre en place le tout premier quartier Wellness du monde en Italie, dans la région de la Romagne. Dans le cadre de cette initiative, Technogym a financé en 2011 les projets « *Muoviti che ti fa bene* » qui mobilisait 15 000 locaux pour dispenser des sessions de sport gratuites dans les parcs urbains, et « Gioca Wellness », qui sensibilisait les enfants des écoles locales à l'importance d'un mode de vie actif. Fin 2011, la société s'est lancée dans l'organisation du 20ᵉ Congrès sur le bien-être, un rassemblement international qui a eu lieu en septembre 2012 à l'occasion de l'inauguration du nouveau siège de l'entreprise. Le congrès a abordé les thèmes liés à la santé, au sport et à la prévention, des éléments indispensables pour une population plus saine et un monde meilleur.

Enfin, dans le cadre de la campagne « *I pledge* », Technogym a développé un véritable réseau national d'environ 3 000 salles de sport dans tout le Royaume-Uni. L'entreprise a ainsi pu mettre en avant son projet dans l'ensemble du pays tout en permettant à la population d'honorer son engagement et de le partager avec sa nation. C'est la toute première fois dans l'histoire des jeux Olympiques qu'une nation lance une campagne sur le thème du bien-être. Cette initiative novatrice, qui a permis de rapprocher les athlètes du public, est bien partie pour durer longtemps après la fin des JO. Technogym a également grandement contribué à la promotion de la campagne au sein des centres de remise en forme britanniques. « *I pledge* » illustre parfaitement l'énorme potentiel social du secteur du bien-être et de la remise en forme.

L'une des convictions de M. Nerio Alessandri est que « tout le monde y retrouve son compte. L'État, car il fait des économies et les entreprises, car elles accroissent leur productivité. Personnel en forme égale bilan en forme. Le Wellness allie le sport à une alimentation saine et une approche mentale positive. Je n'ai rien inventé, les Romains de l'Antiquité croyaient déjà à *"mens sana in corpore sano"* (un esprit sain dans un corps sain). »

Au-delà de l'évolution technologique de ce matériel, qui permet par exemple de courir en visionnant un écran sur le « tableau de bord » avec Internet ou la télévision, ou encore d'enregistrer sur une clé vos performances et de les comparer à un programme conçu pour vous et accessible partout, ces engins sont beaux. L'esthétisme italien est reconnu et se retrouve dans ces lignes. Pas étonnant que Technogym se soit alliée à Ferrari dans des campagnes de sensibilisation.

Je laisse cette conclusion à Nerio Alessandri :

« Le XXIᵉ sera Wellness ou ne sera pas. »

Faire évoluer le corps, c'est bien, mais la tête ?

D'autres prestataires vont aider des entreprises à faire évoluer le management, à faire sentir, plus que comprendre, en quoi la question majeure n'est pas de l'ordre organisationnel, mais du rapport humain. Ce qui somme toute est plus difficile à faire évoluer que d'offrir des services supplémentaires, même si cela peut dans certains cas préparer le terrain.

Comment peut-on transformer des cadres formés au management directif, convaincus que l'autorité vaut considération de la part des subordonnés. Certains ont été «élevés» dans un culte de l'absence d'humanité, comme si ces subordonnés n'ont d'autre choix que d'exécuter sans penser, ou sans exprimer des idées personnelles. Comme s'ils n'étaient que quantité négligeable, interchangeable, et bien heureux d'avoir du travail. La plupart d'entre vous doivent penser que j'exagère. Si ce n'est pas le cas dans votre entreprise, je peux vous assurer que j'ai rencontré ce genre de comportement dans ma vie professionnelle. D'ailleurs, je vous renvoie au chapitre 1, dans l'analyse fort diplomatique de Xavier Sabouraud, président-directeur général d'Alter&Go Groupe et mieux encore à la lecture de leur livre, le roman d'un consultant en restructuration qui arrive le premier matin dans une usine en grève. Je vous le recommande, c'est une véritable histoire dans laquelle on comprend que le problème principal vient d'une forme de sclérose.

Lorsque la prise de conscience aboutit au constat que l'entreprise aurait de meilleurs résultats si chacun, quelle que soit sa place dans l'organigramme, donnait le meilleur de lui-même. Pour ceux qui produisent du matériel, on sait depuis toujours que ceux qui sont au plus près de l'outil de production sont les premiers témoins des améliorations possibles. Dans le commerce ils sont en prise directe avec les attentes des clients. Quant à ceux dont on attend la matière grise, comment pourrait-on douter de la nécessité de leur laisser de l'autonomie et la possibilité d'être créatifs?

Dans le chapitre suivant, je m'attache à l'analyse de techniques qui cherchent à valoriser l'évolution de ces rapports, l'établissement de la confiance, la reconnaissance naturelle de la hiérarchie, la contribution spontanée de toute la pyramide. C'est possible, vous m'accompagnerez plus loin, dans une série de réussites économiques qui en plus donne au travail le plaisir de faire partie d'une équipe qui gagne. Qui peut croire qu'il y aurait du plaisir à voir son employeur réduire les effectifs ou pire? Les prestataires sont tous soucieux, de manière différente, de vous accompagner ponctuellement dans cette recherche du «Graal» pour les entreprises.

CHAPITRE 4

MESURER LE MIEUX-VIVRE
COMMENT FAIRE ÉVOLUER LES MENTALITÉS ?

Comment infléchir des comportements qui n'incitent pas les collaborateurs d'une entreprise à se livrer complètement dans une bataille économique ? Ou comment faire en sorte, pour que celles en position favorable conservent cet avantage ? Ou encore de le créer pour les *start-up* en cours de mutation ? J'ai des exemples spontanés, certains ont naturellement exploité des circonstances favorables pour entreprendre empiriquement des actions. Il y a aussi le risque, bien sûr, de se tromper, ce qui dans certaines sociétés peut être lourd de conséquences. C'est pourquoi il est utile de rechercher toutes les méthodes connues et reconnues pour être efficaces. Sans prétendre que ce qui suit est exhaustif, j'essaie d'en faire un inventaire.

Comment mesurer cet état, avant, pendant et après ? Parce que le bien-être, c'est un état global et variable d'une situation à une autre. Les méthodes que j'ai recensées sont à la fois des critères, un baromètre et des incitations.

Comme nous le verrons par la suite, les activités physiques sont des leviers récurrents. Dans ce chapitre, je vous propose des pistes pour accompagner vos politiques et apporter des services qui améliorent la vie des salariés.

Changer les rapports, établir la confiance, créer une équipe commence évidemment par un état des lieux. Les choses qui ne se mesurent pas ne sont pas améliorables. Puis mesurer la transformation des humains, ça rassure, ça confirme que l'on est sur la bonne voie.

On comprend bien la difficulté d'évaluer le mieux-être collectif et le bien-être personnel en particulier, dans une activité professionnelle. D'autant que des facteurs personnels interviennent fortement dans l'équilibre individuel. On peut s'en remettre à l'ambiance générale et considérer que c'est le résultat aléatoire du charisme de chaque manager. Mais notre société éprouve le besoin de mesurer l'état des lieux, l'amélioration de la situation, et la définition d'un concept reproductible compris par l'ensemble des acteurs. D'autant que la mise en œuvre d'une stratégie ne produira des effets économiques qu'avec un certain décalage dans le temps. Cette nécessité a amené des organismes et des consultants à concevoir des critères d'évaluation et bien sûr à accompagner les entreprises dans le mieux vivre. Parmi de multiples propositions, voici quelques approches qui se différencient par leur objectif principal. Toutes entendent accompagner les directions générales dans leur recherche d'amélioration de la productivité. Mais pour y parvenir, on distingue quatre types de motivations cohérentes entre elles et qui peuvent, souvent, se cumuler. Nous verrons aussi dans les témoignages d'entreprise, voir annexe, que beaucoup d'initiatives sont le résultat de choix empiriques.

Des méthodes

De très nombreux consultants proposent leurs services. Je vous en soumets quelques-uns, que j'ai testés. Vous lirez plus loin le témoignage de différents intervenants qui se distinguent par leurs méthodes, avec un objectif central particulier et qui me semblent représenter un «panel» intéressant, chacun de ces prestataires me semblant répondre à un besoin spécifique. Successivement, nous présenterons :

- Alter&Go Groupe,
- Institut Great Place to Work® France,
- Mozart Consulting,
- ESPHI,
- Bodymatch,
- Santé Partners,
- Koroïbos Consulting,
- Altamira Développement,
- Oazen,
- Obiz.

ALTER&GO GROUPE

Cabinet de consultant conseil de direction générale en stratégie de développement

Alter&Go, dont le président-directeur général s'exprime dans le premier chapitre est reconnue pour son expertise en matière de restructuration. Elle assoit la réussite de ces changements nécessaires au sein des entreprises sur leurs capacités à libérer les énergies et les innovations pour coller au plus près du marché. Mais les mêmes méthodes d'adaptation s'appliquent aussi aux relations avec les clients. Vous pouvez, si vous le souhaitez, revenir à leurs prises de position dans le chapitre précité, mais la vraie différence pour moi réside dans leur capacité à permettre au top management de comprendre que l'initiative individuelle procède d'une véritable autonomie, d'un encouragement à prendre, raisonnablement, des risques. Les difficultés accumulées depuis des années, les marchés de plus en plus difficiles et le temps quasi instantané ont conduit des dirigeants à centraliser toutes décisions créant ainsi une absence d'initiatives, parfois jusqu'au premier cercle du management.

Je pense que le groupe Alter&Go a sa place dans ce chapitre, mais j'ai déjà longuement évoqué leurs méthodes dans le chapitre 1 ; je vous propose le cas échéant de reprendre ce passage. C'est, de mon point de vue, une démarche fondamentale pour des situations qui le nécessitent.

Maintenant, on change de registre, pour détailler une méthode induite. Les collaborateurs seront fiers d'appartenir à une entreprise qui se soucie du bien-être. Mais pour cela, il est indispensable de faire un réel effort pour que chacun ressente un mieux-vivre dans l'entreprise. C'est en quelque sorte un cercle vertueux. Pour comprendre d'où vient cette idée de place où il fait bon travailler, le directeur général France, Patrick Dumoulin, nous explique cette histoire et son développement.

INSTITUT GREAT PLACE TO WORK® FRANCE, PATRICK DUMOULIN
Enquêtes, conseils et médiatisation

L'histoire de Great Place to Work® dans 45 pays

Cet institut international médiatise et labellise le bien-être. Je choisis ce palmarès, parce qu'il est la référence internationale : le classement dans 45 pays des meilleures entreprises où, pour les salariés, il fait bon vivre. Mais toutes affichent aussi des résultats exceptionnels dans une période anémique.

L'histoire commence en 1992...

L'Institut Great Place to Work® est né en Californie, il y a vingt ans. Robert Levering, un journaliste qui faisait des interviews dans des entreprises nord-américaines a l'idée

– pas encore intégrée – de les faire communiquer sur ce qui fonctionne bien chez elles. Son éditeur, un jour, lui demandant d'enquêter sur ce sujet, il s'est rendu compte que la confiance dans le management, la fierté dans son travail, et la convivialité habitaient naturellement ceux qui étaient bien dans leur entreprise.

Il est vrai que la dimension humaine n'est jamais prise en compte au moment du bilan et de ce point de vue, c'est une démarche novatrice, le rôle du dirigeant étant d'alimenter son compte d'exploitation par le haut et de sortir des résultats par le bas. Le salarié n'est pas au cœur de la réflexion. On suppose qu'il est content d'avoir un job et que cela doit lui suffire.

Robert Levering a donc voulu «modéliser» ces enquêtes en s'associant à un grand média, *Fortune* pour créer aux États-Unis le 1er Palmarès des entreprises où il fait bon travailler. Great Place to Work® est maintenant présent en 2012 dans 45 pays dont la France depuis dix ans.

«J'ai suffisamment de recul pour dire que les chefs d'entreprises français ont une propension à penser que si les résultats ne sont pas bons, il s'agit d'un jugement propre à Great Place to Work'. Nos évaluations sont faites à partir de 59 questions spécifiques. Mais ils ont des réticences, peur de devoir se remettre en question. Et si c'était le cas, que vais-je devoir faire, que vais-je dire aux salariés ? », précise Patrick Dumoulin.

L'Institut Great Place to Work® constate que l'impact social sur l'économie est fort. Les entreprises très performantes économiquement le sont très souvent socialement. La mission de l'Institut Great Place to Work® est d'aider les entreprises à devenir et à rester des lieux où il fait bon travailler. Ce qui est bon pour chaque salarié l'est aussi pour l'ensemble de l'entreprise, pour les actionnaires aussi, et enfin pour le pays.

Ce qui différencie cet institut de la plupart des prestataires en France, c'est que, d'un côté il interroge les salariés par rapport à son modèle (mesure de la confiance, de la fierté et de la convivialité), et de l'autre il évalue les pratiques managériales de l'entreprise comme le recrutement, le développement des salariés, la communication interne, la prise en considération de l'équilibre vie privée et vie professionnelle, ou encore l'écoute des salariés.

Tout est scrupuleusement vérifié afin d'évaluer parfaitement le niveau de bien-être dans l'entreprise et de pouvoir classer l'entreprise dans le palmarès annuel des « Entreprises où il fait bon travailler ».

Chaque année, l'Institut Great Place to Work® publie un recueil des bonnes pratiques attendu par beaucoup d'entreprises.

Une bonne pratique va profiter à tous si elle est applicable à l'ensemble des salariés.

Les précurseurs…

Comme ce palmarès est d'origine américaine, les premières entreprises qui l'ont intégré ont été des firmes américaines comme PepsiCo, Microsoft, FedEx ou encore Mc Donald's. Mais les entreprises françaises s'intéressent de plus en plus à cette démarche. Celles du CAC 40 ont une approche plus nuancée. Elles interrogent déjà leurs salariés par l'intermédiaire d'organismes souvent qualifiés, mais sur d'autres aspects que le bien-être au travail. Surtout elles ne communiquent pas sur les résultats.

Les entreprises françaises qui s'intéressent à ce sujet sont assez souvent des groupes familiaux comme Leroy Merlin, Decathlon ou Valrhona du groupe Bongrain. Pour ces grands groupes, les salariés sont au cœur de leur réflexion depuis très longtemps.

Les choses évoluent et au regard du dernier palmarès, beaucoup d'entreprises françaises sont très concernées par l'amélioration du bien-être au travail de leurs salariés même si elles n'atteignent pas encore son sommet (pour la catégorie des plus de 500 salariés). Il faut que leurs dirigeants comprennent qu'être une entreprise où il fait bon travailler est un axe stratégique.

Henri Lachmann[1], président du conseil de surveillance de Schneider Electric, coauteur d'un rapport demandé par le Premier ministre en 2010 sur le bien-être et l'efficacité au travail faisait cette recommandation lors de la présentation du dernier palmarès :

> « Aujourd'hui cette volonté d'être une entreprise où il fait bon travailler est essentielle, importante et devrait déjà être prise en compte par le conseil d'administration de l'entreprise. »

On voit d'ailleurs d'autres grands patrons en retrait des affaires, comme Bertrand Collomb, ex-P-DG de Lafarge ou Jean-Noël Labroue, ancien directeur général de Kesa Electricals dont dépend Darty, devenir des ambassadeurs de causes comme celle-ci.

L'engagement de la direction générale...

Sur la question de l'engagement actif de la direction générale, Patrick Dumoulin est formel :

> *« Je voudrais être extrêmement clair et sur ce point, j'ai un avis très tranché. S'il n'y a pas d'implication de la direction générale, ou de la présidence, ça ne marche pas, ça ne sert à rien et il ne faut pas y aller !*

Je pourrais citer des patronnes ou des patrons qui ont pris ce dossier en main, comme Armando Amselem chez PepsiCo (actuel directeur général, NDLR), Frédéric Thil chez Ferrero, Annie Gain chez Cofidis, Jean-Luc Grisot chez Valrhona, mais aussi, dans les PME, Marc Guillermou chez Bio 3G, François Hisquin chez Octo ou Olivier Aizac chez leboncoin.fr par exemple.

---

1. Voir les 10 propositions du rapport page 44.

> Tous ces dirigeants sont intimement convaincus que la recon-
> naissance du bien-être au travail dans leur entreprise impac-
> tera forcément leur marque employeur avec les conséquences
> économiques que vous pouvez imaginer. »

Enfin, il est convaincu qu'au-delà de l'effet de mode cela devient une obligation.

Si on prend en compte le sondage Gallup[1] réalisé dans 54 pays fin 2011 sur l'optimisme des citoyens, la France fait partie des pays les plus pessimistes après le Nigéria, l'Irak ou l'Afghanistan ! Si de plus en plus de chefs d'entreprise se sentent concernés par cette problématique, le fait nouveau réside dans l'intérêt que lui portent les entreprises publiques.

De plus en plus de médias communiquent sur le bien-être dans les entreprises et sur cette méthodologie internationale qui est celle de l'Institut Great Place to Work®.

Les organisations représentatives du personnel sont très souvent des alliées quand on souhaite demander leur avis aux salariés, mais à condition aussi que l'on s'engage à livrer les résultats de l'analyse, ce que font, obligatoirement et systématiquement, toutes les entreprises qui travaillent avec l'Institut Great Place to Work®. Les salariés peuvent aussi directement poser des questions à l'institut, concernant la confidentialité par exemple. Ils peuvent le faire par téléphone facilement. Les coordonnées de Great Place to Work® sont mentionnées sur le questionnaire envoyé aux salariés.

La conclusion de cet acteur très impliqué dans l'évaluation du mieux-vivre au travail est qu'il y a beaucoup plus d'entreprises

---

1. Sondage Gallup du 23 décembre 2011 – Les Français sont plus pessimistes que les Nigérians ou les Irakiens en matière d'anticipations économiques, avec un score de − 79, contre une moyenne de − 3 au niveau mondial. À l'orée de l'année 2012, huit Français sur dix considèrent en effet « que l'année prochaine sera une année de difficultés économiques ».

où il fait bon travailler qu'on ne le dit, ne le pense ou ne l'écrit. Ce n'est d'ailleurs pas une question de taille ni de secteur d'activité.

Souvent, les médias se focalisent sur ce qui pose problème et rarement sur les réussites des entreprises. L'Institut Great Place to Work® insiste beaucoup sur la reconnaissance positive, source d'optimisme et d'envie pour beaucoup de salariés.

Le sport est-ce un hasard ?

Enfin Patrick Dumoulin, sportif convaincu, souligne que les entreprises lauréates sont souvent très sportives. C'est aussi un critère pris en compte par l'Institut Great Place to Work®.

Les palmarès de Great Place to Work® sont suffisamment riches pour me procurer de nombreux exemples. J'ai évidemment beaucoup puisé dans cette liste en variant les profils, les méthodes et la taille. M'ont largement ouvert leurs portes, Johnson & Johnson, Microsoft, VELUX, Orangina et PepsiCo, leader en 2011 et 2012 de ce classement en France, exemple largement traité dans l'avant-propos et en annexe.

Au-delà de la notoriété, du nombre d'années au cours desquelles tant d'entreprises ont sollicité d'être évaluées, une question se posait. Que font ces entreprises de particulier pour justifier leur classement dans cette prestigieuse liste ? J'ai interrogé longuement les DRH de ces sociétés, et comme je le mentionnais plus haut, ils m'ont non seulement exposé les services, leurs méthodes, leurs résultats mais aussi les motivations de leur groupe, les réussites ou les difficultés, et surtout leur vision de l'avenir dans les prochaines années. En annexe, je leur consacre plusieurs pages.

Dans ce cas, la sanction, la mesure de l'évolution résultent du classement annuel et de la médiatisation de Great Place to Work®. Mais pour les dirigeants encore sceptiques, tout *doit* pouvoir se mesurer statistiquement et il existe enfin une méthode d'évaluation, économiquement chiffrée. Convaincu que les gens heureux sont en meilleure santé et plus productif, Victor Waknine a conçu un «baromètre économique» pour évaluer en matière de chiffre l'état de santé des collaborateurs. Ce baromètre vous permettant d'identifier année par année, les points faibles et ceux qui, au contraire, produisent du mieux-vivre. Vous trouverez, ci-après, les détails de ce process.

MOZART CONSULTING PAR VICTOR WAKNINE

« Une méthode d'évaluation basée sur des indicateurs économiques »

Mozart Consulting, fondé en 2004 par Victor Waknine, après une carrière bien remplie dans le monde des technologies industrielles et médias numériques en qualité de conseil de directions générales. Ce cabinet a pour objet d'accompagner des entreprises dans la valorisation du capital humain.

Pour ce faire, il crée un indice, l'IBET®, dont je reprends ci-après les caractéristiques.

> «Cet indice intervient dans la valorisation et l'engagement du capital humain, seul actif différenciant créateur de valeurs économiques et sociales durables. Indice de bien-être au travail c'est une approche méthodologique permettant d'évaluer l'impact en matière de productivité/VA des situations pouvant être générées par du désengagement et de la non-qualité de vie au travail. Fondateur en avril 2008 du projet sociétal "Travailler mieux pour vivre mieux".»

IBET® (Indice du bien-être au travail)

La méthode de Mozart Consulting s'appuie sur le bilan social des entreprises dont la nouvelle version comporte beaucoup plus d'indicateurs économiques. L'IBET® est au bilan social ce que l'IBIT est au bilan comptable.

L'établissement de l'IBET® commence par questionner les dirigeants sur la cohérence de leur démarche. Veulent-ils construire la confiance sur du long terme? Pour la construire, il faut qu'il y ait une contrepartie entre le sens et l'engagement par rapport au changement qu'ils proposent. Pour qu'ils soient crédibles dans cette démarche de confiance, ils doivent envoyer un message aux salariés et mesurer, comme ils le font pour tout, le bien-être dans l'entreprise au niveau financier et économique. Il faut passer d'une gouvernance économique à une socio-économique et avoir une lecture de la performance économique à une socio-économique. Le vrai critère de différenciation de la performance par rapport à la compétition, c'est vraiment les hommes.

Le capital humain

Victor Waknine à l'origine de l'IBET : « Je leur démontre en quoi l'humain n'est pas une ressource, c'est un capital de façon comptable. Ce principe posé, le meilleur signal que l'on puisse envoyer, n'est pas une charte de valeur creuse, ce n'est pas des slogans, c'est quand vous mesurez le bien-être, les investissements, la masse salariale et la productivité, etc. Si ce signal n'est pas manifeste, les collaborateurs ne sont pas des imbéciles, ils ne vous croiront pas. Si ce sont de petits programmes de confort, c'est un placebo. En revanche, si vous dites que vous avez un indice de bien-être au travail de 0,8, notre objectif est de le monter à 0,85. Vous allez participer aux indicateurs de mesure chiffrée. On va les partager ensemble. Vous allez me proposer un plan d'action pour améliorer la qualité de vie au travail. Le bien-être dont je parle, est organisationnel et pas individuel parce qu'il faut toujours se donner comme objectif, l'intérêt collectif. »

La base, le bilan social

À partir du bilan social qui est partagé avec les parties prenantes, donc dans le cadre d'un dialogue, toutes les variables, dont on a besoin, sont réunies. Pour calculer l'IBET®, Mozart Consulting a séparé les indicateurs dans quatre domaines :

1. Les indicateurs de disponibilité, «suis-je dans l'organisation du travail ?» On mesure l'engagement.

2. Ensuite on mesure les dégradations :

   - les indicateurs de sorties forcées, non économiques, par exemple les licenciements non économiques, les démissions, les ruptures non conventionnelles,

   - un certain nombre d'indicateurs de désengagement déclaré (les jours de grèves, les mutations refusées, les sorties en période d'essai),

   - tout cela donne une série d'indicateurs qui sont dans le bilan social et qui traduisent un désengagement, soit de l'entreprise, soit du salarié.

3. On mesure toutes les dépenses liées aux obligations et mises en conformité sur la santé globale des salariés. Toutes les dépenses qui ont été nécessaires comme suite au document unique sur les risques professionnels en raison de risques référencés identifiés. Qui font suite à une dégradation qui a engendré des dépenses pour améliorer l'obligation de santé globale.

4. Les indicateurs qui vont témoigner de la responsabilité sociale de l'entreprise. Elle a des obligations sur, par exemple, la parité, l'alternance, les seniors, le handicap.

Si elle paye des taxes car elle n'est pas dans la légalité, elle enverra un signal de cohésion sociale de responsabilité dégradé. Au contraire, si elle respecte les obligations, elle améliorera son indice.

L'IBET® c'est...

Donc, l'IBET® est une métamesure globale sur la disponibilité, l'engagement, la santé et la responsabilité sociale. Les parties prenantes participent et proposent des indicateurs conceptualisés, on mixe ceux de gestion sociale qui sont standard plus d'autres proposés par celles-ci. On leur remet un guide dans lequel elles peuvent en choisir avec éventuellement des spécificités. Donc c'est une métamesure qui a été acceptée par les managers, les élus, et la direction. On a donc un pilotage mesurable en euro de ce que coûte la performance socio-économique. Si elle est bien contenue, ça veut dire que cette entreprise a un *goodwill* social, une survente sociale. Si un jour elle veut se vendre à une autre, elle pourra mettre en avant son IBET comptable ou son cours de Bourse mais en plus un corps social engagé. Donc, le prix de vente de l'entreprise doit en tenir compte.

Victor Waknine poursuit: «Ce qui est intéressant quand vous objectivez, c'est qu'on peut remonter dans le temps. Faire un IBET sur les trois dernières années. Que s'est-il passé? On mesure l'année en cours, notamment avec des plans d'action parce qu'on apporte des solutions, nous leur proposons ce qu'on appelle le management de la qualité au travail opérationnel et en transversal. Ensuite, nous allons instaurer une direction de la qualité. On va faire en sorte que l'organisation globale dégage une bonne qualité opérationnelle qui va piloter la qualité au travail comme on le fait des services ou des produits. Cela va redonner confiance à l'interne. Notre implication dans cette phase est importante car il ne s'agit pas de faire du cosmétique. On peut donc remonter dans le temps et se projeter dans l'avenir. J'ai choisi d'exposer cette méthode de classement pour ses critères objectifs intéressants tant il est utile de chiffrer l'état des lieux et la progression des solutions si l'on veut convaincre les centres de pouvoir. »

Les Trente Glorieuses de Victor Waknine…

Encore une fois, comment cette technique a-t-elle été élaborée, quel est le parcours de Victor Waknine ? Arrivé du Maroc en France dans sa jeunesse, il est un peu autoritairement dirigé par l'Éducation nationale vers un centre de formation où il apprend le métier de câbleur. Mais, repéré par un professeur de français, soutenu par d'autres enseignants, il est finalement admis en seconde au lycée ou il passe un bac puis un DUT. Profondément élevé dans la culture française et aux valeurs de la République à laquelle il est très attaché ; il considère qu'elle lui a donné sa chance, loin d'en vouloir à ceux qui l'avait relégué d'office à un rôle subalterne. Ce qu'il appelle « une nouvelle chance », qui me semble être pour beaucoup la conséquence de sa volonté, le directeur de ce DUT choisit quelques « cobayes », dont il fait partie, pour poursuivre leurs études dans une université. Il en sort avec un diplôme d'ingénieur. Il intègre un laboratoire de recherche chez France Télécom en pleine mutation comme le téléphone en France de l'époque du *22 à Asnières*. De la recherche dans tous les sens, des produits innovants, une ambition folle avec comme perspective les cinquante prochaines années. « C'était merveilleux, ça avait du sens, c'était extraordinaire ».

On était prêt à décrocher la lune pour lui…

Sa bonne étoile le conduit ensuite vers un patron emblématique, Jean-Luc Lagardère, groupe Matra, qui le recrute et lui offre la présidence d'une de ses filiales. Quand il en parle aujourd'hui, il reconnaît avoir été très heureux dans sa carrière de travailler pour cet homme qui aimait, dit-il, le sport, l'engagement, les hommes pour la valeur de ce qu'ils apportaient : « *On était prêt à décrocher la Lune pour lui. Il nous mettait sur des projets extraordinaires, on n'avait peur de rien : les satellites, le métro automatique, de l'électronique. Rien ne nous faisait peur parce qu'on avait un patron clair, correct qui nous insufflait des valeurs et nous laissait de l'autonomie.* » Après une très belle carrière arrive le décès de cet homme exceptionnel et il découvre un autre management dans lequel 50 ans était déjà vieux et trop cher. Ce fut une épreuve dont il n'est pas sûr d'être sorti parce qu'on lui a retiré le fondement même du sens du lien social. Le plus grand risque en matière de civilisation, aujourd'hui, pour lui n'est pas l'écologie, la sortie de l'euro, mais la cassure du lien social. C'est ça qui le fait réfléchir. En 2007, il entend la formule de Nicolas Sarkozy, travailler plus pour gagner plus et se dit que le vrai sujet c'est travailler pour vivre mieux ensemble. L'entreprise, c'est un milieu de lien social, de cohésion sociale, de sens extrêmement important. Si on est bien au travail, on est bien dans la vie. Comme il a un *background* de dirigeant, il comprend les logiques de *business*, il s'est mis à réfléchir comment être bien dans l'entreprise. Cela peut impacter les affaires, car c'est ce qui permet de relever des défis, de décrocher la Lune.

« Dans les entreprises aujourd'hui, on mesure tout, même la rentabilité des tiroirs que l'on ferme et que l'on ouvre (!). Si l'on veut être sérieux, il faut mesurer de façon objective et non pas cosmétique, l'efficacité pour démontrer la rentabilité dans l'entreprise. Je me suis dit, là-dessus je peux être crédible. Je sais ce qu'est une entreprise rentable. J'ai eu des milliers de collaborateurs à diriger et investir dans le capital humain me semble être le seul capital différenciant par rapport aux autres types de capitaux investis. La vraie différence se fait sur le capital humain. Le bien-être est déjà une stratégie d'entreprise dans un certain nombre de grandes entreprises. Le bien-être s'impose car on a bien compris que la valeur sociale et la valeur de l'engagement des salariés seront la ressource la plus difficile à trouver. Donc, ce qui est rare est cher » conclut V. Waknine[1].

Dans les critères qui définissent le mieux-vivre, la santé physique et psychique est fondamentale. Le prestataire suivant a tout de ces *start-up* qui commencent leurs activités à partir de brevets apportant une technologie rationnelle. Ces deux chercheurs devenus entrepreneurs à leur tour m'ont expliqué leurs procédés.

ESPHI, FABRICE BENDAHAN ET XAVIER NESI
Deux chercheurs sportifs

C'est une société créée par deux scientifiques sportifs et passionnés, Patrice Bendahan et Xavier Nesi, qui ont développé une technologie protégée par plusieurs brevets destinée à la prévention de l'obésité, *monitoring* des seniors, mesure et gestion du stress au travail, bien-être au quotidien. L'originalité de cette prestation est de mesurer.

Dans l'accompagnement des entreprises, rares sont les prestataires qui proposent une évaluation scientifique de la santé physique et émotionnelle. La PME dont je retrace ci-après les méthodes et l'historique est de celles qui ont conçu et breveté une technologie pour cela. Passionnés de sport, sportifs eux-mêmes, deux universitaires à l'uni-

---

1. Nous travaillons actuellement avec le groupe Apicil qui nous a choisis comme partenaire socio-économique pour tester pendant une année «laboratoire» l'IBET® avec des PME volontaires et dont les résultats seront communiqués d'abord aux personnels de ces sociétés et par Apicil auprès de ses 55 000 entreprises adhérentes.

versité du Sud Toulon Var créent un *spin-off* d'un laboratoire pour développer des solutions originales permettant
d'aider les personnes à préserver leur santé par le biais
d'une pratique d'activité physique et sportive adaptée.

Aujourd'hui, cette société est basée à Marseille Innovation
(accélérateur de croissance), et consacre principalement
cette recherche aux entreprises qui souhaitent préserver
leur capital humain. Patrice Bendahan, P-DG de cette
start-up explique la méthode.

> « En 2008, nous avons codéveloppé, avec un laboratoire univer-
> sitaire, un véritable laboratoire d'analyse de la condition phy-
> sique portable. Pouvant prendre la forme d'un bracelet, d'une
> montre ou d'une ceinture thoracique, l'innovation concentre
> une batterie de capteurs qui a été intégrée pour mesurer des
> données inédites (réponse cardiaque à l'effort, propriété mus-
> culaire et articulaire, niveau d'énergie nerveuse et indice de
> fatigue, équilibre et proprioception). »

> Couplés à des outils de traitement du signal, ces capteurs per-
> mettent de déduire une série d'informations avec des logiciels
> d'interprétation et d'exploitation des données et fournissent
> aux utilisateurs des consignes précises en matière d'activité
> physique et sportive pour améliorer ces paramètres de santé.

> « Aujourd'hui, notre force réside dans la transversalité de nos
> compétences. Nous concevons nos propres cartes microé-
> lectroniques en y assemblant les capteurs nécessaires, nous
> traitons et optimisons les signaux de ces capteurs, nous les
> interprétons et les mettons en forme pour les utilisateurs
> finaux au travers d'applications ludiques et pédagogiques. »

> « Par cette approche, notre positionnement est clairement axé
> sur la prévention santé, bien qu'initialement nous nous foca-
> lisions uniquement sur le monde du sport de haut niveau. En
> effet, l'optimisation de la performance sportive reste encore
> une des activités de l'entreprise. Mon associé et moi-même
> avons une grosse culture sportive (j'étais judoka au niveau

national et mon associé cycliste élite) et nous sommes à même de comprendre les enjeux de cet environnement. »

« Cependant, à partir de 2008, les préconisations ministérielles en matière de prévention santé par l'activité physique nous ont largement incités à adapter notre approche sport-performance et il nous parut utile de proposer des outils, des méthodes, des concepts qui allaient nous permettre de répondre à ces problématiques. »

« Comment faisons-nous ? Nous adaptons les protocoles d'évaluation des paramètres de la performance sportive pour évaluer les indices de la condition physique et émotionnelle. Prenons l'exemple d'un paramètre de performance sportive : la VO2max ou consommation maximale d'oxygène. Plus ce paramètre est élevé chez un sportif, plus sa capacité d'endurance et son efficience énergétique sont importantes et donc le sportif performant (du moins sur cet aspect). Pour la prévention santé, ce même indice est mesuré (par un protocole adapté) et utilisé comme indicateur de santé décrivant l'aptitude cardio-respiratoire. On fournit à la personne un niveau par rapport à des standards médico-sportifs et surtout des préconisations précises et adaptées pour améliorer cet indice. De même, nous faisons ceci pour les autres paramètres de la condition physique cités auparavant. »

« Je tiens à souligner que nous sommes constamment en recherche de nouveauté et d'efficacité pour notre concept et nous avons profité du fait que les orientations des laboratoires ne sont actuellement plus du tout tournées vers la performance sportive mais vers la recherche et la caractérisation de la pratique d'une activité physique adaptée comme outil de prévention santé.

Dans ce contexte, ESPHI et trois laboratoires font partie des 14 lauréats français financés dans le cadre de l'appel à projet e-santé des investissements d'avenir pour développer un outil d'autodiagnostic des aptitudes physiques et émotionnelles à destination du grand public, avec, de plus, le défi de rendre ce service gratuit à chacun. »

«Quelle stratégie avons-nous choisie? Quel vecteur? Le monde de l'entreprise: celui-ci est conscient, de plus en plus, que sa performance globale passe par le bien-être des collaborateurs. Le bien-être émotionnel et physique est un facteur déterminant de l'adaptabilité et de l'efficacité d'une personne au sein d'un groupe.

Ce constat est largement partagé par la médecine du travail, mais également par la direction des ressources humaines, qui voit cette approche centrée sur l'homme tout à fait pertinente à la fois pour l'être humain et pour l'entreprise. La seule difficulté a été de convaincre les médecins de la complémentarité de notre approche et de la leur.»

Comme évoqué, ci-dessus, les clients d'ESPHI ont été d'abord les structures sportives de haut niveau (clubs et fédérations), des clubs de *fitness* et de remise en forme ainsi que des équipementiers sportifs.

Puis le monde de l'entreprise en général auquel on propose un service innovant dans la façon d'appréhender la prévention santé et le bien-être en entreprise. On fait de l'audit santé pour les salariés et ensuite des formations suite aux audits.

L'audit réside en la réalisation de tests d'aptitudes physiques, cardio-respiratoires, musculaires et articulaires, et émotionnelles. C'est faire le point de l'aptitude de chacun avant d'orienter la formation et les conseils personnalisés.

La durée est variable en fonction de l'entreprise. L'idéal est deux jours de formation basés sur l'audit et un suivi quatre à six mois plus tard. À ce moment, il faut mesurer la progression dont la résultante est l'aptitude physique et émotionnelle. L'objet est de constater l'amélioration effective, si l'on a suivi le plan et les conseils donnés.

«Nos interlocuteurs dans l'entreprise sont le plus souvent les DRH. Les audits se déroulent dans le cadre d'un plan de formation consacré à la gestion du stress et/ou sur les risques musculo-squelettiques», souligne Patrice Bendahan.

Parmi les clients industriels, on peut citer Raynal et Roquelaure, la célèbre conserverie de volailles, gibiers et plats cuisinés en tout genre, société dont les ouvriers travaillent sur des chaînes de production, donc avec des problématiques d'ergonomie et des répercutions physiologiques pour des salariés en relation avec ces contraintes.

Autre exemple, le groupe Pizzorno pour qui le sujet est le bien-être de ses salariés, c'est dire l'état physique et psychologique.

Pour McDonald's, l'attente porte plus sur les gestes et les postures, pour chercher à limiter les troubles musculo-squelettiques. La problématique est liée au *turn-over*. Beaucoup de jeunes gens qui arrivent au travail peu ou mal formés sont immédiatement confrontés au déchargement des camions le matin, à froid et souvent, préparer cet effort, s'échauffer leur semblerait ridicule. Il faut les interpeller sur la posture du corps pour arriver à soulever des charges, prendre en compte leur schéma corporel, les encourager à se coucher tôt et avoir une bonne hygiène de vie pour être apte le lendemain à soulever des cartons lourds.

C'est vrai, aussi, pour Raynal et Roquelaure chez qui le travail est posté. Ils commencent à 3 heures du matin ; ils sortent de leur nuit et sont en décalage. La fatigue et le cycle stomacal sont des handicaps importants. Quelle diététique avoir pour limiter les risques de fatigue ? Il y a aussi le poste de travail. Comment faire quand il faut se baisser pour ramasser ou se lever avec une grosse charge ?

En ce qui concerne la médecine du travail, ils sont passés devant l'AIST. Ces protocoles sont très nouveaux pour eux mais ils ont approuvé, sans réserve, ces investigations. Elles sont complémentaires de la prévention santé classique et nous attirons leur attention sur ces risques plus fréquents aujourd'hui.

Pour Patrice Bendahan, la prospection se fait beaucoup de bouche à oreille: «Nous intervenons souvent pour conforter l'intervention de prestataires acteurs sur ce marché parce que nous leur apportons une expertise plus scientifique avec des critères mesurables. Nous prospectons peu car nous sommes sollicités pour la qualité de nos prestations; nos clients reconnaissent une recherche dans les nouvelles technologies, par une mise en action des salariés, qui n'est pas fondée sur des schémas virtuels, des "power point" face à un écran dans le but de noter ou d'apprendre. Plus il y a de mise en action, plus il y a de pratico-pratique (!) et plus nos clients sont intéressés. *Nous apportons une technologie, directement du concret avec un bilan individuel sur l'aptitude grâce à un process scientifique. La confiance qui nous est faite est principalement liée aux mesures, aux mises en pratique avec des actions concrètes sur le terrain. Cette confiance persiste par l'accompagnement et le suivi que nous assurons pour prendre en compte l'évolution de la santé des collaborateurs. On leur fournit un programme d'activité en relation avec leurs aptitudes physiques. Ils nous retournent leur témoignage. On voit une progression d'adaptabilité.* Je trouve significatif d'évoquer un mail du directeur de l'agence Île-de-France du Groupe Pizzorno qui me disait: "Depuis six mois je suis le programme, mon stress a diminué, j'ai retrouvé la qualité de sommeil, en gros je vais mieux dans ma vie."»

«*Si l'on n'est pas capable de le mesurer, dit-il en conclusion, on ne peut pas dire que ça s'améliore.* Notre concept, c'est ça. On va évaluer et réévaluer plus tard. Malheureusement aujourd'hui, ce sont presque uniquement des formations qui ont pour but d'améliorer la compétence du salarié sur son lieu de travail. La partie bien-être vient après. Ensuite cela dépend beaucoup de la philosophie de la direction. Si l'on regarde l'exemple de PepsiCo, il est déjà dans cette philosophie du bien-être, le sport est un des vecteurs qui va permettre d'améliorer le mieux-vivre, donc la performance au travail.»

La santé passe aussi, bien sûr, par la nutrition. De même d'ailleurs que l'humeur ou la fatigue dans le cas de surnutrition. Ce sujet a été déjà souligné par Nathalie Menez, directrice des services généraux dans le chapitre 3. Le déjeuner est évidemment en cause, mais les autres repas, pour ne pas être consommés dans l'entreprise impactent aussi la santé. Cette recherche d'équilibre est d'ores et déjà une préoccupation des sociétés de restauration. Une nouvelle profession est née. Apporter aux personnes une prescription sur la bonne manière de consommer, proposer des consultations tout ou partie payées par et dans l'entreprise. Avant de reparler de sport, il m'a semblé utile de parler de digestion.

BODYMATCH, VINCENT DROUAUD

« La nutrition au service de l'entreprise, du sport, et du bien-être »

Le prestataire suivant pose la question des relations entre salariés et dirigeants dans l'organisation de la vie au travail. La nutrition préoccupe des employeurs, certes à l'image des États-Unis où la surcharge pondérale est une cause nationale, mais aussi tout simplement parce que pour donner le meilleur de soi-même, cet équilibre physique est impactant. Le fondateur de Bodymatch a, au départ, une histoire classique pour devenir la concrétisation d'un projet personnel. Vincent Drouaud raconte :

> « J'ai été salarié de plusieurs grands groupes américains essentiellement. J'étais un petit rouage dans une boîte mécanique. Pour lutter contre le stress, je me suis mis au sport à 30 ans. J'ai commencé à prendre mes baskets pour courir le long de la Seine entre midi et deux heures en mangeant rapidement au restaurant d'entreprise de mon employeur. J'y ai pris goût et quelques années plus tard, j'ai ressenti le besoin de prendre mon indépendance et de partager ce que j'avais connu avec d'autres salariés. J'ai quitté mon employeur pour créer ma

société. J'ai suivi des formations qui ont abouti à un BTS de diététique et un brevet d'éducateur sportif. Bodymatch était créé et propose du conseil en sport et en diététique. Au début avec une base importante de particulier à domicile et maintenant de plus en plus en entreprise. On a, aujourd'hui, quelques beaux contrats essentiellement en région parisienne pour lesquels nous élaborons des plans sur mesure sur des activités physiques et ponctuellement de façon récurrente sur des conseils en diététique. »

Il vaut mieux avoir un salarié qui va rester productif...

Depuis quelques années émerge une responsabilité sociale du chef d'entreprise, et en plus l'entreprise y retrouve un intérêt économique ; la nutrition, comme le sport, a une influence directe sur l'attention, la concentration et par conséquent la productivité de chaque salarié. Ce qui explique l'intérêt des DRH voire des DG. Dans le présentéisme, il n'y a pas que des raisons physiologiques, la pression notamment, mais il vaut mieux avoir un salarié qui va rester productif pendant six ou sept heures de présence quotidienne dans l'entreprise plutôt que quelqu'un qui fera plus d'heures mais sera moins efficace. Dans la vie contemporaine, les gens prétendent ne pas avoir le temps. En réalité, ils ne prennent pas le temps, c'est une question de priorité.

Ils préfèrent regarder la télévision plutôt que de prendre un vélo et de sortir. On est aujourd'hui, dans un schéma quasi hypnotique et ils ont une absolue nécessité de se distraire car sinon ils ne peuvent résister à la pression au travail.

« *Toute la difficulté est de faire comprendre que le sport fait partie d'une hygiène de vie de base, et est un moyen de mieux supporter la pression au travail. Ce n'est pas le réflexe de la majorité de nos concitoyens. Plutôt que de mettre un short et d'aller courir, ils préfèrent prendre une pizza et se mettre devant la télévision.* »

Sa méthode commence toujours par un entretien

Ce qui le passionne le plus dans son métier, c'est d'écouter les gens, avoir une feuille vierge, avoir un inconnu, devant lui, apprendre à le connaître pour le guider. «Le but est de construire avec lui une solution sur mesure qui lui corresponde. J'ai besoin de bien connaître le contexte pour ensuite sortir ma boîte à outils pour mettre à la disposition de mes clients mes capacités de technicien avec mon expérience accumulées aujourd'hui. »

La diététique dans l'entreprise est un phénomène plus récent que le sport d'entreprise et on ne commence qu'à comprendre le sport. La diététique s'articule autour d'un même noyau. Nous prenons conscience aussi de travers, non seulement liés à nos activités professionnelles mais surtout au rythme de vie. «Je constate tous les jours des gens qui sautent le petit déjeuner au motif qu'ils n'ont pas le temps. »

Il dit que s'ils n'ont pas pris ce temps pour consommer chez eux, en fait, sur le lieu de travail, ils se nourrissent d'aliments que l'on trouve dans des distributeurs. Puis vient ensuite le repas où l'on trouve des produits frais transformés que l'on ne mange pas toujours chez soi. Des crudités, du poisson, aliments qui prennent du temps à préparer. Il y a aussi tous ceux qui se contentent d'un sandwich ou d'un ersatz de repas.

C'est plus facile à consommer dans ces conditions. S'ils veulent faire attention à leur ligne, ils vont manger de façon légère et rapide. Le soir après deux repas sommaires, ils vont se précipiter sur leur réfrigérateur à la maison. Ils sont affamés, ils vont manger tout et n'importe quoi et surtout des produits beaucoup plus riches. On assiste à un déséquilibre très marqué entre les repas du petit déjeuner, du déjeuner en contraste avec le dîner constitué d'aliments beaucoup plus riches souvent moins contrôlés et parfois avec un peu d'alcool. Au final, ça favorise la prise de poids. En début de journée, on va obliger notre organisme à puiser dans ses réserves. Il va avoir comme réflexe de stocker de l'énergie dès qu'on va manger parce qu'il sait qu'il va devoir la déstocker le lendemain quand c'est une attitude régulière. Il faut apprendre aux gens à prendre un petit déjeuner avant de partir ou correctement manger en arrivant sur le lieu de travail. Puis un déjeuner avec des féculents et des aliments rationnels et cohérents, prendre un temps minimum pour déjeuner, mastiquer et assimiler et enfin manger plus légèrement le soir.

Comment et par qui cette prestation s'engage-t-elle ?

Soit Bodymatch est déjà actif dans l'entreprise, chargé d'un programme sportif et dans la présentation de l'entreprise, il est signalé que nous sommes aussi diététiciens et qu'on a la capacité d'apporter cette compétence. Dans ce cas, leurs interlocuteurs sont plutôt des DRH ou des DG. Soit ils sont consultés spécifiquement pour apporter du conseil en diététique. Jamais par la société de restauration qui est censée avoir ces compétences en interne pour assurer un équilibre alimentaire.

> « Les retours des consommateurs et de leurs employeurs ne sont pas toujours satisfaisants en la matière. En fait, c'est surtout fondé sur un cahier des charges défini par les achats généraux pour qui le prix est primordial. Notre mission dans ce cas-là, s'adresse plutôt au salarié, pour lui expliquer comment choisir ses plats, sur place, en restaurant d'entreprise. Comment les associer et surtout comment les envisager dans la globalité de la journée. »

En général, le salarié va prendre le déjeuner de mi-journée dans l'entreprise. On va lui expliquer comment organiser sa journée en quantité, en qualité et en association afin d'obtenir quelque chose de cohérent. Il y a des choses qu'il peut faire à midi et pas le soir et d'autres qu'il doit faire le matin qui tient compte de ce qu'il va manger à midi et le soir. C'est plus de l'éveil.

«Dans certaines sociétés, on fait de la consultation express, dans un petit local mis à disposition entre 12 et 14 heures souvent à côté du restaurant et on fait de la miniconsultation. Les gens se présentent individuellement, une consultation dure 20 à 25 min et on les suit régulièrement pour les aider à équilibrer leurs repas et bien articuler leur journée. L'autre solution plus collective formée de petits groupes de 10/15 personnes auxquelles on rappelle les principes de base de la nutrition du petit déjeuner au dîner. Dans la consultation individuelle, le salarié prend tout ou partie du coût de la consultation, et dans le cadre collectif, c'est en général la société.»

Le sport. J'aime à penser qu'il y a un lien entre ces deux activités. Lorsqu'on pense au sport d'élite, on conçoit que leur nutrition est un élément primordial de leur capacité à se dépasser. Si on le transpose, le salarié est dans un match permanent et son énergie est aussi fonction de son alimentation. Bodymatch assiste ces clients en préparant, par exemple, les salariés volontaires à un marathon ou dans le cadre d'un projet d'entreprise : «On peut mettre en place des cours plus relaxants axés sur le Pilates qui permet à terme d'avoir une meilleure posture sur la position de travail. On travaille d'ailleurs dans ce domaine avec le CHSCT pour aller dans le bon sens. On peut travailler sur la mise en place d'une minisalle de sport dans l'entreprise. Cela peut prendre des formes très variées. Il n'y a pas de limite.»

Les comités d'entreprise prennent souvent le relais, mais l'initiative est initiée en général, par le DRH. La durée légale du travail est une réalité pour une partie des salariés, hormis pour les cadres dirigeants ou les managers. Pour eux les 35 heures n'existent pas. Le critère durée est remplacé par la prise en compte des résultats. La comparaison avec les pays anglo-saxons, et nordiques en général, dans lesquels le travail commence à 8 heures le matin pour se terminer, impérativement, à 16 heures, avec une pause de 20 à 30 min pour déjeuner, ne favorise pas la santé. Sur ce plan-là, notre gestion du temps, trois quarts d'heure, une heure, parfois plus, peut permettre une bien meilleure alimentation. Ne serait-ce que pour cette raison, il ne faut pas souhaiter, sur ce sujet, copier leur modèle.

Quel avenir ?

> « Quant à l'avenir, pense Vincent Drouaud, les choses bougent mais il faudra beaucoup de temps pour qu'elles changent vraiment. Les gens subissent de plus en plus de pression, on passe de plus en plus de temps dans les transports, en conséquence ils recherchent une détente de zombi. Quitte à passer beaucoup de temps hors activité professionnelle, le sport devrait répondre à ce besoin. »

Les prestataires que je vous présente ensuite ont en commun d'« utiliser » le sport comme moyen pour que cadres et employés s'immergent dans une conception d'équipier. Mettre les gens en situation est la base de raisonnement.

Santé Partners, comme son nom l'indique est plus sur le critère santé, Koroïbos va mettre à profit se sentiment d'appartenance à une même équipe pour créer une dynamique, Altamira à partir de l'aïkido travaille sur le *leadership* et le management de l'excellence et l'équilibre et enfin Oazen fait du conseil en entreprise et propose un assistant personnel.

SANTÉ PARTNERS, FRÉDÉRIK UGHETTO
Deux métiers

C'est d'abord un cabinet conseil et un organisme de formation. Santé Partners accompagne le management et l'ensemble de l'entreprise depuis le comité de direction jusqu'à l'opérateur en identifiant la santé et le bien-être comme levier de performance durable. C'est en travaillant à part égal sur le système (organisation, management) et sur les équipes et l'individu que nous aurons des politiques de santé au travail durables.

Ce prestataire se caractérise par un concept qui trouve son origine dans une première vie entièrement consacrée à l'aviron au niveau mondial et qui, prenant appui sur cette expérience, adapte sa prestation à chaque client : c'est en quelque sorte le mariage du haut niveau et du sur-mesure.

L'idée générale est d'impliquer des intervenants prestataires spécialisés dans leur domaine ; Santé Partners se chargeant de diagnostiquer les besoins, d'assurer la conduite et le suivi de mission et enfin, de contrôler en mesurant l'efficacité des prestations. J'ai donc choisi de lui donner plus longuement que d'ordinaire la parole, puisque son histoire est déterminante pour la suite.

Première école de vie : le sport de haut niveau

Frédérik Ughetto nous raconte : « J'ai eu une première école de vie : le sport de haut niveau. Cela a eu un impact important sur ma façon de travailler, de m'investir, de rebondir, etc.

Une expérience que j'ai acquise au fur et à mesure de ma pratique : s'entraîner, encore et toujours afin d'être au top le jour J. J'ai participé à de nombreuses compétitions : championnats de France, du monde. Ma vie étant dédiée à l'entraînement, l'entraînement encore et encore. Tout ce qui était connecté au plaisir de faire, au bien-être dans mon activité sportive, était très secondaire dans les années 1990 en aviron et encore dans de nombreux sports aujourd'hui. Cela coûte cher à long terme, on ne le voit pas tout de suite, mais au fur et à mesure on le sent dans son corps et ensuite dans sa tête. »

« Cependant, ce premier parcours de vie m'a très clairement démontré que le travail et l'investissement finissaient toujours par payer ; le talent mêlé à un minimum de travail payé aussi... Mais quelle est la finalité s'il n'y a pas de moments d'équilibre entre l'implication, le travail et le repos, la récupération, car le repos fait aussi progresser ? Pourtant dans la mentalité d'un sportif de haut niveau, faire une pause c'est perdre son temps ! Il est nécessaire de faire évoluer les représentations et les croyances en expliquant aux athlètes que la plus belle des mécaniques ne peut pas toujours être à fond. »

« D'autre part, à l'entrée en équipe de France, on t'explique aussi assez rapidement qu'il faut être bon partout : sport et école, sport et université... Cela est assez représentatif de l'aviron, mais c'est aussi le cas dans de nombreuses autres disciplines. Baigné dans cette école de pensée, j'ai choisi de commencer par un cursus au sein de l'UFR STAPS de Lyon (maîtrise Éducation et Motricité) et ensuite de passer les concours d'entrée à l'EM-Lyon dont je suis sorti diplômé en 2002 grâce à un cycle en alternance de deux ans. »

Du sport de haut niveau à l'entreprise

« J'ai ensuite débuté ma carrière dans le monde de l'entreprise, j'y ai passé une dizaine d'années au sein de groupes internationaux dont le Groupe Adecco. J'ai appliqué sûrement de manière inconsciente des recettes liées à mon parcours de sportif de haut niveau. En club, on vous apprend dès le premier jour que : *"Ton bateau va à la vitesse du rameur le plus faible ; c'est à l'équipe de faire en sorte (et notamment en prenant soin de lui) qu'il soit plus fort que le plus faible des bateaux concurrents."* Transposé à des pratiques managériales, cela veut dire que pour agir et faire en sorte que cette performance soit durable, il est nécessaire de s'occuper de soi et de ses collaborateurs : les écouter, les stimuler, leur accorder du temps, leur faire passer les messages adéquats au moment qui convient, les accompagner, les valoriser, les soutenir, etc. »

Naissance de Santé Partners

« Après dix années en entreprise, il est devenu évident pour moi que la performance se nourrissait du bien-être et de la bonne santé des équipes, tant au niveau individuel que collectif, et que mes expériences sportives, mais surtout humaines, pouvaient se transposer facilement au management des hommes en situation de travail. Aujourd'hui, nous avons toutes les données « scientifiques ou mesurées » qui font de ces sujets-là une évidence. Le levier santé et bien-être au travail contribue forcément et fortement à la performance économique.

Faire en sorte que ses collaborateurs soient bien dans leur tête, restent motivés en donnant du sens à ce qu'ils réalisent et en partageant les richesses créées dans le temps est la meilleure des recettes pour produire de bons services/produits.

Transformer mes expériences en une société de conseil et de formation pour aider les entreprises privées et publiques à prévenir et gérer ces sujets de manière globale et systémique m'a semblé pertinent. »

• Le premier niveau d'offres de Santé Partners consiste à prévenir l'exposition aux risques physiques : problématiques de pénibilité, d'usure, de vieillissement liées à l'activité de l'entreprise.

Par exemple, le secteur des travaux publics emploie des compagnons qui cumulent vieillissement avec charge de travail et contraintes importantes. Ils sont donc exposés aux risques physiques de type troubles musculo-squelettiques (TMS).

Santé Partners observe, diagnostique et propose des solutions visant à faire en sorte que l'organisation atteigne un niveau de management qui permette aux compagnons d'effectuer leur travail le plus longtemps et le plus correctement possible en prenant le moins de risque. Trois formes d'interventions :

1. Observation et diagnostic. Besoin exprimé : adapter les postes de travail aux compagnons. Moyens mis en œuvre : revisiter l'ergonomie et le confort des EPI (éléments de protection individuels), le matériel utilisé, les vêtements ; mesurer les vibrations reçues et l'impact sur la santé à moyen et long terme. *Idem* côté organisation du chantier, management de la santé et de la sécurité.

2. *Coaching* en situation de travail. Besoin exprimé : accompagner individuellement et collectivement les équipes à comprendre pourquoi il est bon de prendre telle position et pourquoi il est possible de se blesser en n'étant pas suffisamment vigilant.

3. Mise en éveil du corps. Besoin exprimé : éviter que les compagnons ne démarrent un travail physique sans s'y être préparé. Moyen mis en œuvre : comme dans le sport de haut niveau, des programmes d'échauffement sont intégrés dans l'organisation du travail. Ceux-ci intègrent aussi les aspects de récupération en fin de journée, d'alimentation, et d'hygiène de vie.

- Le second niveau d'offre consiste à prévenir les risques psychosociaux (RPS) : partir du diagnostic pour mesurer et comprendre, puis mettre en place des plans d'action afin de corriger, de former, de sensibiliser…

  Les RPS touchent les thèmes suivants : le stress professionnel, la gestion des conflits, les dépendances, les incivilités et le harcèlement.

  Au niveau du diagnostic, notre valeur ajoutée est de mêler des courants et des disciplines très différents permettant ainsi d'augmenter le niveau d'expertise et de multiplier les regards sur chaque sujet. Ainsi militaires, psychologues, anciens managers et ergonomes travaillent ensemble sur nos problématiques clients. Grâce à cette interdisciplinarité, notre approche globale est d'autant mieux adaptée à ce sujet aux multiples causes.

Ensuite, il s'agit d'accompagner les équipes sur les grandes thématiques qui ont émergé lors du diagnostic. Par exemple, s'il apparaît que le management est source de stress, la formation sera répartie entre une part de professionnalisation *via* de nouvelles compétences managériales (l'intelligence émotionnelle, par exemple) et une part de développement personnel afin d'être personnellement «bien» pour être en mesure d'assurer et d'assumer son rôle de manager.

- Le troisième niveau d'offre se construit sur mesure à la demande des clients :
  - ateliers de confiance et estime de soi, de réappropriation de son corps pour des organisations qui font de la transition professionnelle, de l'*outplacement* pour des demandeurs d'emploi cadres en rupture professionnelle et bien souvent à la limite du *burn out*.
  - ateliers sur la maîtrise des émotions en situation de crise, publics tels que préfets, pompiers, gendarmes… En effet, la nature de leur métier les conduit très souvent à devoir prendre la bonne décision dans un temps très réduit avec un stress intense.
  - ateliers de détection des signaux d'alerte, précurseurs de situations difficiles dédiés aux managers pour les aider à mieux accompagner leurs collaborateurs.

Autre regard, les entreprises familiales ont une vision à court/moyen terme.

> «Les entreprises à capital maîtrisé ou familial ont forcément un patrimoine à développer, à améliorer. Il y a une histoire de famille qui se transmet de génération en génération qui implique un regard et une intention spécifiques sur le sujet de la santé et du bien-être au travail, une certaine bienveillance…»

Choisir, c'est renoncer...

Comme vous l'avez compris, certains sujets ne sont pas simples. Si nous reprenons les expériences de Santé Partners auprès de compagnons, d'opérateurs, de cuisiniers, etc. on se rend bien compte que même si l'organisation et le poste de travail sont bien adaptés, le plaisir éprouvé et le sens attaché par le collaborateur dans son travail sont tout aussi importants et impactants pour l'entreprise.

Est-ce un métier choisi ou subi ? Suis-je soutenu par mon management ? Suis-je fier de ce que je fais ?

Cela signifie forcément pour chaque collaborateur d'avoir la capacité à faire des choix et en conséquence de forcément renoncer à certaines choses...

L'exemple de Colas Est

Concernant l'axe «santé au travail» dans les travaux publics, Frédérik Ughetto évoque le cas concret de Colas Est qui est un de ses clients :

«Nous avons constaté que la santé et le bien-être des compagnons favorisaient la livraison des chantiers à temps et concourraient fortement à l'atteinte des objectifs de tous les dirigeants d'équipes de TP: zéro accident et zéro mort au travail. Après une phase d'observation sur le terrain, nous avons proposé une démarche pour tous sur trois ans visant à améliorer l'ensemble des éléments impactant positivement l'état de santé de chaque compagnon: ergonomie, adaptation matériel, santé physique, émotionnelle et sociale... Pour éviter la déperdition, nous avons débuté l'accompagnement par la base: les chefs de chantier et les compagnons. Aujourd'hui, c'est le tour des conducteurs de travaux. Le management a tenu à ce que tous les niveaux de l'organisation bénéficient de cet accompagnement car la santé est l'affaire de tous !

Nous avons également préconisé de développer la communication interne sur l'engagement de la direction Colas Est sur ce sujet novateur : communication sur bulletin de salaire, affiches dans les centres, mémento santé pour chaque compagnon, guide pratique de mise en mouvement, rappel des bases d'une alimentation et d'une hygiène de vie saine. Nous avons construit un certain nombre de supports avec notre client, qui aujourd'hui les utilise régulièrement.

Chaque année depuis deux ans, les points d'étapes nous permettent d'améliorer et de faire évoluer la démarche globale. Nous nous appuyons sur les indicateurs utilisés par l'entreprise : son taux AT/MP, l'absentéisme, le climat social, etc. D'autre part, nos évaluations montrent une satisfaction en progression de 7,2 (sur 8) en 2011 à 7,4 en 2012.

Et les compagnons en redemandent !

À l'heure actuelle, le nombre de journées d'accompagnement n'est pas encore assez important pour considérer que notre travail est la seule source qui permette une évolution positive des indicateurs de santé au travail. L'entreprise doit aussi réaliser toutes ses formations obligatoires ce qui l'oblige à des arbitrages budgétaires. Néanmoins, nous sommes certains d'avoir fait évoluer les mentalités, un point essentiel concernant le sujet "santé au travail".

Les synergies sont aussi essentielles : toute action mise en place par l'entreprise contribue à positiver nos actions. L'ensemble des clients (Colas, Eurovia, Perrier TP, Screg, etc.) qui ont automatisé l'échauffement avant la mise en activité ont constaté une réduction de 20 à 30 % des petits bobos et des accidents de travail avec arrêt.

Finalement, la principale difficulté est de convaincre le management de l'intérêt de ce type d'accompagnement un peu "différent" car novateur ; et ensuite les équipes qu'il s'agira d'accompagner à "comprendre" puis à "changer". »

Faire évoluer les mentalités

Dans un autre registre, les Anglo-Saxons sont beaucoup plus pragmatiques que nous sur le sujet du bien-être. En France, pour beaucoup de dirigeants, quand on parle de la santé émotionnelle ou mentale, on croirait parler de psychiatrie. Mais la psychologie n'est pas la psychiatrie.

«On a un gros problème de culture avec ce sujet : ce n'est pas parce que je suis un top manager que je n'ai pas de raison d'être stressé, fatigué, épuisé. Les entreprises qui prennent l'option de faire tomber le tabou ou le déni s'en verront immédiatement récompensées. Mettre en place et animer une politique de sécurité au travail n'a jamais eu pour conséquence de développer l'accidentologie. Dans le cas de la prévention des risques psychosociaux, parler du stress ne va pas davantage stresser les collaborateurs, bien au contraire... Enfin, il est plus facile d'organiser un massage ou une partie de foot plutôt que de travailler sur les émotions et le stress du dirigeant, des managers, des opérationnels. En France, il y a encore un gros travail de "dédiabolisation" à faire.»

Et demain ?

Pour Frédérik Ughetto, l'avenir ne peut qu'être positif : «On n'avait pas imaginé en 2000 qu'aujourd'hui la thématique du stress et du mal-être au travail soit aussi médiatisée. Tout est allé très vite en dix ans. En 2020 ou 2030, où en serons-nous ? Je pense que les entreprises auront déployé des politiques générales incluant le bien-être et la santé des collaborateurs comme un axe de développement stratégique. Pour les dirigeants et les DRH, cela sera aussi logique que la GPEC l'est aujourd'hui. D'autre part, ce sera certainement un des meilleurs outils pour attirer, fédérer, protéger et durer. Aujourd'hui déjà, les initiatives isolées cèdent la place à de véritables plans déployés dans les entreprises avec des process, une politique de «Wellness Management», de bien-être au travail, dans des groupes comme Vinci, Bouygues, HP, Carrefour et aussi dans les grandes écoles. Nous accompagnons par exemple l'école vétérinaire de Lyon à prévenir les risques psychosociaux. Pour finir, même si une plus grande prise en compte de nos sujets va nécessiter encore beaucoup de temps, les choses vont dans le bon sens.»

KOROÏBOS CONSULTING, CHRISTOPHE INZIRILLO

Le sport, encore. Christophe Inzirillo a aussi une première carrière sportive dans le football avant des études universitaires. Il dit de lui qu'il a toujours été attiré par l'innovation. La prospective l'intéresse et il crée Koroïbos en 2001 dont le métier est la formation et le *coaching*. Ce qui m'a incité à le mettre dans cette série de prestataires au service du bien-être, c'est que sa méthode s'appuie beaucoup sur une véritable insertion du monde du travail dans la pratique physique du sport. Cette technique pourrait être perçue comme une sorte de *placebo* si le but n'était pas de faire ressentir dans leur corps l'enseignement souhaité. Il utilise le sport comme technique pédagogique.

> «J'ai joué deux ans au football semi-professionnel, dit-il, en parallèle de mes études conclues par une thèse. Dans cette période, j'ai beaucoup appris sur les terrains de sport, et beaucoup, aussi, avec mes professeurs universitaires. (D'où le titre de mon livre *L'Intelligence sportive*[1].) J'avais envie de contribuer d'une façon innovante à l'évolution de la gestion des ressources humaines en France, et tout naturellement, ces expériences sont devenues une méthode.»

Pour lui, l'utilisation du sport est une solution et non pas un objectif. C'est un moyen pour atteindre des objectifs très définis par l'entreprise.

---

1. Christophe Inzirillo, Frank Bournois, *L'Intelligence sportive au service du manager*, Éditions Eyrolles, 2009.

Suivant les attentes de la direction générale de l'entreprise, le choix de la discipline sportive varie.

> « Si on veut s'adresser à l'entreprise, il faut être une personne qui connaît l'entreprise, avoir le discours qui va chercher des solutions à travers l'art, le sport, les médias. »

La sécurité dans le bâtiment est une préoccupation de l'ensemble de la profession. Il arrive que le sport ne soit pas une réponse. Dans ce cas, ils préconisent d'autres techniques pédagogiques. Le but est de développer des compétences managériales opérationnelles.

Par exemple, le management de la sécurité chez Bouygues Construction a pour objectif de diminuer le taux d'accidents parce que l'ensemble de la profession s'en préoccupe, à la fois pour des raisons humaines et économiques. Dans la société, il n'est plus acceptable que des gens soient handicapés ou meurent sur des chantiers. Les managers manifestent leur engagement à faire progresser la sécurité et au-delà des adaptations techniques, par quelles procédures rendre le personnel plus proactif. Car on sait que le premier acteur de sa sécurité sur un chantier, c'est d'abord le compagnon lui-même bien entraîné par son chef de chantier.

> Christophe Inzirillo détaille son concept : « À ce stade, on les interroge sur le rôle que le sport et le bien-être pourraient avoir pour réduire le taux de fréquence d'accident. Nous avons choisi le rugby comme technique pédagogique au cours de séminaires de trois à cinq jours. On fait jouer des chefs de chantier avec, comme préoccupation, zéro accident. Le fait de pratiquer un sport, de se confronter à la règle du rugby, faire des passes en arrière, du statut de l'arbitre (placage, mêlée sont exclus). Finalement, ils font un métier manuel ; ils gèrent des gens comme dans le milieu sportif. Prendre conscience que le corps est important, faire du sport tout en parlant du chantier, avec le support d'une mécanique intellectuelle, consistant par exemple à faire arbitrer à tour de rôle, ou d'entraîneurs et de

joueurs. Comment je me confronte à la règle quand je suis joueur ou arbitre. Pourquoi quand je suis dans l'action, vais-je au-delà de ce que je suis capable de faire physiquement ? Ils le vivent sur le terrain et on se retrouve en salle pour une série de réunions de *coaching*. Et là le sport est un outil fantastique, extraordinaire puisque dans certains départements chez Bouygues on a diminué par deux le taux de fréquence d'accident. Grâce à la prise de conscience par le sport que l'attitude que j'ai dans la sécurité est identique à celle que le monde du rugby a pu avoir un moment donné. »

Le choix du rugby, justement parce qu'il s'est remis en question sur la sécurité. Ce sport a changé des règles pour éviter, justement, les attitudes les plus dangereuses. Au départ, les chefs de chantier sont très réticents. Ils ont une véritable appréhension. Koroïbos les aborde avec simplicité, en soulignant la modification des règles, pas de placage, juste du toucher et l'adaptation aux aptitudes des personnes.

« On se rend compte à l'usage, pense Chistophe Inzirillo, que ces gens sont très contents de faire du sport. Si la démarche est pertinente et si ça leur apporte quelque chose de concret. Il faut, bien sûr, les convaincre. »

S'il est question de dynamiser des commerciaux, leurs dirigeants chercheront à leur insuffler une attitude différente, plus battante et un rythme plus élevé. Le football sera, sans doute dans ce cas, une réponse. Dans ce sport, les attaquants s'appellent des buteurs. La formation développée par la fédération privilégie le côté offensif. Les codes seront l'opportunisme, la répétition, l'insatisfaction de son résultat personnel même si « l'équipe » gagne.

« On les met en situation, précise-t-il, frapper au but. Certains peuvent apparenter ces pratiques à celles des Américains, qui veulent *coacher* les commerciaux, mais l'univers du sport, c'est très français ! Il s'est établi dans le monde du sport des comportements, des savoir-faire des attitudes, qui sont à transférer au bon moment, au bon endroit. Faire du management de la sécurité à des commerciaux n'aurait aucune justification. Ces exemples démontrent que le sport peut être un moyen de répondre à un problème.»

Cette société a certainement profité de l'évolution de la perception du sport en France depuis le début des années 1980, mais c'est vraiment, dit-il, après 1998 et la victoire en Coupe du monde de football, qu'il y a eu une euphorie pour le sport.

Je pense, pour ma part, que l'économie mondiale, en parvenant à la quintessence du rationalisme, la financiarisation, a favorisé une prise de conscience de la nécessité de mettre le corps en mouvement et d'avoir un comportement volontariste. À quoi s'ajoute le sédentarisme. Cette victoire a fait prendre conscience aussi que le sport est devenu au fil des décennies, une science et une technologie. Depuis lors, les entreprises «recrutent» d'anciens champions pour témoigner dans des conventions sur la manière de gagner. Mais s'il s'agit seulement d'importer la culture sportive dans l'entreprise, l'efficacité n'est pas garantie. Il faut passer de la représentation virtuelle à une réalité pratique. C'est ce que fait Koroïbos.

Christophe Inzirillo souligne: «La base de notre métier est sur le terrain de sport. Puis nous passons une à deux heures dans des ateliers pédagogiques intelligents qui montrent des prises de conscience importantes; dans le concret on ressent des choses. L'efficacité c'est très simple, c'est d'utiliser intelligemment le sport pour servir des objectifs déjà fixés. Aujourd'hui, on peut parler à des DRH de ces domaines qui peuvent apporter des choses. Notre méthode est basée sur le temps passé sur le terrain, avec des éducateurs sportifs, à faire des ateliers de prise de conscience, d'ancrage de messages importants que la direction nous a donné. On va parler, par exemple, de l'importance de faire des réunions collectives avec des prestataires extérieurs. Quand on démontre sur le terrain qu'être en collectif c'est plus efficace que de faire un *brief* individuel. Au lieu de passer 10 min à passer des *slides* ou à expliquer des choses, on fait ressentir ça à nos stagiaires. La plupart des stages se déroulent à Marcoussis, à l'Insep ou à Clairefontaine.»

Le maître mot me semble : transposer. Si l'efficacité aujourd'hui repose sur un travail d'équipe, passer à l'acte physiquement inscrit dans le corps et dans la tête les mécaniques de groupe. Notre civilisation maîtrise les technologies au point de penser que dans ce domaine, rien n'est impossible. Mais s'agissant des comportements humains ? Les DRH en savent quelque chose. Le bien-être est essentiellement une question de rapports humains et de santé. Christophe Inzirillo souligne la nécessité de fournir un service et des interlocuteurs de qualité très élevée, un langage d'entreprise. Leurs clients ne veulent pas un bricolage sportif pour faire une formation *lambda*. Koroïbos se veut une marque, une structure avec une culture de la performance qui communique avec ses clients avec un magazine, un livre récent (*L'Intelligence sportive*). Dans chaque secteur économique, chaque entreprise a des nécessités différentes. Koroïbos travaille aussi pour Coca-Cola. Leur objectif est de favoriser une qualité de vie professionnelle et personnelle. Un bon équilibre. Ailleurs, on l'a vu, la question est comment faire en sorte que les cinq dernières années de vie professionnelle se déroulent dans de bonnes conditions physiques.

L'avenir selon Christophe Inzirillo

«Pour nous l'avenir, c'est l'innovation dans le monde du *coaching* et de la formation. J'espère que dans dix ans on aura compris ce que le monde sportif, toute l'étendue du sport, peut apporter au monde de l'entreprise, depuis le badminton à l'escalade en passant par le football, sport roi. Bien que le rugby dans l'entreprise soit devant le football. Tous les sports pratiqués à l'Insep peuvent apporter des choses différentes. On espère que dans dix ans le stress positif du sport pourra être utilisé dans toutes les entreprises. Le corps, l'émotion étaient des sujets que l'on n'abordait pas il y a encore quelques années. Il faudra bien qu'on l'accepte. Que cela fasse partie des dimensions à gérer. Qu'on se tourne vers les clubs, vers la Fédération française du sport d'entreprise. »

Je l'ai indiqué au début du livre, mon passé dans l'entreprise et dans le sport m'avait laissé dubitatif sur cette méthode malgré les dix années d'activités de Koroïbos. Vinci Park, l'un de leurs clients pouvait présenter de l'intérêt pour comprendre comment le sport pouvait améliorer le bien-être de ces femmes et de ces hommes et surtout quelles étaient les raisons d'une prise de conscience chez les dirigeants d'un commerce qui me semblait incontournable, un de ces métiers que l'on connaît pour avoir été client en méconnaissant l'envers du décor.

Vous retrouverez ce témoignage dans les bonnes pratiques en fin d'ouvrage.

ALTAMIRA DÉVELOPPEMENT, ÉRIC HUBLER[1]
Aïkido Management® Le Leadership par l'Équilibre®

Après cette dernière expérience qui fait d'une activité physique un moyen de transformer des gens. Des managers pour qui les relations humaines sont les parents pauvres de la vie en commun. Dans le cas précédent, Koroïbos choisit un sport en fonction du but recherché. L'aïkido est une discipline d'origine japonaise symbolisant parfaitement le comportement respectueux de l'autre, un art complet et

---

1. Auteur de *L'Équilibriste*, avec Philip Blanc, Un monde différent, 2010 et de *Haute tension*, avec Hervé Luthringer, lulu.com, 2011.

très évolué. Éric Hubler est un passionné d'arts martiaux, notamment d'aïkido, depuis longtemps comme il vous le dira plus loin. Imaginer un comité de direction sur un tatami, en kimono, est surréaliste et pourtant les dirigeants et les managers se plient à ce cérémonial. Le pas franchi, ils sont très fiers d'avoir endossé cette tenue et cette pratique. Mais au-delà, les résultats souhaités sont au rendez-vous. C'est la raison de mon intérêt pour cette méthode.

> Éric Hubler nous explique ses motivations pour lancer cette activité qu'il a créée de toutes pièces: «*Le management est avant tout affaire d'attitude, de connaissance et de maîtrise de soi, d'équilibre, de savoir-être relationnel, de gestion positive des énergies en présence, de conduite du changement. Comment, par exemple, optimiser à bon escient la confiance, la concentration,* le timing *ou encore la distance juste dans la relation aux équipes, aux clients, à sa hiérarchie?* Le judo et l'aïkido, que j'ai beaucoup pratiqués depuis plus de trente-cinq ans, développent intuitivement la maîtrise de ces concepts, favorisent l'attitude juste dans des situations très variées de la vie professionnelle. Ma réflexion s'est appuyée à la fois sur les enseignements essentiels des arts martiaux japonais et sur ma propre expérience en tant que manager. Avant de créer Altamira Développement fin 2005, j'avais travaillé seize ans dans le domaine de la direction commerciale en France et à l'étranger, avec un début de carrière aux États-Unis. Notamment par le canal des arts martiaux. Aïkido Management' est un concept que j'ai créé, en partant de l'idée que l'exercice du management au sein des organisations pouvait être positivement influencé par l'univers parallèle du sport, et plus particulièrement celui de l'aïkido, un art martial japonais complet et très évolué.»

Ses activités de conseil, de formations et d'accompagnement (*coaching*, médiation) s'adressent majoritairement à des publics de managers, depuis les hauts dirigeants au management intermédiaire. Cela est lié à la nature de ses messages qui visent à impacter en profondeur l'exercice du management qui suppose l'exemplarité et le sens de la responsabilité vis-à-vis des autres. Lors de la prise de contact, il souhaite entrer immédiatement en relation avec le top management de l'entreprise (ce qui est parfois difficile dans les très grosses structures), car les sujets sur lesquels il intervient, sont d'ordre culturel donc identitaire. Ils touchent aux savoir-être, aux valeurs et leur déclinaison en comportements, aux croyances et leur impact sur les résultats que l'on obtient, aux méthodes employées dans l'action au quotidien. Il existe un principe récurrent et fondamental qui est celui de l'interdépendance. Tirer sur le fil impacte toute la pelote... Si le top management s'implique dans la démarche, c'est toute l'entreprise qui va le ressentir et devoir s'adapter en conséquence. Plus on sensibilise haut, plus grandes seront les chances d'impacter l'entreprise dans son ensemble, donc de générer de meilleurs comportements. Cela nécessite généralement un travail dans la durée, avec des actions de suivi et d'accompagnement car les changements ne peuvent être que progressifs, au gré des efforts et expériences de chacun. Sensibiliser la direction générale de l'entreprise est essentiel et une fois le message reçu, les équipes en bénéficient concrètement, développant à leur tour de nouveaux comportements favorisant les équilibres individuels et collectifs, et de là les performances.

Les sessions initiales des formations durent généralement entre un et trois jours, souvent un jour et demi. Les sessions de suivi varient dans leur nombre et leur durée au gré des besoins, possibilités et attentes des clients. Un travail de préparation en amont est bien entendu réalisé avec les dirigeants de l'entreprise, afin de définir précisément les thématiques sur lesquelles travailler au plus proche des besoins identifiés: management, négociation, résolution de conflits, efficience et organisation, communication interpersonnelle, préparation aux entretiens d'évaluation, prise de parole en public, gestion du stress, etc.

Il s'agit d'un travail sur les fondamentaux du comportement, une véritable philosophie d'entreprise s'inscrivant elle-même dans une philosophie de vie (toujours le principe d'interdépendance). Ce travail se fait sur les individus eux-mêmes, sur ce qui leur donne de la force intérieure pour affronter positivement les situations professionnelles, sur leur capacité à s'adapter à tous types de configurations plus ou moins complexes et à progresser constamment. Il faut donc engager une dynamique favorable aux bons comportements et se poser les bonnes questions, avec simplicité et authenticité.

> Éric Hubler, un homme passionné : « *Il me semble que la formation des managers ne peut plus se contenter de travailler sur des techniques mais se doit d'aller au plus proche de la psychologie de l'individu et de son rôle réel dans la société* » ; c'est ce que je m'efforce de proposer en travaillant sur le langage du corps, l'état d'esprit (mental, intellect), les valeurs personnelles et d'entreprise (code de conduite vertueux), la gestion positive des émotions et la dimension spirituelle du management, le tout dans une démarche alliant constamment équilibre et performance. Il importe de faire comprendre à chacun quels sont les différents équilibres en jeu : individuels, relationnels, collectifs, environnementaux, universels.
>
> Lorsque les participants à mes programmes arrivent le jour J, ils ne savent rien du déroulement et l'effet de surprise est immédiat lorsqu'ils découvrent que la salle de formation est en réalité un dojo, spécialement mis en place dans une salle d'hôtel. Pas de tables en U ! Chaque lieu est soigneusement sélectionné pour bien correspondre à la philosophie évoquée précédemment. Ainsi, le programme se déroule en kimono sur des tatamis, ce qui met tous les participants, directeur général ou chef d'équipe, sur un pied d'égalité vestimentaire et d'égalité tout court, non distingués par le moindre grade. Les codes habituels de l'entreprise sont supprimés, plaçant chacun en situation d'apprenti et l'obligeant d'emblée au respect mutuel. Dans ces programmes, les titres n'apportent aucun privilège,

l'immersion est immédiate et la remise en question stimulée. Contrairement à ce que l'on pourrait croire, les participants l'acceptent aisément. Une fois plongés dans cet univers, nouveau pour la plupart d'entre eux, ils vont découvrir les principes essentiels du *Leadership* par l'Équilibre', leur traduction en gestuelle aïkido puis vont les mettre en pratique à travers des mises en situation directement liées à leur quotidien professionnel (jeux de rôles avec cas réels). »

Cette méthode se diffuse auprès du top management mais également du management intermédiaire qui est de plus en plus impacté par les tensions entre les aspirations des individus et la réalité économique. Ces managers n'ont pas du tout été préparés au rôle humaniste qui est le leur. Leur formation ne peut plus se contenter de travailler sur des techniques mais se doit d'aller au plus proche de la psychologie de l'individu et de son rôle réel dans la société. C'est pourquoi il est si important que la direction générale adhère et s'engage dans cette démarche le plus tôt et le plus largement possible pour donner l'exemple.

Qui est Éric Hubler ?

Après l'EM-Strasbourg, les États-Unis où il est responsable de l'Alsace Trade Office à Los Angeles, puis un voyage d'aventure en Amérique du Sud de six mois durant lequel il réalise un rêve d'enfance. Retour en France :

« J'ai, dans un premier temps, été responsable Export Europe pour une PME industrielle française leader mondial dans son domaine. Deux ans après, j'ai rejoint la société familiale que mon père avait fondée en 1986 et qui s'est spécialisée dans la commercialisation de panneaux décoratifs en bois et métal sur stratifié destiné en particulier à l'agencement intérieur. J'y ai travaillé pendant douze années, chargé notamment du développement commercial de l'entreprise et de manager l'équipe. En 2004, nous étions classés parmi les PME les plus performantes de France par le journal *Le Figaro Entreprises* (classement "Les clés de la performance"). L'entreprise a été un véritable laboratoire à idées que nous avions toute latitude de mettre en pratique et nous avons misé sur la qualité à tous niveaux, la recherche d'excellence. Tout ce que j'enseigne aujourd'hui, je l'ai précédemment expérimenté, qu'il s'agisse de management, de négociations, de développement commercial, de méthodes de communication, ou encore d'organisation interne. »

En 2006, il lance sa nouvelle activité de conseil, de formation et d'accompagnement, avec l'idée d'associer sa passion du management et celle des arts martiaux. Or des cabinets de formation, il y en avait pléiade sur le marché ! Il s'agissait donc de sortir des sentiers habituels pour se démarquer et apporter une valeur ajoutée basée significative sur l'expérience. Mais passer de l'idée à la pratique, c'est une autre problématique, il explique :

« La conception des programmes fut longue et impérieuse, nécessitant un temps considérable de réflexion, de recherche, de mise en forme. Encore aujourd'hui, je remets constamment en question mes programmes, dans une démarche d'amélioration continue, au plus proche des réalités et des évolutions que je constate sans cesse. Chaque programme enrichit un peu plus mes connaissances et je m'efforce d'en faire profiter les suivants. En stimulant l'énergie qui est en chacun, je souhaite que tout manager aborde sa mission avec l'esprit et l'engagement d'un sportif de haut niveau, accroché à sa vision comme à ses objectifs, cherchant à exprimer le meilleur de lui-même et des collaborateurs, sans en démordre. *Ma vision du* leadership *est profondément ancrée dans l'humain.* Découvrir avec plaisir que l'on peut réaliser de grandes choses quand on se manage bien soi-même (attitudes, communication, organisation) et que l'on s'investit sincèrement au profit des autres, à leur développement. *L'idéal du leader au service des autres et d'une cause supérieure...* Dans mon travail, j'entretiens des contacts réguliers avec des entreprises clientes qui m'ont accordé leur confiance depuis plusieurs années.

Des participants me font part régulièrement de la manière dont ils ont mis en pratique les méthodes apprises au cours de mes programmes et des bénéfices qu'ils en ont tirés, lors d'actions managériales, de négociations clients ou de résolutions de conflits, par exemple. L'un des éléments qui revient très souvent porte sur l'aptitude à une meilleure prise de recul en situation de pression.»

Éric Hubler a pratiqué beaucoup de disciplines sportives, mais les arts martiaux sont entrés dans sa vie à 8 ans avec de nombreuses compétitions de judo, puis l'aïkido à 28 ans :

«Je suis depuis plusieurs années président d'un club d'aïkido comptant près d'une centaine de membres (adultes et enfants) à proximité de Strasbourg et suis membre du comité directeur de la ligue d'Alsace de la Fédération française d'aïkido, aïkibudo et affinitaires (FFAAA). C'est une vraie passion pour moi, qui m'a transformé petit à petit, un art martial passionnant car extrêmement complet, développant toutes les dimensions de l'individu : physique, mentale, émotionnelle, spirituelle. L'aïkido est une voie, la "voie de l'harmonisation des énergies". Sur le plan spirituel, il recherche la paix, même si c'est un art martial à part entière, visant à neutraliser la violence partout où elle s'exprime, une vraie philosophie de vie qui fait appel à la générosité de cœur autant qu'à la maîtrise de soi.»

«*Je constate que les sujets que j'aborde "mordent" sensiblement plus aujourd'hui qu'au début de mon activité il y a sept ans.* L'effet "crise" sans doute ! À l'époque, j'ai parfois eu l'impression de prêcher seul au milieu d'un océan... Heureusement que mes convictions étaient profondes, ancrées dans mon vécu précédent de dirigeant et manager opérationnel. J'avais développé le sentiment que les entreprises qui ne mettaient pas à profit l'humain et son potentiel le paieraient à un moment ou à un autre et que la quête d'excellence n'était pas un luxe mais bel et bien une nécessité. Face aux exigences toujours croissantes du marché et la pression de la concurrence internationale, seul un mélange d'engagement, de rigueur, de qualité à tous les niveaux, de confiance et de créativité me paraissait pouvoir assurer la pérennité des entreprises. L'avenir ne m'a pas démenti. »

La prise de conscience lui semble en marche de la part des entreprises quant à l'importance fondamentale de mettre à profit le facteur humain. Le rôle du *leadership* est absolument crucial pour recréer de la confiance et s'inscrire positivement dans la construction de l'avenir économique sur des bases saines et durables.

> « Mon activité de consultant s'inscrit parfaitement dans ce cadre et je me réjouis de cette évolution favorable, même si nous n'en sommes qu'aux prémisses. Quant au vecteur sportif, il contient intrinsèquement tous les ferments de l'équilibre et de la performance en développant les vertus individuelles et collectives dont les organisations ont tant besoin à notre époque pour retrouver de la force et de la sérénité. Alors, ne nous en privons pas ! »

Dans ce tour d'horizon, certes incomplet, la contribution au bien-être par une formation m'a paru nécessaire. Il se trouve que Claire Alice Bottiau, consultante, coach, formatrice, intervient dans les entreprises sur la question du bien-être au travail. Comme tous les consultants, ses formations de cadres, de managers sont conçues sur mesure et donc ne se prêtent pas à une méthodologie explicite. Pour juger de son travail, il m'a paru significatif de l'interroger sur un service par abonnement pour pérenniser les apports de ses prestations. Fort de cette expérience, elle a conçu un outil, Oazen, qui est un assistant de bien-être en ligne.

OAZEN, CLAIRE ALICE BOTTIAU, CONSULTANTE, COACH, FORMATRICE
Assistant de bien-être en ligne

> « J'interviens dans les entreprises sur la question du bien-être au travail. Ça peut prendre plusieurs formes en fonction de la

taille de l'entreprise, des besoins spécifiques, des attentes des collaborateurs. Il m'arrive d'intervenir sur des problèmes très ponctuels sur des questions de management ou de monter des projets bien-être au travail, vraiment axés sur la détente, la relaxation corporelle ou bien encore sur des plans de prévention contre les risques psychosociaux dans le cadre de la nouvelle réglementation qui impose aux entreprises de plus de 1 000 personnes de mettre en place des actions. »

Le parcours de Claire Alice Bottiau l'a amenée à connaître des organisations professionnelles dans des sociétés américaines avec des cultures internationales et matricielles, mais aussi dans de petites entreprises qui lui ont apporté une connaissance polyvalente. Comme le stress est quelque chose de multifactoriel, elle s'est beaucoup intéressée à l'association du bien-être et de la performance.

La relaxation corporelle

« Dans mon parcours personnel, j'ai vécu beaucoup de situations de stress, la pression des objectifs, le harcèlement et j'ai finalement fait un *burn out* qui a été le point de départ d'une recherche personnelle sur les thèmes : qu'est-ce qui s'est passé ? Pourquoi en suis-je arrivée là ? C'est cela qui m'a mise sur la voie et j'ai commencé à changer beaucoup de choses dans mes comportements en entreprise. Notamment, j'ai beaucoup utilisé la relaxation corporelle qui finalement est très efficace, quelque chose de très simple que tout le monde peut pratiquer et je me suis interrogée sur la meilleure manière de diffuser cette technique dans l'entreprise, puisque c'est vraiment un moyen qui peut être mis en place très simplement dans un cadre de travail. De prendre du recul, de se reposer notamment en raison des *jet lags*, les gens qui voyagent beaucoup, la fatigue, le fait d'être surchargé de travail avec pour conséquence de perdre le recul, on rentre dans des comportements qui sont plus réactifs que créatifs. De simples exercices corporels permettent de transformer les choses au quotidien et concrètement dans des actions différentes. »

Assurer une continuité...

Il lui est apparu dans les formations qu'elle a gérées que l'absence de suivi régulier, presque quotidien, impactait l'évolution des personnes. En fait, il leur serait utile de pouvoir s'isoler un petit moment lorsque le besoin s'en fait sentir, pour retrouver l'équilibre. De là est partie l'idée de créer un outil, Oazen, qui est un assistant de bien-être en ligne. C'est un outil qui se veut ludique, simple, qui permet à chacun de se connecter à un espace personnel confidentiel, car en dehors de l'entreprise, et qui permet à chacun d'apprendre à se détendre d'une manière rapide. Entre 3 et 10 min, on peut faire changer l'état physique et psychique. C'est physiologique, il y a un lien entre le corps et l'esprit. C'est là-dessus finalement qu'on joue. De la même manière que lorsque l'esprit est surchargé, le corps est tendu et à l'inverse, si on détend le corps l'esprit se dégage, on a une meilleure créativité, une meilleure concentration, on est plus ouvert aux relations, aux autres.

Cet assistant personnel existe, il est en ligne, il est fonctionnel depuis plusieurs années avec plusieurs groupes de personnes qui l'ont utilisé. Évidemment l'innovation est permanente. Le concept consiste à proposer à une entreprise de s'abonner à ce service, de le mettre à la disposition du personnel en sachant que la pratique est individuelle et, on l'a dit, confidentielle. C'est à la fois une solution collective et une solution individuelle, de manière personnalisée. Chaque personne peut apprendre à s'autoévaluer et petit à petit à développer la conscience d'elle-même, à apprendre aussi à intégrer ça dans d'autres espaces que simplement le bureau. La prise de parole en public, les transports en commun, ce sont des temps qui peuvent accueillir toutes ces techniques. C'est accessible 24 heures sur 24 à partir de codes et la personne peut y accéder de chez elle. Oazen est la contraction de «oasis», un espace de ressourcement, et de «zen» avec lequel chaque collaborateur est autonome, il est libre d'y aller autant de fois qu'il le veut au moment où il en a besoin.

L'avenir du bien-être

Il y a plusieurs aspects qui sont convergents vers cette vision de développement. Il y a celui de la performance qui doit être continu et répétitif. Mais aussi celui de la santé qui est important. Il y a aussi une tendance à vouloir être bien, s'accomplir, se réaliser, tout ceci est très fort et les personnes individuellement sont de plus en plus ouvertes et prêtes à faire des efforts dans ce sens.

La place du corps

«La place du corps et des émotions dans l'entreprise est un sujet important qui ne doit pas négliger le corps parce que ce serait une aberration totale, un déni de l'humain. Les gens, aujourd'hui, considèrent que le travail est une galère alors que l'entreprise peut l'accompagner parce que c'est aussi son intérêt. Dans l'esprit occidental, il y a toujours la supériorité du mental sur le corps. *Et c'est là où l'Orient a cette notion très intelligente du tout de la globalité, le côté holistique.* Il faut réconcilier la personne avec son corps, la représentation du travail avec le bien-être et la performance ainsi que l'entreprise avec des aspects humains qu'elle ne prend pas assez en considération.»

La crise, une opportunité ?

«*Le mot crise signifie à la fois danger et opportunité.* Les entreprises qui vont saisir cette occasion d'aller ouvrir, d'aller vers du nouveau, de se poser la question de savoir comment on peut travailler différemment vont sûrement bénéficier d'opportunités. *A contrario* celles qui ont l'esprit complètement fermé sur des problèmes d'argent, de rentabilité sans imaginer que les deux peuvent aller de paire auront peut-être moins de chance de s'en sortir.»

OBIZ, BRICE CHAMBARD
La contribution d'Obiz au bien-être...

L'idée d'Obiz, qui fait référence aux *hobbies*, c'est de proposer de bons plans permanents au porteur d'une carte que leur entreprise leur offre, pour quelques euros annuels, alors que la valeur faciale est de 50 € pour une inscription individuelle. Brice Chambard et Christophe Labare, tout deux sportifs pour leur plaisir, décident de créer ensemble une centrale d'achat très particulière dédiée aux personnels d'entreprises.

Des clubs de *fitness*, des conciergeries et beaucoup d'autres services sont l'apanage des grandes sociétés. On a bien vu, on verra d'ailleurs encore plus par la suite, que les activités physiques sont encouragées par toutes, petites ou grandes. Alors, quand on n'a pas la puissance d'achat pour ses collaborateurs, quelles solutions leur proposer ?

Chaque salarié bénéficie de ces avantages auprès de plusieurs fournisseurs partenaires. À ce jour, plus d'un million de salariés sont d'ores et déjà porteurs de cette carte grâce à des partenaires comme Apicil, un groupe de protection sociale qui s'engage dans l'amélioration de la santé de ses assurés. Cette institution de prévoyance a saisi l'intérêt d'un programme tel que la carte Obiz pour inciter ses assurés à bouger, et leur faciliter l'accès aux activités sportives et prestation de bien-être.

Comment se constituent ces offres...

Brice Chambard nous explique: «Les grandes entreprises qui ont été nos partenaires dès le départ (Securitas, Hertz, Philips, Generali, Selecta et Darty) ont pris conscience que les activités facteurs de bien-être étaient très importantes pour l'homme. Certains grands groupes nous donnent des offres exclusives que nous proposons à nos porteurs de carte. En même temps, cela aide nos partenaires pour réduire leurs coûts de structure. Par exemple, nous avons négocié avec Défibril une offre exclusive qui nous permet de proposer un défibrillateur Philips professionnel avec 500 € d'économie par rapport au tarif public. Concrètement, c'est bien pour Philips car nous n'avons aucun lien financier avec eux, ils peuvent capter un nouveau client sans coût d'acquisition commercial, afficher un lien concret dans le domaine du sport, de la santé et du bien-être puisqu'ils vont aider les acteurs et les accompagner économiquement pour qu'ils existent le plus longtemps possible. C'est positif pour l'acteur en question, qui va pouvoir par ce biais baisser ses coûts de structure et l'aider à nous faire une offre privilégiée. Au final c'est bien également pour le bénéficiaire qui peut désormais pratiquer dans un environnement sécurisé. Si demain, par malheur, il a un arrêt cardiaque, le dispositif mis en place par le prestataire pourra peut-être le sauver. Tout le monde est gagnant. »

Les services

L'objectif est de réduire les prix mais il est aussi organisationnel pour permettre de libérer du temps. Les services auxquels cette carte donne droit sont de natures très variées. J'ai noté par exemple :

- Avec Obiz 2, c'est une aide au ménage, au repassage, à la garde d'enfants. Si l'on n'a pas suffisamment de temps pour faire du sport pour différentes raisons, c'est une réponse concrète à cette problématique.

- Si l'on a à domicile une personne âgée qui a besoin d'assistance, ils ont négocié avec Securitas une offre de téléassistance qui permettra à la personne âgée, en cas de besoin, de signaler sa détresse en actionnant son bip.

- Avec Complétude et Methodia pour le soutien scolaire, c'est une offre exclusive avec Methodia pour de la garde ludoéducative.

Conclusion de Brice Chambard : «Je pense que cela va continuer à se développer fortement. Les dirigeants ont pris
conscience que la performance de leur entreprise passe iné-
vitablement par l'amélioration de la productivité à tous les
niveaux, et bien entendu que la productivité et la performance
passent obligatoirement par l'humain. J'ai pu apprécier directement l'implication de cadres de grandes entreprises faisant directement la promotion des activités sportives. Pour
prendre un exemple concret, avant de créer Obiz, j'étais l'un
des cadres dirigeants français de Tyco, entreprise américaine,
leader mondial de la sécurité globale. Avec le DG, lui-même
sportif, nous n'hésitions pas à prendre notre tenue de sport
pour venir jouer au foot en salle avec des équipes, composées
de salariés de tous niveaux. Selon moi, le sport est un bon
moyen pour rapprocher les êtres humains entre eux. Il permet
de mieux se connaître et de mieux connaître d'autres personnes, leurs valeurs... et en cas d'adhésion à celles-ci d'être
ensuite plus productifs. Je trouve également qu'il y a beaucoup de nouveaux problèmes physiques et mentaux liés à un
manque d'activité... c'est pour cela, entre autres, que j'ai été
amené à créer Obiz.»

Le groupe GSF

L'histoire de cette société se confond avec celle de son
fondateur, Jean-Louis Noisiez. Cadre dans l'industrie, il a
pris conscience des carences de cette activité encore peu
sous-traitée à l'époque. Après avoir beaucoup observé le
nettoyage, il crée sa propre société dans les années 1960
avec la volonté d'en faire un vrai métier, avec une véritable
organisation de qualité pour le valoriser et l'intégrer dans
le monde industriel. La qualité repose sur la formation des
gens, la technicité des méthodes et la proximité avec le
client. Ne jamais laisser un ouvrier sans l'encadrement du
chef de chantier dont la fonction est de montrer, d'accompagner et, bien sûr, de contrôler. Vient immédiatement

après, l'inspecteur dont le rôle est essentiel. Recruter sur un profil humble et une empathie pour ceux qui vont utiliser ces locaux et enfin être disponible pour pouvoir être présent sur un chantier très tôt le matin et tard le soir. Parfois le week-end, pour une remise en état après une reprise :

> « Lorsqu'on ouvre un nouveau chantier, on décape tout puis on traite les sols pour une nouvelle protection. Il arrive que l'on passe des nuits entières, un week-end par exemple. »

> « Lorsque le président Jean-Louis Noisiez a commencé, trouver des hommes qui aient la tête bien faite, le cœur à l'ouvrage et le sens du management dans un métier dont l'image était médiocre, supposait effectivement de l'humilité. Il ne fallait pas forcément chercher dans les grandes écoles mais également parmi des jeunes ayant une revanche à prendre sur la vie. Un inspecteur chez nous, c'est déjà une responsabilité car il est face à un client, il gère un certain nombre de salariés ; c'est lui qui embauche ou qui fait une lettre de recadrage si nécessaire. Ils ont donc une délégation de signature sur les contrats de travail. Certains cadres dans les entreprises n'ont pas cette responsabilité », précise Jean-François Bennetot, aujourd'hui directeur de la communication, après avoir exercé toutes les fonctions de terrain pendant des années.

La structure favorise la proximité avec le client, mais aussi avec les utilisateurs. La France est découpée en sociétés régionales, toutes filiales à 100 %, découpage fondé sur un nombre de salariés limité pour conserver une capacité d'encadrement et de disponibilité. Ainsi un établissement c'est environ 300 à 400 personnes maximum. Le chef d'établissement peut être, ainsi, plus efficace pour superviser les activités de l'entreprise.

Pour rester proche de ses clients, l'inspecteur, le chef d'établissement ou le directeur général de filiale, mandataire social, issu par promotion interne des chefs d'établissement ont un *numerus clausus*. Le directeur général chapeaute quatre à six établissements maximum pour rester à taille humaine. Dès ces chiffres atteints, GSF redécoupe cette organisation pour conserver cette proximité. Au-delà, il serait moins proche de ces clients, de ces collaborateurs ; il serait plus éloigné du terrain.

Autre point essentiel, la formation. Les chefs d'établissement apprennent un argumentaire de 200 pages. Appris par cœur, il est basé sur les premières expériences de J.-L. Noisiez, et contient toutes les questions, tous les scénarios possibles qui peuvent se poser dans ce métier.

La formation du personnel de chantier me semblait plus difficile en raison d'un *turn-over* supposé. Lorsque ces prestataires remplacent un autre sur un chantier, ils ont l'obligation légale d'intégrer les ouvriers déjà présents.

> « Dans un premier temps, on met en place des moyens pour accueillir ce personnel au plus tôt. Première étape : se présenter. On explique notre organisation, qui fait quoi dans la structure de l'entreprise, comment on travaille, et ce que l'on attend d'eux. Le matériel est neuf, ainsi que tout ce qui touche aux équipements individuels (vêtement de travail, dispositif de sécurité...) et bien sûr, nous assurons une formation sur place par nos formateurs. Quelles que soient les compétences identifiées des gens, on leur fait une formation adaptée aux besoins du poste qu'on leur confie dans l'entreprise. Une fois formés, on s'occupe d'eux. Pour l'anecdote, on a vu des inspecteurs aider les agents à remplir des déclarations d'impôts ! »

Sur ce sujet, il faut ajouter que le taux d'ancienneté est élevé, ce qui atteste une grande stabilité dans un métier pourtant éphémère d'habitude.

> « Être à l'écoute du client en permanence, être proche de ses préoccupations, c'est-à-dire être bien préparé afin de pouvoir disposer des moyens et du temps nécessaire. Ne pas être obligé de passer en "coup de vent" car l'agent doit avoir le sens des responsabilités pour mettre en œuvre des solutions. Ne

pas prendre ces précautions serait une faute et pénalisant lors du renouvellement du contrat. Depuis cinquante ans, nous avons un taux de croissance régulier, sans rachat de société et en 2012, nous pensons approcher les 8 %», dit encore Jean-François Bennetot.

Cette profession va forcément évoluer sous l'effet d'une génération plus soucieuse d'équilibre entre vie profession-nelle et vie privée. Dans le même temps, la présence des équipes de propreté aux heures «ouvrables» devient plus compatible, plus acceptée.

«On va être de plus en plus attentif à la qualité, à l'environnement du poste de travail et des moyens mis en œuvre. Je pense que dans les années qui viennent notre métier prendra un engagement sociétal. Les actions en faveur du développement durable vont provoquer une prise en compte de la place de chacun dans la société. Le travail de nettoyage sera dans certains cas étendu dans la journée. Prendre en compte les évolutions de la société afin d'attirer du personnel qui fera ainsi le choix du métier. Les employés seront donc plus visibles et cela changera les rapports entre les personnes. En plus de l'aspect social, les coûts seront certainement plus optimisés.» Conclusion optimiste de J.-F. Bennetot.

Il existe une grande variété de services qui contribuent à l'épanouissement des employés. Souvent influencés par la culture de l'entreprise, par son secteur d'activité et par le profil de ces dirigeants.

SATISFORM OU « LA PAUSE ACTIVE »

«Ce fut le début d'une réflexion et quand j'ai quitté l'armée en 2000, je me suis tourné vers la production d'appareils à dispositifs médicaux avec une orientation toujours destinée à l'univers du travail pour améliorer le bien-être et la santé. J'ai lancé le concept de "pause active". Le principe est d'intégrer des appareils de bien-être d'origine médicale dans l'entreprise pour permettre à un maximum de personnes d'avoir des moments conviviaux de récupération. Comme le demande la Haute Autorité de santé en matière de traitement ou de prévention de lombalgies chroniques, d'apporter de la mobilité, de l'assouplissement, un travail de proprioception[1] et de renforcement. Des pathologies apparaissent quand on reste assis toute la journée avec en plus un certain stress. Il est bon d'avoir des moments pour s'extraire. J'ai toujours eu cette volonté d'apporter de la santé au travail. Pourquoi au travail, parce que c'est là qu'on touche le plus de monde.»

Son expérience de l'armée et celle maintenant de l'entreprise l'ont incité à concevoir des appareils dès le départ avec son directeur de R&D, Denis Berthet, qui est kinésithérapeute et ostéopathe, pour être viable en entreprise.

En mode thérapeutique une séance d'utilisation est de 15 min. Christophe Bensoussan continue :

> «Toutes les études cliniques que nous faisons pour les sites de travail sont sur la base de 4/5 min parce que c'est possible et reste gérable dans cette durée pour l'entreprise. Évidemment, on ne peut pas, comme à l'armée, avoir un préparateur pour six pilotes. Dans l'entreprise, il fallait adapter les bases de ces préparations à tout le monde.»

Satisform touche beaucoup de monde, dans des centres de rééducation et les hôpitaux, chez près de 300 kinésithérapeutes, donc, des gens en souffrance. Ce qui est intéressant, pour eux, c'est d'intervenir en prévention. Ils intègrent

---

1. La proprioception (du latin *proprius* signifiant «propre» et du mot «perception») désigne l'ensemble des récepteurs, voies et centres nerveux impliqués dans la somesthésie (sensibilité profonde), qui est la perception de soi-même, consciente ou non, c'est-à-dire de la position des différents membres et de leur tonus, en relation avec la situation du corps par rapport à l'intensité de l'attraction terrestre.

maintenant beaucoup d'entreprises, des professions libérales, des collectivités, toujours dans l'armée et même dans des milieux comme la police, les pompiers pour qui le sport génère parfois des risques d'accidentologie plus élevés. Ils diminuent donc le sport et le remplacent par de la préparation physique beaucoup plus encadrée. Les pompiers, aujourd'hui, souhaitent changer le nom des services des sports par service, prévention et bien-être.

Pour Christophe Bensoussan, le point le plus important, est la récupération.

«On voulait apporter quelque chose très complémentaire aux services que d'autres prestataires, salles de fitness par exemple, amènent en entreprise. Notre objectif, toucher les 70/80 % de gens qui ne viennent pas dans des salles de sport mais qui en revanche vont s'installer à la cafétéria, dans une salle de réunion ou derrière leur bureau sur une assise ergo-dynamique. Ils vont vite ressentir le bienfait, sans l'utiliser systématiquement. Ils peuvent, par ailleurs, faire un travail cardio-vasculaire, courir, avoir beaucoup d'autres activités. Mais ces outils vont permettre à une part très importante de la population d'avoir une activité physique, de mobilité, d'assouplissement, du travail de proprioception pour avoir du gainage et donc un meilleur maintien.»

Leur différence, par rapport à d'autres fabricants, est de produire des machines exclusives et brevetées qui sont des dispositifs médicaux (appareil à objectif médical), pour des soins du dos, la rééducation et renforcer les paravertébraux (muscles qui servent à maintenir la colonne vertébrale). Ces objectifs sont mesurés par des études cliniques qui permettent de valider le bien-fondé de leur utilisation et leur conception et le design sont particulièrement soignés.

Ils équipent même des entreprises de bâtiment ou de travaux publics. La Sogea du groupe Vinci installe dans des baraques de chantier des sièges ergo-dynamiques Mobidos

Ergos[TM1] sur lesquels les ouvriers peuvent faire des pauses. L'idée est de faciliter la récupération en 4 à 5 min au maximum.

Cette nouvelle stratégie dans le bâtiment se développe pour lutter contre les accidents de travail, contre l'absentéisme et conserver les effectifs dont le recrutement est relativement difficile.

> « On a développé, dit-il, des produits passifs motorisés ; il n'y a rien à faire, l'appareil vous berce. Et des produits plus actifs sur lesquels on prend part à la mobilisation. Ces produits médicaux sont pensés pour être efficaces. On peut pratiquer sans se changer, prendre le café assis dessus ou déjeuner. »

Ces pauses sur le chantier ont lieu à midi, pour certains un peu avant de commencer à travailler, pour d'autres après la fin de la journée, d'autres encore prennent une pause parce qu'ils ont une courbature. Comme c'est ludique, les ouvriers le pratiquent, ça leur procure un bien-être qu'ils ressentent instantanément. « La direction des ressources humaines a été très surprise. »

Mais au-delà, Satisform a voulu mesurer plus finement l'impact sur les hommes. Dans le bâtiment, notamment où le taux d'accident est plus élevé, ils ont vérifié qu'un travail de proprio, d'équilibre va générer un état de santé et de fatigue moins pénalisant. Si on facilite le travail d'équilibre au quotidien, les gens sont plus alertes et on réduit de façon significative le taux de chute au sol. En terme financier pour l'entreprise, l'économie est immédiate. Il existe un appareil qui libère les tensions au niveau du dos et enlève en 5 min les contractures. La personne va être

---

1. Mobidos Ergos[TM] : c'est une chaise sur laquelle on peut se mouvoir, éviter des contractures, compenser des stations assises trop prolongées, se tenir droit, et enfin, par un travail de proprioception (!), de renforcer les paravertébraux, et les abdominaux. Conçu pour permettre aux gens qui ne se tiennent pas naturellement droit de le faire, sans se forcer.

active et donc pas dans le présentéiste. Le bien-être très vite, car pour les entreprises le temps c'est de l'argent.

Dans le tertiaire, les salles de réunion sont équipées de plus en plus fréquemment de ce matériel. La mobilité stimule la partie du cerveau concernée par l'attention, la pensée et, donc, la créativité. Pour preuve, quand on reçoit un appel téléphonique important, il arrive que l'on se lève et que l'on marche. Aux États-Unis, des sociétés organisent des réunions sur des tapis de marche! Autre exemple en Belgique, une société entraîne ses cadres pour une réunion hebdomadaire en promenade dans la nature par petit groupe de six maximum. L'efficacité est instantanée.

> Christophe Bensoussan conclut: «Notre premier interlocuteur est souvent le DRH, par exemple la compagnie Brittany Ferries, M. Raphaël Doutrebente, a introduit notre matériel. Mais chez Triballat Noyal, c'est M. Olivier Clanchin, le dirigeant, qui favorise beaucoup le sport dans son entreprise. Il a voulu la doter de cet avantage. Ailleurs, c'est le CHSCT. On a même un maire, une directrice d'agence, ou encore des médecins du travail comme à la DCNS (chantier naval de Lorient) ou chez Danone. Le développement des prestations ne peut aller qu'en progressant, car les nouvelles générations sont soucieuses du bien-être autant que de leurs revenus. Je pense qu'ils vont être moteurs sur le sujet. La grosse erreur en France est de scinder le corps et le mental. Pour le monde du sport, l'un ne va pas sans l'autre. En conclusion, quand une entreprise me dit avoir des problèmes de TMS ou psychosociaux, je prends le temps d'expliquer que les deux vont ensemble.

Informé par lui d'une expérience de Mobidos en cours sur un chantier de bâtiment, milieu que j'ai fréquenté une dizaine d'années, sa nature m'a beaucoup surpris. Le DRH de ce grand groupe, Fabrice Florent, a bien voulu me faire part de son analyse.

Ce chapitre était consacré à quelques exemples de prestataires dont la fonction est de fournir un service quotidien dans la vie de l'entreprise. D'être peu ou prou des «appendices» de votre société. Je ne prétends pas que ce soit exhaustif mais j'ai essayé de vous proposer un panel varié. Vous trouverez certainement sur le marché d'autres prestataires assurant aussi bien les mêmes missions ; je vous ai fait découvrir celles-ci parce que mes réseaux m'ont permis d'ouvrir leur porte et de me consacrer leur temps précieux.

Je ne peux que remercier les 50 dirigeants d'entreprises qui ont accepté de me recevoir et de témoigner.

Le mot conclusion est naturellement synonyme de fin provisoire d'une étape. Je ne sais pas si vous avez lu tous ces chapitres, si vous avez été convaincus, mais moi, je peux vous dire que j'y ai pris énormément de plaisir.

Ces quelques pages se veulent une série de réflexions cumulées au cours de mes entretiens. C'est donc une synthèse des thèmes récurrents et censés être l'opinion du plus grand nombre d'entre vous.

Qui aurait pu prévoir, il y a dix ans que les nécessités économiques actuelles amèneraient le management au travail à escompter sur le bonheur pour développer les activités professionnelles ?

Il me paraît évident qu'il y a, aujourd'hui, dans le monde occidental un désir profond de bonheur. Je n'ai pas de réserve à utiliser ce mot car derrière le mieux-vivre ou le bien-être, il y a une volonté d'être heureux. Sans être sociologue, on comprend quand on a vécu, ce que nous appelons en France les Trente Glorieuses, qu'ait pu lui succéder une forme de dépression. Pour quelles raisons cette formidable, exceptionnelle augmentation du pouvoir d'achat n'aurait-elle pas continué indéfiniment, car nous pensions avoir atteint au début des années 1980 un stade irréversible selon certains ? Je pense aux droits acquis.

Les années qui ont suivi ont apporté la preuve évidente que rien n'est définitivement acquis avec un cortège de licenciements, de chômage et de fermeture d'entreprise. Bien sûr, comme d'habitude en France, les premiers coupables sont les dirigeants. Il faut être bien naïf, ou bien jeunes pour ne pas subodorer ce que cela représente pour un dirigeant comme échec, comme conséquence sur son train de vie, etc.

Puis, pour parachever cette précarité naturelle dans la vie mais amplifiée dans une période économiquement anémique, arrive un phénomène nouveau que l'on a appelé la financiarisation. Au fond, c'était logique. Après avoir rationalisé décennies après décennies, la quintessence de cette évolution ne pouvait qu'aboutir à un système dans lequel produire n'est plus essentiel, la rentrée d'argent pouvant être exponentielle d'une manière virtuelle. Seulement, le capitalisme n'a de sens que s'il sert les humains. Or ceux-ci, vus au travers de la financiarisation, ne sont pas indispensables puisque tout est supposé pouvoir se faire dans le domaine virtuel presque sans humain.

Enfin, voici que ces pays émergents à qui nous vendions beaucoup, il n'y a pas si longtemps, se mettent à inonder nos marchés de produits à prix établis à partir d'un coût du travail dérisoire pour nous et en plus non chargés de contributions sociales.

Nous avons tous vu et vécu pour beaucoup d'entre nous cette période d'instabilité permanente.

Le temps aidant, les promesses de nos politiques passant, cette génération Y a considéré que s'il fallait en passer par cette volatilité de situation, il ne fallait plus en revanche attendre une fin de carrière pour jouir de la vie et donc, choisir de vivre mieux que leurs parents leur vie professionnelle. Cette aspiration implique un nouveau changement radical de notre économie et la pression est telle que seules les entreprises innovantes, créatives, dynamiques survivront correctement.

Le principe est simple mais se complique du fait que pour installer une ambiance propice dans les entreprises, il faut un peu de temps. On pourrait dire du moyen terme. Or celles qui sont déjà en difficulté, auront-elles les moyens d'attendre deux ou trois ans pour obtenir des résultats ?

Plus dure encore, la culture dans laquelle cette génération a été élevée dans leur famille, dans les écoles. Cela me rappelle un multicarte de l'entreprise, du sport, de la politique, de la chanson et enfin du théâtre qui prônait, dans les années 1980, que la réussite individuelle passait par l'anéantissement des concurrents. Il a bien changé et tant mieux si la vie lui a appris que l'on ne peut pas vivre sans les autres, notamment quand on entreprend d'atteindre un nouvel objectif. Je ne résiste pas à l'envie de conclure ce point par cette citation :

« Les deux choses les plus importantes n'apparaissent pas au bilan de l'entreprise : sa réputation et ses hommes. »

Henry Ford

Prononcée durant la première moitié du siècle dernier, cette citation d'Henry Ford (1863-1947), entrepreneur américain et pionnier de l'industrie automobile, est plus que jamais d'actualité.

Ma satisfaction affichée vient du constat, que l'on ne peut réussir aujourd'hui sans se préoccuper de ceux avec qui on travaille et que les valeurs humanistes redeviennent un nouveau paradigme.

Reste encore une difficulté majeure. Lorsque la France aurait pu commencer à juguler le poids des charges sur l'économie, on a ajouté un avantage social qui pèse lourdement sur le bien-être des gens au travail. Comment se fait-il que dans ce pays de cocagne où l'on ne travaille que 35 heures par semaine, où l'on bénéficie de RTT, de vacances plus longues que chez nos voisins, comment se fait-il que la consommation d'anxiolytique soit la plus importante du monde, comment se fait-il que les Français soient plus pessimistes sur l'avenir que tous les Occidentaux[1] ? Cette « avancée » a renforcé psychologiquement l'idée que le travail est nuisible, voire qu'il est même une souffrance.

Il n'est donc pas surprenant que cette génération soucieuse de conserver un équilibre vie privée/vie professionnelle, installe une vraie « frontière » entre l'un et l'autre au point de refuser tout ce qui peut prolonger l'espace du milieu professionnel. Je pense aux réunions que l'on appelle tiers temps dans le sport. Finalement, les salariés français sont les plus stressés d'Europe et ils ont le plus besoin d'assistance sous toutes les formes pour retrouver une sérénité.

Les plus concernés sont certainement les cadres intermédiaires qui subissent la totalité de la pression sur la productivité et ne peuvent la restituer sous peine de voir leurs collaborateurs se réfugier dans le présentéisme plus encore que dans l'absentéisme, plus visible et plus contrôlable.

Je parle très peu des salaires car il va sans dire qu'une rémunération cohérente avec la fonction et avec la concurrence est bienvenue mais je sais aussi que certaines entreprises ont, aujourd'hui, des marges très faibles. Il faut évidemment faire

---

1. Sondage Gallup International publié le 23 décembre 2011 mené auprès de 51 pays, huit Français sur dix disent s'attendre à une année économiquement difficile. Non seulement la France conserve son titre de championne du monde du pessimisme économique, mais les inquiétudes des Français se sont accrues, affichant un niveau en recul de plus de 20 points sur un an, révèle l'enquête. Et ce niveau est le plus faible jamais enregistré en France depuis le début des enquêtes annuelles du réseau Gallup International, en 1978.

au mieux. Néanmoins, ce qui donne du sens aussi à ce livre, c'est ce sondage selon lequel les Français mettent presque sur le même plan, rémunération et bien-être au travail.

Au travers de cette enquête, je remarque que des entreprises depuis 12 collaborateurs jusqu'à plusieurs milliers, quel que soit leur secteur d'activité, arrivent à redonner envie aux gens qui les composent de se battre, de gagner et d'être heureux. Donc, c'est possible !

Autre constat, le niveau auquel se décide cette stratégie. De Johnson & Johnson aux États-Unis en 1943 à Arkoon il y a dix ans (j'aurais pu en choisir d'autres), c'est la direction générale. Ce sont les managers qui font le travail. J'ai beaucoup apprécié ma rencontre avec Alter&Go parce que leur mission est souvent de faire comprendre que l'exemple venant d'en haut, les dirigeants doivent être impliqués et faire attention de ne pas scléroser le management.

Ils doivent se convaincre que pour accomplir leurs missions, ils doivent se mettre au niveau de leur collaborateur le plus modeste et que ce n'est pas déchoir que d'être humain enfin se rappeler que l'autorité ne se décrète pas. Elle se justifie. Deux citations dans ce livre qu'il me semble utile à rappeler :

La première dans le livre de Robert Sutton :

« Ainsi que l'ont montré des sociologues renommés, comme Erving Goffman, l'être humain est capable de se donner beaucoup de mal pour sauver la face, se sentir respecté et éviter l'embarras et la honte. »

La deuxième de Frédérik Ughetto dont le sport était l'aviron :

« Ton bateau va à la vitesse du rameur le plus faible ; c'est à l'équipe de faire en sorte (et notamment en prenant soin de lui) qu'il soit plus fort que le plus faible des bateaux concurrents. »

Se rappeler que l'homme n'est jamais aussi efficace que lorsqu'il est concerné. Son travail ne prend du sens que s'il a le sentiment que ses capacités sont utiles et donc quand il a de l'autonomie. Mais *il faut être clair sur les obligations et les devoirs*, comme le dit Hervé Garcia du groupe Serge Ferrari.

> *« On pense que l'autonomie va favoriser les dérives et surtout que certains salariés seront incapables d'imaginer des schémas aussi intéressants que ceux par la confrontation de brillants esprits. Souvenons-nous d'abord que la performance vient avant tout de l'enthousiasme de tout un chacun. »*

Dr Philippe Rodet dans son livre Se protéger du stress.

Je vous invite à lire dans l'entretien avec Yves Grand-montagne de Microsoft, en fin d'ouvrage, les difficultés psychologiques avec le télétravail, même dans une entreprise à la pointe de la modernité. Pourtant à force d'efforts, ça marche !

Une autre caractéristique récurrente de ces entreprises, c'est le dialogue. Certes les chefs d'entreprise ne sont pas tous extravertis mais la question n'est pas d'être un bon orateur. Les moments que j'ai appelés espaces temps d'échanges ont cette vertu, qu'ils ne doivent pas être seulement descendants, mais ascendants. Que l'attente n'est pas de beaux discours mais de la sincérité, de l'honnêteté, un langage direct sans langue de bois. Le niveau d'éducation, en particulier dans le monde tertiaire, donne aux gens, aujourd'hui, un haut niveau de compréhension. Certes toute vérité n'est pas forcément bonne à dire, et le rôle d'un chef est de rassurer. La difficulté pour un dirigeant est de trouver le juste milieu. Autre petite citation :

> *« Pour convaincre. Insister sur ce qui est positif, en utilisant le plus possible des liens logiques forts, c'est-à-dire en exposant les arguments qui renforcent la crédibilité du propos[1]. »*

Dr Philippe Rodet

---

1. Philippe Rodet, *Se protéger du stress & réussir. Sept leviers de motiva-tion*, op. cit.

Je l'ai déjà souligné mais il n'est pas inutile de le rappeler. Le sport et/où les activités physiques font pour beaucoup partie du mieux-vivre mais c'est aussi un formidable intermède pour échanger. Ici encore tous les dirigeants ne sont pas sportifs mais il est vraisemblable que parmi vos jeunes cadres certains le sont. Le bon moment n'est pas pendant l'épreuve mais avant et après. Votre simple présence sera perçue comme un soutien, comme une reconnaissance, vous serez intégré.

Plusieurs sociétés attachent beaucoup d'importance à la qualité des locaux, à l'environnement du travail comme le disent Sylvain Antonot, DRH de Johnson & Johnson, Yves Grandmontagne, DRH de Microsoft ou encore Nicolas Bruneteaux de VELUX. Il est vrai que toutes les sociétés n'ont pas la possibilité de reconstruire leurs locaux. Mais même dans des bâtiments industriels, la propreté, l'ordre de rangement contribuent à créer le mieux-être. Pour exemple, le consultant dans le roman d'Alter&Go Groupe, le livre du changement « Mister Change » constate en arrivant au début de sa mission dans une usine encore en grève la veille, que le désordre règne, et le contraire après qu'il eut organisé une restructuration des relations entre les différentes catégories de personnels.

Sur tous les sujets évoqués ci-dessus, vous trouverez dans ce livre des partenaires qui peuvent vous aider à mettre en place une stratégie. J'ai vécu aux côtés de beaucoup d'entreprises *in* ou *out*. Je n'ai jamais parié à moyen terme sur celles dans lesquelles la tension était perceptible. En revanche, je peux vous assurer que celles dans lesquelles le mieux-vivre est évident, en attendant le bien-être, la dynamique est perceptible en ouvrant la porte d'entrée.

Mon but en écrivant ce livre est de convaincre les sceptiques dont certains se demandent encore si c'est le rôle de l'entreprise, si c'est le leur de s'impliquer dans ces actions.

Certaines sont chronophages car l'humain ne se gère pas en claquant des doigts. Je leur dis simplement de regarder la liste des entreprises au classement de Great Place to Work, des entreprises témoins de ce livre, de celles en général qui ont de bons résultats financiers. Vous verrez qu'elles sont presque toutes engagées dans des actions parfois spontanées, parfois mûrement réfléchies et souvent accompagnées par des professionnels.

La question n'est pas de savoir si c'est son rôle ou pas. La seule qui vaille en la matière est : est-ce rentable ? Si oui, les actionnaires seront satisfaits. La cerise sur le gâteau, si je peux me permettre, c'est qu'en plus vous vivrez dans une ambiance sympathique, synergique et heureux d'être apprécié par vos collaborateurs.

Pour quoi faire ?

- Favoriser les efforts d'innovation, la créativité ;
- le dynamisme, améliorer la relation avec les clients ;
- préserver la santé dans des jobs à pourvoir ;
- recruter et fidéliser les chercheurs, les métiers de la créativité ;
- mais, aussi, contribuer au bonheur des gens.

Un préalable valable pour tous

La première règle qui est valable dans tous les cas, c'est le respect des gens. Bien sûr, cela passe par le respect des accords, un salaire décent, et des conditions de travail acceptables. Mais le minimum de respect, c'est de reconnaître l'autre, quelle que soit sa fonction dans l'entreprise. La responsabilité la plus modeste dans l'entreprise est exercée par un humain. Les plus humbles ont néanmoins une fierté. Ils seront d'autant plus motivés qu'ils auront le sentiment d'être considérés et utiles à l'entreprise. Cela veut dire qu'il est essentiel de saluer les gens quand on les rencontre, même si on est pressé. Saluer c'est regarder les gens dans les yeux, ne fût-ce qu'un instant. C'est sourire. Enfin, c'est être capable de remarquer ce qu'ils font de bien ou les encourager pour remettre à plat ce qui n'a pas été réussi. Ce n'est pas de l'indulgence ou un manque de dynamisme, c'est du carburant. À ce propos, Hervé Garcia, groupe Serge Ferrari, a déclaré qu'il ne fallait pas *« être négligent, mais accepter un droit à l'erreur pour créer la confiance »* ; c'est peut-être aussi une certaine idée de l'humanité, du savoir-vivre, de la civilité.

Je sais que la plupart d'entre vous sont arrivés à ces fonctions de dirigeant en travaillant beaucoup, en franchissant avec succès des challenges élitistes mais rappelez-vous que chaque individu, ainsi que son entourage, attache beaucoup d'importance à son rôle social, et que vraisemblablement, on ne vous a pas tenu ces propos au cours de votre cursus. L'économie au XXᵉ siècle a fonctionné dans l'hyperréalisme, et les sentiments étaient superflus. Pourtant, aujourd'hui, chacun d'entre nous est nécessaire à sa place, sinon ce poste de travail aurait déjà été supprimé.

Les bonnes pratiques

Quelques exemples que vous pouvez reproduire en tout ou partiellement.

La solidarité

- Recréer la solidarité, casser les réserves et les individualismes ;
- être supporter d'une activité sportive et participer aux troisièmes mi-temps (presque toutes les entreprises rencontrées) ;
- favoriser des moments de détente transversaux ;

- créer ou soutenir des moments festifs, fête des voisins, visites portes ouvertes, etc. (par exemple, Johnson & Johnson, les sapeurs-pompiers) ;
- engager ou soutenir des initiatives caritatives qui impliquent volontairement le personnel dans son ensemble (par exemple Orangina) ;

La communication

- Organiser régulièrement avec tout ou partie du personnel un débat contradictoire pour évoquer la situation, les améliorations possibles hors champ des négociations salariales (Velux, Orangina) ;
- accorder de l'intérêt aux suggestions supposées améliorer la productivité ;
- utiliser des supports de communication existants : bulletins de salaire (par exemple, Colas Est).

Implication cadre de vie et l'environnement au travail

- Donner à des colloques, à des conventions, ou à des formations un caractère interactif. Mettre tout le monde en situation hors convention sociale (par exemple, Vinci Park avec Koroïbos ou Altamira avec l'aïkido) ;
- démontrer une préoccupation intègre sur les conditions de travail (par exemple, Microsoft, PepsiCo ou Johnson & Johnson, Velux, Arkoon, Vinci Park, Sogea Bâtiment, groupe Serge Ferrari, etc.).

Redonner du sens aux relations managers/collaborateurs

- Favoriser la communication ;
- inviter des leaders sportifs, aventure, alpinistes ou courses en mer, urgentistes, personnalités des arts, ou de l'entreprise au cours de conventions (Velux) ;
- mettre les managers en situation d'équivalence hors cadre professionnel (par exemple Vinci Park, programme

Koroïbos, Velux, Arkoon challenge interne dans des courses à pied) ;

- inviter des collaborateurs intéressés à des expositions, à des spectacles, à des compétitions sportives ou à des événements dont l'entreprise est partenaire.

Anticiper le mal-être

- Mettre en place un système d'observatoire de la santé morale et physique (Microsoft, groupe Serge Ferrari, Arkoon, des organismes comme ESPHI proposent des missions régulières de contrôle) ;
- proposer des solutions lorsque des signes montrent que le niveau d'implication diminue avant accident ;
- proposer des sièges ergonomiques (Sogea) ;
- organiser des échauffements pour les métiers physiques (Sogea, Mc Donald's) ;
- permettre une autonomie relative (voir ci-dessous le télétravail) ;
- certaines institutions de prévoyance proposent un centre d'appel.

L'intrusion dans la vie privée

- S'imposer de limiter les appels, les mails ou les sms le week-end ou pendant les vacances sauf urgence avérée (Microsoft) ;
- limiter les horaires de réunions à des heures compatibles avec la vie privée ; (Microsoft)
- autoriser une certaine latitude d'horaires à l'occasion, par exemple, de la rentrée des classes (Orangina).

Le télétravail

- Organiser les conditions d'une activité à distance (beaucoup d'entreprises le préconisent, ou l'étudient. Aucun

© Groupe Eyrolles

problème technique, mais des réticences d'une part de l'employeur qui craint des abus et des salariés soucieux de leur image).

Les services

- Salle de sport, conciergerie, crèche d'entreprise, restaurants et diététique, coiffeur, et d'autres services adaptés à la configuration locale (nombreux exemples dans les sociétés à haut niveau d'emploi). Mais ils restent accessibles en partie par les PME. La salle de sport et les crèches, les restaurants peuvent être mutualisés. Voire mettre à disposition de simples douches pour ceux qui aiment courir. Le groupe Serge Ferrari organise une vente directe de fruits et légumes par un producteur local). Dans ce domaine, chacun peut innover en considérant que les toutes les contraintes de la vie dont les collaborateurs peuvent être déchargés aujourd'hui, contribuent au mieux-vivre dans l'entreprise.

De nombreux prestataires se sont spécialisés dans ces services. Vous en trouverez certains dans ces pages car c'est possible.

Pour ma part, je le redis. Je suis heureux de voir ce retour à l'humanisme car je crois, j'ai toujours cru, en l'homme et en la femme bien sûr.

Je me réserve cette citation d'Arthur Rubinstein :

« J'aime la vie, sans condition. »

LES BONNES PRATIQUES : CE QU'ILS ONT FAIT

Après m'être intéressé aux causes, aux valeurs à respecter, à la santé, aux consultants et aux prestataires partenaires potentiels de cette stratégie, il était instructif pour moi d'aller voir de plus près les entreprises qui sont exemplaires, celles qui entreprennent des modes de fonctionnement nouveaux. Il y a autant de développement que de types de sociétés, internationales, groupes côtés en Bourse, PME et même TPE. Évidemment, la plupart sont en relation avec les prestataires du chapitre 4, mais d'autres innovent à l'initiative d'une direction générale, d'un dirigeant, d'un directeur des ressources humaines. Dans ce chapitre, vous trouverez des témoignages de DRH très investis personnellement.

Pour commencer ce chapitre par la créativité et l'innovation, je me suis adressé à Jean-Luc Tonneau, directeur jusqu'à sa retraite récente de la recherche dans le grand groupe agroalimentaire Danone, qui est connu pour son «ADN» humaniste. La marque employeur de Danone est perçue comme une référence depuis des décennies. De plus, la vocation de ce centre de recherche est tournée vers les besoins du genre humain, ce qui suppose une grande ouverture créative (Danone Research, le Centre Daniel Carasso sur le plateau de Saclay).

DANONE RESEARCH, CENTRE DANIEL CARASSO

«Les besoins du genre humain»

Cette unité de 600 personnes, majoritairement des chercheurs, est un premier indicateur de cette culture qui remonte aux origines du groupe, à commencer par le nom. Daniel Carasso a été le fondateur en France de la société Danone en 1929, stagiaire à l'Institut Pasteur, passionné par les yaourts, les «probiotiques» et leurs effets sur la santé. Le succès remporté a fait de Danone le premier groupe agroalimentaire français dans le monde. Daniel Carasso est décédé en 2009 à 103 ans, en conservant sa passion pour les nouveaux produits, preuve probable que cela prolonge la vie.

La mission du groupe et, par voie de conséquence, de la recherche est d'apporter la santé par l'alimentation au plus grand nombre. Avec un défi constant. Développer des produits moins sucrés et moins gras qui restent aussi bons, voire meilleurs que l'offre existante. Le point essentiel de l'innovation est de comprendre les besoins des consommateurs et de s'attacher à leur apporter des réponses. Ce n'est pas nécessairement un nouveau produit mais cela peut être un nouvel emballage, une nouvelle fonctionnalité ; c'est apporter un nouveau service aux consommateurs. Dans le domaine de la nutrition, Danone considère avoir une responsabilité pour leur apporter les bases de connaissance nécessaires à une alimentation équilibrée.

Le bien-être est dans l'ADN de Danone. Jean-Luc Tonneau rappelle «le discours fondateur» d'Antoine Riboud (à Marseille en 1972 devant les assises du patronat) qui a instauré un double projet pour l'entreprise, économique et social. Son successeur Franck Riboud a perpétué et adapté cette culture. Danone a donc ceci de particulier que l'importance de l'homme y est fondamentale et que le comportement des hommes en interne en est la clé de voûte.

> «Dans notre travail, on a une grande autonomie. Il ne faut pas seulement obtenir des résultats, mais définir la manière de les réaliser et savoir quelle attitude observer en tant que manager vis-à-vis de ses collaborateurs. Tous ces aspects liés au comportement sont très importants.»

Et Jean-Luc Tonneau souligne : «On a beaucoup travaillé, ici au centre, sur le bien-être de nos collaborateurs, car il est un peu isolé et les trajets imposent plus d'une heure de déplacement.»

Ce centre a été créé il y a dix ans, au milieu des champs dans un espace qui deviendra à l'horizon 2017 le plus grand centre européen de recherche : le campus Paris-Saclay.

D'autres grandes sociétés l'ont déjà rejoint : EDF, Thales notamment. Saclay devrait compter à cette date 20 000 personnes, dont 5 000 chercheurs, et 60 000 étudiants sur le campus.

Danone s'est attaché à répondre aux attentes des salariés, comme la possibilité de faire du sport sur place, par exemple. 70 % des collaborateurs pratiquent des activités physiques et 60 % des postes sont occupés par des femmes. « Cela veut dire que la maman inscrite ici pour trois quarts d'heure de séance de sport n'aurait pas le temps d'en faire ailleurs. Cela contribue à l'équilibre de vie professionnelle et privée, ainsi qu'au bien-être, souligne J.-L. Tonneau ; une conciergerie les aide dans leurs soucis quotidiens et une restauration nutritive et de goût leur est proposée. »

« Si on favorise leur bien-être, poursuit-il, si le personnel se sent bien chez nous, il va rester. Et puis, il sera plus productif. »

Le télétravail est un projet à l'étude. Tout le monde s'accorde à penser que cela apportera une solution aux problèmes de déplacements. Mais il n'y a pas de réponse toute faite parce que le travail en équipe reste important, venir sur le site aussi. Pour ne pas le faire dans n'importe quelles conditions, des expériences pilotes sont menées mais la volonté de le développer est réelle. En Hollande, c'est déjà très pratiqué et cela fait partie de la façon de vivre et de travailler des salariés du groupe.

Le premier acteur de ta sécurité est en face de toi !

Autre préoccupation, la sécurité. Depuis deux ans, il constate qu'il n'y a eu aucun accident du travail. Jean-Luc Tonneau précise que c'est sa première préoccupation et sa responsabilité. Travailler dans la prévention nécessite d'avoir des équipements adaptés mais aussi une motivation des collaborateurs.

> « On a développé des fiches accidents, un dialogue sécurité pour travailler au maximum sur la prévention pour éviter d'être en situation d'accident. C'est un des points forts qui rassurent les personnes. Tout cela converge pour faire en sorte que les résultats, à la fin, soient excellents. »

Danone a engagé une démarche commune à l'ensemble du groupe (WISE). Des auditeurs externes visitent tous les sites chaque année sur 13 points de sécurité qui impliquent le management mais qui rendent aussi chaque collaborateur acteur de sa sécurité. *Petite anecdote : sur les miroirs dans les sanitaires, en se lavant les mains on peut lire : « Le premier acteur de ta sécurité est en face de toi »…*

Danone ne fait pas de recherche fondamentale. Elle est faite par des organismes de recherche publics ou privés comme l'institut Pasteur. Les nouvelles générations communiquent beaucoup *via* des réseaux sociaux, Internet ou d'autres moyens. Le réseau va se créer avec ses partenaires de recherche, à travers des déplacements, à travers aussi des échanges, des contacts, des communications téléphoniques. Danone est en train de créer un réseau interne, une sorte de *Who's Who* qui va permettre de renforcer ses liens avec les communautés de chercheurs. Ce sera un moyen de faire en sorte qu'ils se parlent, de renforcer et de reconnaître l'importance de l'homme.

Il est prévu à Saclay le regroupement de grandes écoles, Polytechnique déjà présente, HEC à proximité, l'École centrale, et le campus de Paris-Sud devenant ainsi le plus grand campus d'Europe. En qualité de centre de recherche privé, nous avons suscité la fondation d'une association des centres de recherche publics et privés regroupant celui d'EDF, de Thales, de Horiba, de Nano-Sciences et Nano-Innov émanations du CEA et du CNRS. L'objectif est de regrouper tous ces chercheurs qui vont pouvoir dialoguer avec les étudiants pour développer un maillage dans cette grande zone de prospective. On va travailler à la fois sur la recherche, mais aussi sur le bien-être. Jean-Luc Tonneau conclut dans un élan d'enthousiasme : «On voudrait avoir une salle de sport en commun, que nos chercheurs se retrouvent dans des restaurants, qu'ils aient des façons de vivre ensemble sur le campus dans les cinq prochaines années.»

Une culture d'entreprise stable au long des décennies, un respect des femmes et des hommes, une liberté d'entreprendre, de créer avec un souci permanent de la qualité, une entreprise qui marche et se projette dans l'avenir.

J'ai consacré quelques lignes à cette société dans le chapitre 4 pour mettre en évidence le rôle du nettoyage dans le bien-être au travail. Mais c'est aussi une entreprise qui cultive, depuis son origine, une grande considération pour les hommes et les femmes employés à ces tâches. Le résultat est une réussite économique dans la durée, exemple caricatural dans un métier ingrat toujours partagé entre l'exigence de la qualité et l'attente par les clients d'un prix moins-disant. GSF a choisi de privilégier la qualité et le bien-être pour y parvenir. Voici comment, dans le nettoyage industriel, on peut fidéliser des collaborateurs, rendre les contraintes horaires, par exemple, plus acceptables et créer un véritable esprit d'équipe.

GSF, PATRICK BASQUEZ, DIRECTEUR GÉNÉRAL, DIRECTEUR DES RESSOURCES HUMAINES

➤ Dans le nettoyage, les rapports humains sont-ils importants ?

Je pose cette question en préambule tant il est courant de penser que ce monde est marginal.

« Pourquoi ? D'abord parce que c'est un métier de services, difficile et dédié aux autres. C'est un métier qui nécessite une organisation particulière. Quand on assure le nettoyage de locaux professionnels, c'est toujours dans des horaires décalés. Dans des bureaux, on nettoie avant ou après les heures d'ouverture. Donc c'est un métier qui par sa nature a des découpes de temps particulières et qui nécessite des organisations adaptées. Un métier difficile parce que les gens qui l'exercent sont souvent dans une forme d'anonymat lié à l'environnement des locaux. Donc de ce fait, ils ont peu de contact, ils trouvent peu de reconnaissance du monde extérieur à leur activité. Ce sont ces raisons qui amènent à penser que ce métier est très difficile. Ce sont des tâches qui sont, dans la majorité, des cas simples à réaliser et donc qui ne nécessitent pas de grandes compétences. Ce sont des travaux manuels, parfois physiques mais répétitifs.

À partir de ces données, comment parvenir à donner de l'intérêt à ces personnes ? Il faut créer les conditions pour que les gens sachent ce qu'ils font, pourquoi ils le font et qu'ils soient reconnus, qu'ils existent au sein de l'entreprise, et que l'entreprise les implique. L'importance de leur rôle, la propreté, l'hygiène dans les locaux ou dans les sites de production. Pour donner envie de faire de la propreté, il faut que les gens soient motivés. C'est faire comprendre le rôle que va jouer l'agent. Ce qui va leur donner une valorisation, c'est la reconnaissance de la qualité de leur travail, c'est l'assistance que nous leur apportons.

Pour commencer, il y a un grand principe : tous les responsables sont passés par le terrain et la promotion interne joue un rôle déterminant car à chaque niveau de responsabilité, il y a la connaissance des conditions de travail. C'est pour eux la première manière de respecter leurs équipes. Ce n'est pas une chaîne hiérarchique, mais simplement une structure organisationnelle qui est mise en place pour que les engagements pris par l'entreprise avec ses clients soient respectés. À chaque échelon, les personnes sont en pleine connaissance des attentes. Et souvent cela passe par des choses toutes simples : la manière de donner des consignes, celle d'expliquer ce qui doit être fait, être sûr que la personne soit bien formée pour faire le travail dans de bonnes conditions, s'assurer que les moyens techniques et matériels sont bien réunis, que l'environnement permet de réaliser le travail dans le temps prévu.

À partir de cela, on a une bonne base de fonctionnement. Du chef d'établissement au chef d'équipe, au chef de chantier ou d'agent de service, quatre personnes se sont associées pour réaliser l'engagement de service auprès du client.

La deuxième règle importante tient au modèle de management, très décentralisé, même si la stratégie et le contrôle se font au siège, et le territoire est subdivisé en unités définies par le nombre de personnes. Chaque fois que ce nombre est atteint, il y a une nouvelle subdivision comme nous le verrons plus loin. Si je mets ce point en exergue, c'est parce que cette volonté de proximité, de connaissance des gens qui travaillent pour la société fait qu'elle reste à taille humaine avec 27 000 employés.

Au départ, ce n'était pas un métier, il n'existait pas de formation. Il ne suffisait pas d'être un bon vendeur, il fallait aussi connaître ce travail pour pouvoir apprécier les besoins du client et prévoir une réponse conforme à cette attente. Si on est inspecteur chez GSF, on a d'abord été chef d'équipe et donc on connaît le travail d'une équipe sur site et en pleine connaissance de cause, on en mesure les difficultés. Un inspecteur va être capable de gérer ses équipes parce qu'il aura lui-même mis la main à la pâte et si nécessaire, il continuera de le faire. De la même façon, nos chefs d'établissement vont être issus du rang des inspecteurs. Chaque chef d'établissement a une vraie conscience de ce que représente le fait d'obtenir un accord, un contrat avec un client, l'effort à réaliser, de l'investissement. Son intérêt c'est de servir le client pour le fidéliser ; la croissance de GSF, s'est toujours faite sur ces bases.

On a toujours eu un très fort taux de fidélisation en 2011, il devait être de 94 % dans un développement permanent. Nous avons toujours fait de la croissance organique puisque nous n'avons jamais acheté d'entreprises. Cette croissance est donc maîtrisée parce qu'elle est générée par ceux qui sont dans le système et qui ont envie de le produire. Développer son activité dans son établissement va permettre de modifier sa structure d'encadrement, d'embaucher une personne de plus, dans son périmètre et d'être maître de son développement. »

Un concept initial, la culture d'entreprise

« Tout cela existe depuis l'origine de GSF, tout d'abord parce que nous sommes dans une entreprise à structure familiale, notre président est le fondateur propriétaire du groupe. Il a donc la maîtrise de ce qui se fait dans son entreprise depuis l'origine, avec ce qu'il a su insuffler, faire passer comme message et faire partager. Il n'y a pas au sein de l'entreprise plusieurs politiques, il y a une culture maison. On fait partie des rares entreprises qui peuvent parler de valeur, et des documents expliquent nos convictions. On essaie en permanence de mettre tout le monde au diapason de cette dimension qui, ramenée à l'entreprise, a quelque chose de concret. On n'est pas dans l'anonymat financier d'un groupe dont on ne sait pas à terme quels en sont les propriétaires. Le propriétaire on le connaît, il est encore dans les manifestations internes, il reçoit encore des chefs d'équipe lors d'événements annuels. Il a tout à fait conscience que la réussite de l'entreprise aujourd'hui n'est pas seulement due au fait qu'il a été un bon vendeur. »

Le respect des collaborateurs

« C'est aussi parce qu'il y a des organisations et des gens qui au quotidien s'investissent. Ils le font, bien entendu, parce qu'ils sont payés, mais surtout parce qu'ils ont ce plaisir de réussir la mission qui leur a été confiée et d'être associés à une réussite d'entreprise. Et c'est ça qui est le plus difficile à mettre en place parce que ça ne se décrète pas sur un document, c'est un travail quotidien. Un inspecteur qui ne parle pas en permanence de son entreprise aux salariés les réduit à se contenter d'un contrat de travail, d'un bulletin de paye. Dans ce système, s'il y a un problème, dès qu'ils ont une sollicitation particulière, ils savent qu'ils vont pouvoir poser la question à quelqu'un qu'ils rencontrent fréquemment et qu'ils auront une solution. C'est un système de respect. En fait, respecter les gens pour eux, c'est avant tout, aussi, leur donner les moyens de travailler. On les respecte quand ils sont payés pour ce qu'ils ont réellement fait et puis, la chose étant accomplie, il faut encore savoir le reconnaître et manifester des encouragements parce qu'on a affaire à des humains.

Cela suppose que les chefs d'établissement ne se sentent pas obliger de traiter un chantier dans des conditions défavorables. Ils vont le prendre parce que les conditions contractuelles avec le client sont bonnes pour celui-ci et pour eux. Si pour satisfaire le client, ça doit passer par des conditions anormales pour les salariés, par une productivité que l'on ne peut pas atteindre, ce marché ne sera pas signé. À titre d'exemple, il y a eu à un moment donné une explosion d'exigences de la grande distribution. Ça les a amenés à avoir parfois des oppositions formelles. Il est arrivé que Jean-Louis Noisiez prenne des positions très fermes et accepte de voir une partie de son chiffre d'affaires réduit pour ne pas céder à des injonctions ou à des demandes qu'il jugeait anormalement élevées pour les équipes. »

La stabilité, le *turn-over*...

« Cette profession a la particularité d'être composée de deux populations distinctes. Les cadres dont la stabilité est de 94 % comme indiqué plus haut, environ un millier qui font partie de l'encadrement, de la gestion et du suivi. Les autres, encadrement terrain, sont répartis entre le chef d'équipe, les chefs de chantiers et nos agents. Bien que nous ayons un fort taux de fidélisation, il arrive que nous perdions certains chantiers. De ce fait, on a des gens qui quittent l'entreprise. Car dans le secteur de la propreté, l'article 7 crée l'obligation au prestataire qui reprend le marché derrière un autre, de garder le personnel qui est affecté à ce marché. Mais pour déterminer le vrai *turn-over* – les gens qui rentrent dans l'entreprise et qui en partent de par leur volonté ou celle de la société – concerne un nombre très marginal de personnes. »

Patrick Basquez précise : « Chaque fois, on est conscient que pour qu'une personne puisse réaliser son travail tel qu'on l'entend il est nécessaire de prévoir un temps d'intégration, des moyens de formation pour acquérir un niveau d'exigence en matière de résultat. Donc, il est nécessaire d'investir avant d'avoir un retour. On est dans un principe de fort niveau d'exigence mais nous pensons avoir intégré correctement nos collaborateurs, notamment en ce qui concerne la culture de l'entreprise. On n'a pas intérêt à avoir des jugements hâtifs sur les personnes tant qu'elles n'ont pas eu les moyens de faire ce que l'on attend d'elles. Quelqu'un qui occupe un poste d'agent de service ne va pas comprendre dès le premier jour les habitudes des bureaux qu'il ne connaît pas. Ensuite, il va lui falloir un certain temps pour optimiser son travail. C'est un management qui entraîne tout le monde sur le long terme et il faut comprendre qu'un client ce n'est pas seulement quelqu'un qu'on facture, c'est quelqu'un qui permet à l'entreprise de vivre. Il s'associe à cela. »

Le bien-être, chez GSF ?

« Sincèrement je pense que les gens chez nous vivent mieux que dans beaucoup d'entreprises. J'en suis l'exemple. Comment imaginer, aujourd'hui, avoir envie de faire toute sa carrière, quarante-deux ans, dans la même entreprise ? La vertu de GSF, c'est de donner à chacun le sentiment qu'il est dans une entreprise mais que quelque part c'est aussi son entreprise parce qu'il a le pouvoir de constater l'évolution qu'il y a dans son travail. C'est la somme de tous ces engagements, des dizaines de milliers, que donne l'entreprise. Mais cela ne se décrète pas, c'est parce qu'il y a eu des tas de comportements qu'il y a eu cette destinée de notre société et notre président est à l'origine de ce processus. C'est un homme de challenge, de compétition ; il a donc utilisé les bons ressorts de l'entraîneur qui va essayer avec son équipe d'atteindre le haut du classement dans la compétition.»

Le sport: construire un nouveau siège administratif, prendre le pari d'aller en 1975 sur Sophia Antipolis, un tout nouveau parc d'activité. Les gens arrivant au siège trois ans plus tard découvrent, en 1978, une salle de sports. Ils venaient travailler mais ils avaient le loisir de pouvoir pratiquer un sport dans l'entreprise sans être forcés d'aller après leur travail trouver une salle à l'extérieur. *C'était déjà ce côté compétiteur: les gens en forme sont beaucoup plus productifs.*

Dès les années 1970, J.-L. Noisiez, président de GSF, réunit ses principaux cadres sur une journée en organisant une épreuve cycliste pour développer l'esprit d'effort et de compétition. Un peu plus tard, dans les années 1980, ce sont déjà plus de 100 personnes qui participent à ce trophée sportif. Aujourd'hui, plus de 800 personnes se réunissent chaque année pour maintenir cet esprit de partage, de compétition et créer les conditions de la réussite d'un objectif, celui de gagner pour une équipe.

«GSF est une structure globale avec tous les services administratifs identiques mais, rapprochement encore avec le sport, il y a toujours comme dans les équipes une notion de taille humaine. Du chef d'établissement aux inspecteurs, ils ont donc un périmètre qu'ils peuvent maîtriser. Quand ce périmètre devient trop important, ils pratiquent une scission qui permet en même temps de mieux exploiter un territoire, parce qu'on s'en rapproche. Les équipes de directions régionales sont dans le même environnement à taille humaine. Un directeur régional a aussi un mandat de directeur général. Il faut qu'il ait la capacité de visiter ses établissements, de vivre avec ses équipes, et d'échanger avec elles. Si jamais il a trop d'établissements sur un territoire trop important, il est forcé de faire des choix, il va privilégier les endroits où il y a des problèmes et il va négliger les secteurs où apparemment il n'y en a pas. Quand on arrive au stade des choix, on prend des risques. Aujourd'hui, on a 110 établissements en France répartis en 20 sociétés de production. On aurait pu faire le choix des économies de structure et dans ce cas avoir tendance à fonctionnariser les équipes dans les couches de direction au détriment des populations sur le terrain. Un contact est maintenu avec le terrain. Les chefs d'établissements sont en réunion tous les mois en région, tous les deux mois au niveau du groupe. Il y a beaucoup d'échanges, beaucoup de partage et du coup ça crée la cohésion. »

PEPSICO FRANCE
« Une réussite économique et antiprésentéisme »

PepsiCo France, leader du palmarès Great Place to Work depuis deux ans, a été déjà souvent cité dans ce livre. Il est vrai que mes rapports avec Vincent Prolongeau, directeur général jusqu'en 2011 et Marc-Henri Bernard, DRH à l'époque m'ont permis d'avoir accès à beaucoup d'informations. Il se trouve, aussi, que mon intérêt tient au rapport de force existant en France entre Coca-Cola et PepsiCo. Les premiers sont détenteurs d'une part de marché dominatrice et les seconds en position de challenger loin derrière. Néanmoins, les résultats économiques de PepsiCo, de 2009 à 2011, sont très élevés. Je l'admire autant pour cette performance que pour son management. Je suis étonné que cette politique, mise en œuvre par des hommes convaincus de son bien-fondé, ait été décidée aux États-Unis, il y a dix ans, alors que l'image en France des entreprises outre-Atlantique est cataloguée d'exploiteur. Nous verrons, à la suite les cas de Johnson & Johnson, celui de Microsoft, aussi soucieux de la qualité au travail.

Il m'a semblé utile de donner dans ce chapitre la parole à l'homme le plus concerné dans cette création de valeurs au sein de PepsiCo France, Marc-Henri Bernard, DRH dans la même période. Pour le situer, sachez qu'il compte 102 sélections en équipe de France de handball, puis plusieurs DESS en administration d'entreprise, exerce dans plusieurs grands groupes avant de rejoindre PepsiCo France, objet de mon intérêt. Dans le chapitre 2, «Respecter, donner du sens et être créatif», j'ai cité un extrait d'une conférence sur le sujet à l'université Paris-Dauphine. Le paragraphe «Des collaborateurs reconnaissants» lui donnait la parole. Sa méthode y est très détaillée.

En qualité de DRH, Marc-Henri Bernard a été soutenu par sa direction générale qui s'est incarnée dans les valeurs de l'entreprise :

> «La culture de PepsiCo est depuis toujours fondée sur l'importance accordée à l'homme dans l'organisation, le principe étant que la performance de l'entreprise ne peut se faire qu'en prenant en compte la dimension humaine, rappelle-t-il. Dès lors, ceux qui ont rejoint cette entreprise sont habités par ces valeurs qui constituent la spécificité et la force de cette organisation», et il ajoute : «Vincent Prolongeau (voir la préface) et moi-même partagions cette vision humaniste qui très naturellement nous a conduits à la maintenir et à la développer. Convaincus l'un et l'autre qu'en prenant soin des ressources humaines, la performance de l'entreprise en serait améliorée, nous avons en permanence allié stratégie *business* et stratégie RH. Nous étions en quelque sorte les garants de cette culture.»

Cette complicité s'est trouvée renforcée par le sport. En effet, Marc-Henri est toujours un grand sportif, mais Vincent ne l'est pas moins. Les valeurs véhiculées par le sport ont bien entendu joué un rôle important dans la stratégie RH mise en œuvre, comme le respect, l'esprit de compétition, le travail en équipe ou la confiance qui se retrouvent aisément dans l'entreprise.

Mais au-delà, il souligne l'importance de l'exemplarité pour que les collaborateurs soient convaincus et puissent se reconnaître dans les valeurs de l'organisation. Une politique de ressources humaines ne peut être efficace que si les membres d'une direction générale la soutiennent en toutes circonstances. «Concrètement, cela signifie que tout projet de *business* est étudié en intégrant la dimension RH en amont afin d'en envisager les conséquences sur les équipes», conclut Marc-Henri Bernard.

Quant à la confiance, elle ne se décrète pas, elle se gagne progressivement et peut se perdre très rapidement. Si les actes des dirigeants de l'entreprise sont en permanence cohérents par rapport à ses valeurs, les collaborateurs sont enclins à accorder leur confiance. La stratégie de l'entreprise doit être clairement expliquée aux collaborateurs, dans un souci de transparence et faire l'objet d'une communication permanente pour la partager le plus finement possible. Une façon de gagner et de conserver cette confiance est d'impliquer les collaborateurs dans les décisions de l'entreprise, de leur donner de l'autonomie dans leur activité et de la reconnaissance.

Aujourd'hui, il souhaite continuer à vivre de belles aventures «business» et «humaines» en tant que DRH chez Christofle, convaincu que la performance de l'entreprise est indissociable du bien-être des collaborateurs. Marc-Henri Bernard conclut :

> «Mes vingt ans de carrière en tant que DRH dans des environnements et des cultures très divers m'ont renforcé dans cette conviction.»

Justement, à propos d'environnement différent, l'exemple suivant concerne une PME en France que tout le monde connaît tant son nom est devenu dans le langage courant synonyme du produit. Je parle de VELUX.

Respect des gens, implication du directeur général, espace d'échanges, le sport, l'architecture et d'urbanisme, tout est conçu pour vivre mieux dans cette entreprise.

VELUX

Nicolas Bruneteaux, DRH de VELUX France m'a reçu dans son entreprise il y a quelques mois, et j'ai pu découvrir le cadre de travail de ses collaborateurs. Comme je le souligne plus haut, l'architecture a été pensée pour favoriser la lumière et la ventilation. Il est d'ailleurs évident que cette conception liée à leurs produits n'est pas reproductible par toutes les sociétés. Comme pour chaque cas évoqué dans ce livre, je lui donne la parole :

« L'accompagnement de nos collaborateurs est un des piliers stratégiques de l'entreprise. C'est un des points clés au même titre que de défendre la pertinence de nos produits ou de s'assurer que nous maintenons notre part de marché. On est très soucieux du triptyque, une mission claire, avoir les bons outils pour mener sa mission et prendre du plaisir dans ce qu'on fait. Il peut paraître étonnant de parler de plaisir, mais c'est par ce biais que l'on réfléchit sur la manière de donner aux collaborateurs un sentiment de bien-être au travail.

Dans les éléments fondamentaux, avant de parler d'action au bien-être, il faut se rappeler les fondamentaux, être capable de dire aux gens où va l'entreprise, la vision qu'on a de nos activités, de savoir où on veut les amener, de leur donner les bons outils pour le travail et après de se soucier de leur environnement sur leur poste de travail. Je raccroche toujours les trois visions parce que le fait de savoir où va l'entreprise, ça participe déjà du bien-être. C'est la question du sens ; les gens se demandent à quel sens contribue leur travail. Cela nous reporte à la vocation de VELUX qui est d'apporter du bien-être et du confort dans l'habitat à travers des solutions de lumière naturelle et d'air frais. C'est notre vision de l'entreprise. La traduire par rapport aux collaborateurs, c'est d'abord leur permettre de vivre au cœur de nos produits. Nos bâtiments ont été pensés dans cette philosophie, c'est-à-dire que le collaborateur doit être le premier à bénéficier du bien-être que les produits procurent et ça c'est quelque chose qui nous caractérise. On a la chance d'être dans un équipement qui est du bâtiment et donc on peut jouer avec ça et ce n'est évidemment pas le cas de tout le monde. Nous sommes des industriels dont les produits sont utiles à la société tant ils participent du bien-être au quotidien. »

La communication

« En période tempétueuse, il devient encore plus important de dire aux personnes où nous en sommes, le résultat, quels sont les moyens essentiels à garder à bord, où en est l'équipage et comment on va traverser cette météo un peu plus difficile.

C'est encore plus important de créer des espaces d'échange. À cette période, nous avons voulu faire un contre-pied en revoyant notre communication interne. Notre président, Michel Langrand, a décidé mensuellement de prendre une demi-heure pour réunir toutes les 120 personnes du siège. Tous les mois, cette démarche a été reconduite pour proposer une communication certes plutôt descendante et claire aux collaborateurs. Ils l'ont complétée avec des moments de communication ascendante, par exemple avec des petits déjeuners de direction au cours desquels le président va passer une heure avec un service pour prendre en direct les questions/réponses de manière plus privilégiée, plus interactive. »

« Être capable de dire où nous en sommes de manière factuelle et de décrire les ingrédients essentiels que l'on se donne pour continuer d'avancer dans cet environnement de nos clients, si agité autour de nous.

Autre élément important, lorsqu'on fait des enquêtes comme celle de Great Place to Work, au-delà d'avoir un diplôme, c'est une vraie satisfaction par rapport au travail fourni. Nous allons plus loin en prenant le temps d'organiser des tables rondes de restitution des résultats. Cela permet de faire réagir les collaborateurs sur "vous nous avez dit ceci, comment doit-on interpréter cela, quel genre d'action nous pourrions mettre en œuvre pour s'améliorer encore sur tel ou tel point". Cela contribue aussi à la recherche du "mieux-vivre" et c'est sécurisant de savoir qu'il y a des espaces de discussion. En même temps, nous tâchons d'être clairs sur ce qui n'est pas réalisable. Il ne s'agit pas de refaire à tout moment toute l'entreprise mais d'être direct et transparent dans la manière d'échanger et de progresser. (En l'occurrence nous avons participé deux années consécutives et nous avons été deux fois lauréats.) »

Rencontres avec la limite de l'impossible...

« Pour reprendre l'image de la tempête, nous avons fait venir un alpiniste, Olivier Soudieux qui a traversé l'Himalaya à pied pendant un an et nous lui avons demandé, devant tous les collaborateurs, qu'il nous explique comment il avait vécu cette aventure aussi bien physiquement, que psychologiquement, et ce qu'il avait dû mettre de côté par rapport à ce qu'il avait imaginé au départ. Il y avait déjà cette métaphore d'image sportive et de l'épreuve. »

Le quotidien d'un urgentiste...

Dans le même cadre, l'équipe Ressources humaines de Velux France a rencontré un médecin urgentiste, Philippe Rodet, auteur de *Se libérer du stress* et plus récemment *Se protéger du stress* qui identifie quatre facteurs de protection contre ce mal-être : donner du sens à ce qu'on fait, garder du lien social, bien manger et faire du sport. Cette rencontre nous a aidés à affiner notre politique RH pour mieux accompagner nos collaborateurs dans un monde incertain.

« J'ai apprécié ce résumé de lutte contre le stress en quatre points et notamment le dernier, celui qui consiste à garder son énergie. Nous l'avons surtout traduit par la participation à des courses pédestres. Nous étions une centaine de participants au Paris-Versailles 2011, pour une première expérience, deuxième entreprise la plus représentée derrière Auchan.

Mais surtout au travers de ce genre d'événement, cela permet d'avoir des moments de préparation en commun, d'échanger sur la nutrition, sur le bon dosage de l'effort, sur les objectifs qu'on se fixe et au final de partager des valeurs d'exigence. Après cette première expérience, nous avons choisi de renouveler l'année suivante de manière un peu plus différenciée sur trois courses distinctes sur le mois de septembre. »

L'une est La Parisienne, ce qui permet à un public un peu plus féminin de se retrouver dans une course qui lui est réservée, puis le Paris–Versailles et enfin les 20 km de Paris au mois d'octobre qui intéressent davantage les collaborateurs qui veulent réaliser un exploit. Ce choix d'ouvrir l'entreprise à des événements différents répond à sa volonté de s'adapter à ces différents publics. Il y a les fondus de sport, puis telle ou telle catégorie à qui il est intéressant de proposer une offre différente. Ce n'est pas forcément évident à mettre en œuvre.

« Nous avons une vraie envie, tant Michel Langrand, le président, que moi-même, de mettre en avant les valeurs du sport, de la santé et du bien-être des collaborateurs. Nous sommes aussi soutenus par les valeurs d'un groupe danois sensible à l'environnement, aux économies d'énergie et au bien-être. Les Danois réfléchissent beaucoup à l'équilibre et au bien-être tout en étant très exigeants sur le plan professionnel ; ils sont nombreux à aller au travail en vélo ; ils partent plus tôt parce qu'ils consacrent une partie de la journée à leur famille. Ils n'en sont pas moins efficaces et responsables dans leurs missions au quotidien. »

Essayer de réfléchir pour voir comment on peut naviguer ensemble et quel niveau d'énergie on se donne pour passer les périodes qui peuvent paraître un peu plus difficiles. Une attention particulière est portée sur un équilibre plus important entre vie personnelle et vie professionnelle. Mais prendre en compte la nature et l'environnement, y compris l'espace de travail, est bien dans l'idée que l'on se fait d'une entreprise danoise. En même temps, la génération Y souhaite avoir plus de temps pour elle. Néanmoins, elle est en demande de nouveaux modes de management ou d'avoir plus d'espace temps dans l'entreprise qui lui permette de faire des choses plus ludiques.

L'avenir

«Je pense qu'il y a, tout à la fois, une attention pour les gens plus responsables par rapport à leur activité, plus efficaces, plus tournés vers le client, toute cette notion d'une entreprise qui se tend vers les services puisqu'elle est moins sur le mode productif, au moins dans nos pays. Du coup, il y a un niveau d'exigence et de créativité qui monte par rapport à l'achat. C'est bien parce que cela va dans le sens de la performance de l'entreprise et du service au client. Néanmoins la responsabilité des cadres chargés des ressources humaines, c'est de regarder tous les impacts sociologiques individuels ou collectifs et d'accompagner l'humain. Nous vivons dans un monde où la mobilité est de plus en plus forte et les gens n'acceptent plus de ne pas avoir une réponse tout de suite. On construit des modes de relation et de réunion avec des cycles qui se réduisent. On peut aller jusqu'à parler de stress. De fait, on doit être sensible au bien-être. On doit avoir une attention de plus en plus forte sur les individus parce que ce sont eux, au final, qui vont mettre en œuvre la performance. Donc, s'ils n'ont pas un bon niveau d'énergie, de prévention des choses, je ne pense pas que cela fasse l'entreprise performante de demain. Est-ce qu'il faut créer plus de salles de repos ? Je ne suis pas tellement pour la gadgétisation des actions comme des entreprises qui créent le printemps de la convivialité. Ça doit rester quelque chose de plus profond. »

JOHNSON & JOHNSON

Comme PepsiCo, Johnson & Johnson, 1er groupe mondial de santé, pharmacie, produits de soins, parapharmacie (beauté et hygiène), dispositifs médicaux et diagnostics, a une culture du bien-être depuis 1943. C'est dérangeant pour nous qui pensons souvent que les États-Unis sont un pays peu respectueux des droits au travail. Certes, les métiers de cette société, les marges générées par la pharmacie pendant des décennies, permettent de financer beaucoup d'avantages. Évidemment, cela ne diminue pas la nécessité de la productivité. Mais, pour autant, investir dans le moyen terme sur le capital humain en consacrant une part des marges à améliorer la vie des gens à l'origine de cette réussite économique a donné à ce groupe une place de leader.

Les ressources humaines

En m'entretenant avec leur DRH, Sylvain Antonot, j'ai été agréablement surpris de la stratégie de management, un peu paternaliste, mais tellement agréable à vivre. Désireux de connaître précisément le rôle des services généraux dans le mieux vivre, il m'a facilité une rencontre avec Nathalie Menez dans cette société. Peu d'entreprises peuvent ou veulent offrir autant de services. Mais la nature humaine étant ce qu'elle est, Nathalie Menez constate que ces «clients internes» sont toujours plus exigeants. Je ne doute pas que lorsqu'ils confrontent leur vie avec celle de leurs voisins, de leurs amis, ils prennent conscience de leur avantage. Il y a donc peu de *turn-over*.

Johnson & Johnson est une entreprise américaine fondée en 1886, outre son activité principale en santé, elle fournit également des services connexes aux consommateurs, ainsi qu'aux professionnels de la santé. Le capital boursier de cette entreprise entre dans la composition du Dow Jones et cette société est recensée dans le «Fortune 5005». Johnson & Johnson est réputée pour son éthique d'entreprise et son classement stable en tête du sondage sur la réputation des entreprises nationales aux États-Unis réalisé par la firme Harris Interactive.

Pour vous parler de cette société avec son DRH France, M. Sylvain Antonot, je crois utile d'en définir les contours car, si les marques qu'elle fabrique et qu'elle distribue sont connues du grand public, je ne suis pas sûr que tout le monde connaisse l'importance de Johnson et Johnson. Pour compléter cette carte de visite, je précise que 4 000 collaborateurs travaillent en France sur plusieurs sites : à Dijon, à Lyon, en Normandie et à Issy-les-Moulineaux, siège du groupe en France.

Comme pour d'autres entreprises nord-américaines, on constate qu'il y a une culture d'inspiration mondiale, découlant dans ce cas d'un texte communiqué en interne en 1943, connu et partagé par l'ensemble des salariés. Évidemment, comme le fait remarquer Sylvain Antonot, ça aide pour mettre en œuvre un programme auquel vont adhérer les collaborateurs.

> « Il faut qu'il y ait un point de rencontre entre mon initiative individuelle comme collaborateur et la culture, ainsi que les orientations de l'entreprise. L'entreprise nous donne un cadre de travail et à l'intérieur de ce cadre, qui n'est finalement pas trop bridé, je peux faire des propositions. C'est ce que l'on demande à chaque collaborateur qu'il soit à un poste de direction ou à un poste opérationnel. Je ressens que l'entreprise a des fondamentaux très forts, exprimés dans le cadre du *credo* définissant la façon de conduire les affaires avec de multiples responsabilités envers le patient dans le secteur de la santé, avec une responsabilité envers les employés, mais aussi vis-à-vis des communautés et également de l'actionnaire », me dit Sylvain Antonot.

De quelles communautés s'agit-il ? Dans une entreprise, on identifie bien le client ou le patient, les collaborateurs et l'actionnaire. Mais les communautés réunissent des populations transversales sur des notions telles que la place des femmes, l'environnement ou les populations. Il précise que son entreprise se sent, aussi, une responsabilité quant à ces groupes humains. On ne parle pas textuellement de bien-être mais toutes les initiatives qui sont prises servent cet objectif.

« Dans une filiale du groupe, j'avais eu une pratique assez poussée en matière de management sur la notion de bien-être, des relations très apaisées qui impliquaient beaucoup les gens ; on expliquait ce que l'on voulait faire, ce qui a eu pour résultat de concerner les salariés. Ils peuvent se sentir bien au travail, à travers de nombreuses initiatives et nous avons eu envie de mesurer cela pour pouvoir l'améliorer. »

« L'expérience de "Great Place to Work", programme auquel nous participons, montre que les entreprises qui ont su apporter un espace d'engagement à leurs collaborateurs réussissent mieux que les autres. La base, c'est l'implication du personnel qui consiste à créer de bonnes conditions humaines au travail et que chacun se sente vraiment responsable. Ça passe par des ateliers de management qui créent ces conditions. »

Sylvain Antonot aborde franchement une problématique apparemment plus française qu'ailleurs, qui est la difficulté pour les femmes d'accéder aux fonctions de responsabilité. Même si dans les jeunes générations le partage des tâches est beaucoup mieux réparti, les femmes demeurent plus dépendantes et c'est une volonté affirmée par Johnson & Johnson de faciliter leur promotion sociale.

Le sport joue un grand rôle dans cette volonté de souder les gens. Il se pratique beaucoup en extérieur. Cela commence par des propositions visant à faire attention à leur hygiène de vie, inspirées par les risques d'obésité américaine. Elles vont s'appuyer sur des événements qui existent comme la journée sans tabac, la lutte contre le cancer, le diabète, les recommandations d'hygiène alimentaire, inciter les gens à manger plus de fruits. Suivant les filiales dans chaque pays, le choix des thèmes varie. Le groupe encourage la pratique d'activités physiques, et facilite la prise en charge des licences sportives, des abonnements pour faire de la gym. Le but n'est pas comme aux États-Unis de pousser les gens à faire des efforts physiques mais plus de créer une bonne atmosphère au travail et du bien-être. Il faut aussi parler d'équipes qui se sont constituées individuellement, comme celles de foot qui rencontrent d'autres d'entreprises ou les personnes qui font des semi-marathons, comme La Parisienne ou celui de Dijon. Des projets émergent, parfois localement, à l'initiative d'un collaborateur, trouvent un public en interne soutenu par l'entreprise. Cela crée aussi des liens et du bien-être. Sylvain Antonot justifie cette méthode et souligne :

> « La vie est parfois très difficile. Alors on fête l'arrivée du printemps, on offre un bouquet de muguet le 1er mai, on célèbre Pâques. La fête à Pâques chez nous n'a rien à voir avec la religion, mais tout le monde aime bien le chocolat ! Ces instants n'effacent pas les difficultés quotidiennes mais ils apportent de la gaieté et ces initiatives font réellement plaisir. »

Une vraie particularité, la Fête des familles, inspirée par la Fête des voisins que Sylvain Antonot a lancée il y a quatre ans. À l'occasion de l'inauguration d'une nouvelle unité, les enfants ont été invités un après-midi pour découvrir l'univers professionnel de leurs parents où ils ont pu faire des activités de leur âge.

> « On était complètement envahi par les enfants et cela a donné une ambiance vraiment très joyeuse, des gamins qui jouent au football en bas du bâtiment, encadrés par des employés. Il y avait beaucoup de volontaires qui se sont proposés et puis comme ça a bien marché, on a pensé prolonger l'après-midi récréatif par une soirée avec toutes les familles. Du coup, on a réuni les familles et les enfants pour un barbecue avec une ambiance musicale et on a vu se créer des relations encore plus fortes. L'idée a été de se connaître un peu plus et ça marche bien, les gens viennent. La dernière chez nous a eu lieu

le 4 juillet 2012. C'était un mercredi et le début des vacances scolaires. En fait, on multiplie les occasions, on a fait beaucoup de choses comme ça pour créer des lieux de vie et maintenant cela paraît assez naturel. Dès qu'on a une occasion pour réunir les gens, de créer des relations un peu différentes de ce qu'ils connaissent, on le fait. Dans d'autres registres, on crée des ateliers où l'on présente les métiers pratiqués dans l'entreprise, on vient fêter des événements du quotidien. »

« L'idée est de créer ces petits moments, sans tomber dans une routine, parce qu'après c'est plus difficile de surprendre les gens. Un peu d'attention, un peu de bienveillance qui est une notion que l'on sait cultiver et cela passe par de petits gestes d'attention qui montrent également qu'on s'intéresse aux gens. Dans le cadre professionnel, on s'intéresse au développement de leur carrière, aux formations qu'on leur propose, à leur juste rémunération. Tout cela existe en même temps mais créer un sourire, créer un instant, simplement un peu décalé dans l'entreprise ça marche bien. Il y aura toujours des esprits un petit peu grognons pour considérer que c'est un peu démago. Je ne le crois pas. D'ailleurs les collaborateurs perçoivent la sincérité des actions et le ressenti est très favorable. »

Comme je l'ai déjà vu ailleurs, notre monde stressant incite à réfléchir sur un mode de travail plus libératoire, le télétravail. C'est, aujourd'hui, un grand sujet d'analyse. Bien sûr, toutes les fonctions ne s'y prêtent pas, notamment le travail posté. Il y a aussi la nécessité de maintenir des liens, qu'on a déjà tant de mal à conserver aujourd'hui, entre des personnes de la même entreprise. Ce mode de vie professionnelle est à l'étude chez Johnson & Johnson. Sylvain Antonot s'y implique particulièrement tout en mesurant les incidences. Il pense que plus ou moins la moitié des effectifs seront concernés. Mais le plus important, comme nous l'avons vu avec Marc-Henri Bernard, chez PepsiCo, c'est que les collaborateurs de la société sachent que cette pratique est possible. Dans cette expérience, on a vu que si très peu de salariés optent pour cette formule, les autres se félicitent que leur entreprise propose cette évolution.

À l'issue de notre entretien, nous abordons un aspect du bien-être qui me semble important, même si je sais que toutes les sociétés n'ont pas cette possibilité. Il s'agit des locaux. Je donne encore une fois la parole à Sylvain Antonot :

« En 2006, Johnson & Johnson a racheté une société qui était à Dijon. Je suis venu y travailler sur l'intégration de l'entreprise située dans d'anciens sites industriels qui n'étaient pas conformes aux normes de notre groupe, des bâtiments des années 1960, pas délabrés mais un peu vieillots : pas de confort, pas de climatisation, peu fonctionnels. Il y a eu une vraie décision du management du groupe, à l'initiative du directeur général et de l'équipe de direction locale. Cela ne correspondait pas à ce que l'on voulait offrir à nos collaborateurs. On se doit d'apporter du confort et du bien-être. Pour améliorer largement le confort de travail, nous avons informé les employés qu'il avait été décidé de déménager à 7 km de Dijon près d'un nouveau parc d'activités et dans un bâtiment neuf, quelque chose de fonctionnel en lisière de la forêt. À midi, quand il fait beau, les gens mangent dehors. De bonnes conditions de travail dans un beau bâtiment ça ne fait pas tout bien sûr et le risque est que trop de moyens tuent l'intelligence de l'usage de ceux-ci ! Alors ce qui est essentiel, c'est la culture de l'entreprise : l'état d'esprit était bon avant et il l'est resté après. Quand vous retrouvez votre famille, vos enfants, votre conjoint, après une journée de travail c'est important. »

La première journée de la Fête des familles évoquée plus haut avait pour but de montrer ce nouveau lieu de travail de papa et/ou de maman aux enfants. C'est quand même plus sympathique vis-à-vis de leur entourage de pouvoir dire : je travaille dans un bâtiment qui n'est pas déplorable, sans parler du confort que cela m'apporte tous les jours.

« C'est compliqué quand vous êtes dans des bâtiments peu fonctionnels, dans lesquel vous n'avez pas de bonnes salles de réunion, où il faut faire un gymkhana pour aller voir les collègues, ou plus simplement sans espaces vraiment pensés pour travailler en équipe ; au contraire, si vous travaillez dans un endroit qui a été pensé avec les équipes, dans lequel les gens ont eu leur mot à dire, qu'ils se sont impliqués dans des décisions d'aménagement, forcément vous créez des conditions favorables. C'est essentiel pour le "travailler ensemble" : il y a quelque chose à faire et on réunit des gens pour cela. Les bonnes conditions contribuent à la coopération des personnes pour réaliser le but commun de l'entreprise. Dans ce cadre, le problème n'est pas d'avoir des valeurs mais une attitude humaine. »

« Je suis convaincu que la différence se fera plus tard, les équipes, les gens, auront une bonne écologie d'eux-mêmes. »

Les services généraux – la conciergerie

Que pensent les utilisateurs de ces services dans l'entreprise ? Il existe un métier dédié dans les grandes sociétés, les services généraux. Chez Janssen Cilag, groupe Johnson & Johnson, leader mondial de la pharmacie, à Issy-les-Moulineaux, Natalie Menez est Real Estate & FM Manager.

Les fonctions de ce service sont multiples ; comme on le verra, il contribue beaucoup au bien-être et aux côtés du DRH, M. Sylvain Antonot, qui pense et met en œuvre une stratégie.

La recherche d'un meilleur équilibre vie professionnelle, vie privée ou le mieux-être au travail ont généré le développement de programmes novateurs, explique Mme N. Menez.

« Aujourd'hui, les collaborateurs d'une entreprise ont besoin de pouvoir se consacrer à leurs tâches professionnelles sereinement, mais aussi de trouver un équilibre pour être innovants, pour se concentrer sur ce qu'ils ont à faire et pour pouvoir donner le meilleur d'eux-mêmes à leur activité professionnelle. Et c'est la raison essentielle pour laquelle il existe des métiers de support internes, appelés également métiers de service aux occupants. »

« Quand vous êtes un collaborateur, que vous avez une tâche à accomplir, vous avez besoin autour de vous de gens qui vont vous amener du support et du service. C'est le cas des services généraux, de l'informatique interne, ou encore des DSI (direction système information), qui vont mettre à votre disposition les systèmes informatiques, les logiciels les mieux adaptés pour vous aider à travailler. »

Cependant, pour des raisons économiques la tendance a été d'optimiser les effectifs de ces métiers dont la productivité n'est pas immédiatement apparente, et le discours adressé aux collaborateurs est parfois le suivant : maintenant avec les nouvelles technologies, vous n'avez plus besoin de secrétaire, vous pouvez gérer votre informatique tout seul, et pour le renouvellement du papier, vous le trouverez au rez-de-chaussée… En plein débat sur la qualité de la vie au travail, cela peut sembler un peu paradoxal de diminuer le niveau des services aux occupants, dans une PME, ça ne choque personne, mais dans une grande entreprise cela semble irrationnel.

Ce que sont les services généraux ou le facilities management…

« Les salariés sont nos collègues, mais ce sont avant tout nos clients internes ; ce constat semble simple, mais il a pourtant nécessité de faire évoluer grandement les métiers de service. Dans notre cas, nous avons été très aidés par un service interne qui a une vraie culture client, la *hotline*. Leurs équipes ont des formations extrêmement pointues sur la relation client ; mes équipes et moi-même leur avons demandé de pouvoir observer leur méthodologie. Ces centres d'appels clients, et voire destinés à des patients ont accepté de nous accueillir, et nous avons pu mesurer, ce jour-là, le *gap* qu'il y avait entre la façon d'appréhender la demande du client interne et celle qu'avaient ces professionnels de la relation client. Quand on arrive à faire réagir entre eux les métiers de service et les clients internes dans une relation saine, c'est immédiatement perçu. Ils remarquent ainsi que les services généraux ont considérablement amélioré leur réactivité. En fait, c'est l'écoute, l'empathie, qui ont changé. Tout ça fait que les occupants internes ont le sentiment d'être mieux entendus, leurs problèmes mieux pris en compte. Il faut savoir dire non parfois, mais ça s'apprend ; l'objet n'est pas de dire non pour dire non, mais de proposer une alternative conforme à la règle et surtout d'écouter son client et ça c'est un des efforts majeurs que nous avons faits dans les services généraux. Les clients internes ont le sentiment d'être plus écoutés, leur problématique mieux comprise. Je pense que nos clients internes ont le sentiment qu'on est là pour leur bien-être au travail, leur faciliter la tâche, leur permettre de se concentrer sur leur activité. »

Comment nous avons conçu les services à la personne

« Il y a près de 1 200 personnes qui travaillent sur ce site ; nous avons décidé de ne pas faire appel aux entreprises de conciergerie habituelles car nous voulions totalement maîtriser le périmètre de ses services. Nous nous sommes donc adossés à un prestataire déjà présent dans l'immeuble, notre restaurateur Sodexo. Nous lui avons demandé qu'un de ses collaborateurs type "pro de la conciergerie" prenne en main ce service. Il travaille à plein temps et son coût est contractuel, sous forme de frais fixes ; cela me permet d'avoir la mainmise et un contrôle sur tout ce qui est proposé aux collaborateurs de l'entreprise. D'abord la Sodexo nous demande forcément notre approbation avant d'ouvrir un service ; nous contrôlons les tarifs, l'objectif premier n'étant pas d'être moins cher que les magasins en ville mais d'offrir l'avantage que la livraison des produits soit faite sur le lieu de travail. »

« La conciergerie propose un service de pressing et de blanchisserie, du repassage, des retouches de vêtements, de la cordonnerie. Vous pouvez aussi commander le jour même des fleurs, faire laver votre voiture ou votre deux roues, acheter sur place pour offrir des chocolats, des vins fins, et des coffrets cadeaux ou trouver des articles de petit dépannage au quotidien, par exemple des collants, des articles de toilette, etc. Sans oublier, bien sûr, la vente au personnel d'une partie de la gamme des produits de beauté, de soins ou d'hygiène, non pharmaceutiques, qui sont commercialisés par le groupe Johnson & Johnson. »

Le fresh corner

« Enfin, nous pouvons commander des fruits et des légumes de saison, bio si vous le souhaitez, livrés sur place. Tous ces produits sont issus du commerce local pour plus de réactivité, pour diminuer l'impact carbone du transport et pour plus de fraîcheur s'agissant des produits périssables. »

Très demandée et très tendance, la salle de sport est aussi un sujet récurrent. Mais lorsqu'on décide d'ouvrir une salle de gym dans l'entreprise, il faut que ce soit un architecte spécialisé qui la conçoive et que vous soyez bordé et conscient des responsabilités que cela peut engendrer pour l'entreprise, car que se passe-t-il s'il y a un accident ? Y a-t-il un règlement interne sur la salle de sports ?

« Ce qui me préoccupe toujours, c'est lorsque les services sont délivrés hors l'immeuble, *quid* de la responsabilité de l'employeur qui a établi le contact avec un fournisseur ? Je pense à un service très plébiscité auprès des conciergeries : trouver une *baby-sitter* ou organiser des voyages, etc. Si cela se passe mal, *quid* de la responsabilité de l'entreprise ?

C'est une des raisons pour laquelle nous avons décidé de piloter uniquement des services délivrés sur l'immeuble, pour lesquels nous avons les compétences de gestion et de contrôle. »

Découverte de l'offre bien-être à Issy-les-Moulineaux

On commence par l'entrée de l'immeuble. Quand on traverse le hall, une ruche avec ses abeilles est installée dans un patio à l'air libre qui vous rappelle la nature. Certains collaborateurs, volontaires, se chargent de l'entretien et de la récolte. La société offre des formations d'apiculteur pour les collaborateurs intéressés et d'autres poursuivent cette passion à l'extérieur, en ayant des ruches chez eux.

Vous traversez ensuite une exposition d'art contemporain gérée par une galerie d'art qui renouvelle les œuvres tous les trois à six mois. C'est une volonté de l'entreprise de permettre aux collaborateurs de découvrir de l'art contemporain qu'ils n'ont pas coutume de voir et de les amener à se poser des questions. Les artistes sont invités à faire partager leur vision du monde et de la vie lors de visites organisées avec les employés de l'immeuble. Johnson & Johnson n'oublie pas sa vocation de groupe de santé…

En poursuivant cette visite, on découvre un kiosque santé en libre service qui permet d'avoir individuellement et instantanément des données biodynamiques basiques pour mesurer votre tension, mesurer votre poids ou votre masse graisseuse, d'avoir un pourcentage sur le risque de diabète. Ensuite, à l'entrée du restaurant, on découvre qu'une diététicienne est mise gratuitement à la disposition du personnel un jour par semaine et donne des consultations sur place. Mais c'est elle aussi qui met à jour une préconisation du menu le plus équilibré pour les plats proposés par le restaurant. Plus besoin de mémoriser l'équilibre alimentaire. Évidemment, le libre arbitre reste la règle, prévention et incitation restent les mots d'ordre et en aucun cas la démarche forcée. L'infirmerie propre à tous les grands établissements, ouverte à temps plein, est doublée d'un cabinet médical, un médecin du travail peut vous accueillir deux jours par semaine, et enfin d'une assistante sociale plusieurs fois par semaine. Toujours dans le même registre, des journées ou des semaines de la santé sont organisées en interne et mobilisent tous les acteurs de la société.

Beauté et soins

« Il y a aussi un salon de coiffure et de soins esthétiques qui accueille nos collaborateurs sur rendez-vous. Nos espaces de convivialité et de détente ont été rénovés pour être dans l'air du temps, on y trouve la télévision avec accès à l'actualité en permanence, un espace de jeux électroniques, mais aussi des informations sur la vie de l'entreprise, ou sur la prévention, à l'image des supports médias internes qui insistent sur les mesures à prendre pour gérer au mieux les déplacements, santé, repos, code de la route, la veille des départs en vacances par exemple. »

La mobilité est d'ailleurs un sujet important dans l'étude du bien-être au travail, pour une société internationale, dont le siège est aux États-Unis. Les allers-retours des cadres sont coûteux, fatigants et déstabilisants pour les familles. Mais ces réunions sont essentielles pour l'entreprise. La téléconférence existe depuis longtemps, mais ne remplace pas les échanges *de visu*. Johnson & Johnson a donc installé ce que l'on appelle une salle de téléprésence qui a la particularité de mettre les interlocuteurs de part et d'autre de l'Atlantique dans une salle, installés en demi-cercle, ils ont en face d'eux des écrans panoramiques où tous leurs interlocuteurs, installés eux aussi, en demi-cercle dans un mobilier identique sont tous visibles et audibles en permanence de sorte qu'ils ont l'impression d'être dans la même salle. Les gens sont en face de vous à l'échelle 1 et on oublie la distance. Il est arrivé qu'un utilisateur renverse son verre d'eau à New York et que ses collègues à Paris sursautent comme s'ils risquaient d'être éclaboussés.

À la fin de cet inventaire, on se dit que les salariés de Johnson & Johnson sont vraiment privilégiés. Pourtant

Nathalie Menez constate qu'on s'habitue à tout, poussant des gens à réclamer plus. L'humain est peut-être de retour dans l'entreprise, avec sa versatilité.

Alors l'avenir ?

« Il suffit de constater le nombre de colloques organisés dans nos métiers pour être convaincu que ces politiques sont en train de se développer. Si vous allez à l'Arseg, l'Agora des DRH, etc., vous verrez qu'une conférence sur deux tourne autour des problématiques métiers sur le bien-être au travail ou le développement durable et de moins en moins sur des sujets plus classiques tels que l'optimisation de votre patrimoine immobilier. Aujourd'hui, nous sommes très challengés sur ces sujets, nos directions attendent de nous des moyens de mise en œuvre, des initiatives, mais à des coûts maîtrisés. Les employés attendent eux aussi que leurs entreprises se mettent au diapason de ces sujets dont ils entendent parler toute la journée dans les médias et de cette question sur l'équilibre vie privée, vie professionnelle qui revient en permanence. Quant à la nouvelle génération, elle booste les exigences sur les nouvelles technologies, mais elle court aussi après le temps. Ils attendent de leur employeur plus de réciprocité entre leur investissement professionnel et la qualité de vie qui leur est offerte au travail. Le fait de mettre à disposition des services montre que l'employeur est conscient de cette nécessité. Les employés sont valorisés par cette démarche, car leur employeur n'agirait pas de la sorte s'il ne voulait fidéliser ses collaborateurs et être attractif pour ceux qui voudront un jour postuler chez lui. Il a tout intérêt à le faire. C'est une exigence de la nouvelle génération, ensuite à l'employeur et aux experts qui vont le conseiller de déployer des initiatives qui ont une vraie valeur ajoutée et d'éviter que la surenchère nous fasse tomber dans le gadget. »

« Dernière remarque pour répondre à votre question, le nettoyage fait absolument partie du bien-être mais je le classerais plutôt dans les fondamentaux. Si les locaux sont mal ou peu nettoyés, le collaborateur va avoir des inquiétudes sur l'hygiène, plus généralement, il va emmener cette inquiétude partout. Si c'est sale dans mon bureau, ça doit l'être partout, c'est anxiogène. C'est un exemple intéressant pour rappeler que créer une conciergerie, des locaux de détente ou de gym, soit ! Mais ne faut-il pas en premier lieu s'assurer que sa politique du bien-être au travail est bien fondée sur les bases les plus essentielles comme : l'hygiène, la sécurité, la qualité des outils et de l'environnement de travail ou encore l'accessibilité et les transports disponibles ? »

Dans mon périple, j'ai été surpris par une profession, une vocation devrais-je dire, dont le personnel consacre sa vie à nous soulager des traumatismes ou accidents de la vie. Quand on les voit intervenir, ils semblent à l'abri du mal-être. Pourtant, les conditions de vie actuelles préoccupent l'état-major qui commence à réfléchir à des actions profitables au bien-être. En revanche, pour le stress, le bon, ils sont servis. Je veux vous parler des sapeurs-pompiers.

SERVICE DÉPARTEMENTAL D'INCENDIE ET DE SECOURS (SDIS 77), COMMANDANT PATRICK RACOUA

« Les sapeurs-pompiers, aussi »

Ils sont 230 000 en France, dont 90 % de volontaires, les autres militaires ou professionnels. Ils répondent chaque année à 4 000 000 demandes d'interventions, soit quelques dizaines de millions d'appels téléphoniques. Comme vous et moi, des appels de citoyens confrontés à un événement inhabituel et insurmontable à notre niveau, malgré l'aide parfois de notre entourage. Ces hommes et quelques femmes sont confrontés à une réponse indispensable. C'est celle de la société aux attentes d'un citoyen. Au milieu de tout ça, il y a les émotions soit sur des biens, une fuite d'eau par exemple, soit sur des personnes proches touchées par un accident, par une maladie ou par un événement violent. Les sapeurs-pompiers doivent souvent répondre par des gestes appris dans des formations et/ou mécanisés, aussi chargés d'émotions. Mon interlocuteur, le commandant Patrick Racoua du groupement de formation sports, service activités physiques et prévention du SDIS :

> « Parce qu'il est un homme avant tout, même s'il est entraîné, protégé dans un équipement individuel (EPI), des équipements mécanisés comme une grande échelle, un fourgon incendie ou une ambulance. Il y a à la base un homme qui doit répondre par un comportement adapté à cette attente du citoyen. Au retour d'intervention, après l'accomplissement de gestes souvent qualifiés de professionnels durant lesquels le sapeur-pompier aura mis de côté, partiellement ou totalement, ses émotions. Celle-ci aura un impact qui peut être traumatisant, laissant une certaine trace ou un impact qui peut, également, le galvaniser, le remplir de bonnes choses pour l'intervention suivante. Et parfois entre les deux, un juste équilibre entre le geste accompli, la fatalité liée à celui-ci, la prise en compte d'une certaine philosophie de vie. Conséquences de l'évolution de la société. »

Ces émotions peuvent laisser des traces physiologiques ou d'usure physique dans le temps plus ou moins prématurément en fonction de leur prise en compte. Des mesures préventives ou d'accompagnement sont prises, soit individuellement, de façon responsable, soit collectivement, par les employeurs, les Services départementaux d'incendie et de secours.

On a parfois des sapeurs-pompiers expérimentés qui, dans le temps, finissent par se blesser et remercient cette blessure. Parce qu'elle va peut-être leur permettre de masquer un mal-être accumulé au cours de dizaines d'années d'intervention, moins bien géré en fonction du contexte, et qui peut déboucher sur une inaptitude partielle ou totale,

© Groupe Eyrolles

soit physique soit psychologique, à l'exercice de cette profession.

Les dernières années, les SP ont bénéficié de progrès d'équipement important. La situation économique actuelle incite les employeurs à regarder au plus près la gestion de ce qu'on peut appeler l'optimisation des personnels et du temps de travail. Cela se traduit par des pressions opérationnelles plus importantes de jour en jour qui ne sont pas forcément compatibles avec la prise en compte d'un temps nécessaire à l'entraînement ou à la bonne gestion, à la récupération. Le temps passé en caserne a diminué par les progrès sociaux, l'arrivée des 35 heures notamment. Une impossibilité, voire une incapacité pour l'État ou pour les collectivités territoriales de prendre en compte 100 % du temps nécessaire au maintien de l'entretien physique que ce soit pour les professionnels qui passent 100 à 120 gardes par an ou les volontaires entre quelques heures et quelques jours par semaine en caserne.

Depuis peu, le commandement prend plus en considération ces effets en mettant en œuvre une démarche de responsabilisation individuelle. Cette démarche devrait être très productive pour sensibiliser chacun sur la nécessité de l'entraînement individuel, au-delà de cette préparation, de son hygiène de vie, des phases d'action et de récupération, de lutte contre les produits dopants, ou contre les excès et enfin de faire comprendre à chaque citoyen que sa santé est avant tout une affaire personnelle. Le choix que fait chaque individu lui confère des responsabilités vis-à-vis de l'employeur qui le rémunère et organise sa formation. Avant tout, il est un citoyen avec la responsabilité de sa condition physique, pour lui-même et sa famille. Il faut rappeler que chaque pompier dispose de presque les trois quarts de l'année à son usage personnel (100 jours de garde pour 365 jours). La prise en compte des dépenses écono-

© Groupe Eyrolles

miques est liée au temps de travail des sapeurs-pompiers, à la gestion de leurs blessures y compris les mesures de prévention prises sur le temps de travail, de sensibilisation et de responsabilisation.

Cette corporation demeure contraignante au regard d'autres activités physiques, mais cette profession n'échappe pas non plus aux conséquences de l'évolution de la société en matière de sédentarisation, de sa situation financière ou sociale, avec par exemple des sapeurs-pompiers obligés de se loger loin. Ils sont confrontés à une nécessité de répondre quoi qu'il arrive. Il faut rappeler qu'ils n'ont pas de droit de grève. Ils se doivent d'avoir une image à défendre face à la détresse des citoyens secourus. Le pompier ne peut pas laisser apparaître en cours d'opération cette forme de mal-être et de comportement qui les touche aussi, de façon peut-être plus mesurée, mais inéluctable. Ils sont aussi sujets à une perte de condition physique liée à la sédentarisation, aux modes de vie, par exemple de la malbouffe, du stress qui nous entoure.

«La prise en compte de tous ces éléments est une préoccupation du commandement qui obéit à des règles relativement pyramidales. Elles masquent, tout ou partie, de ces préoccupations. Néanmoins, on réfléchit de plus en plus au bien-être, on est touché par des risques psychosociaux, comme d'autres entreprises, par un mal-être plus insidieux parce qu'il est masqué pendant un certain temps et lorsqu'il émerge c'est grave, sans signe précurseur. Nos services médicaux ont développé des soutiens psychologiques et ont donc fait appel à des professionnels du partage psychologique. Nous n'en sommes qu'au début et c'est compliqué parce que dans la tête du sapeur-pompier, il y a une prédisposition à aller un peu plus loin que d'autres personnes. Une incapacité à en parler un peu tôt parce que c'est aussi une preuve d'échec, ce qui peut aboutir dans le temps à des comportements qui peuvent devenir soit cyniques soit indifférents à la douleur de l'autre. Ce qui dans les deux cas est un comportement générateur de traumatismes qui est actuellement en cours d'étude et de prise en compte. Le fameux bien-être, oui, les sapeurs-pompiers s'y intéressent aussi.»

La question de fond est comment préserver dans le temps la santé physique et morale du sapeur-pompier dans la recherche d'un équilibre entre l'effort du groupe et l'individuel. Aux raisons des contraintes budgétaires résultant de la situation économique actuelle et de l'évolution de la société, il faut ajouter l'attitude différente des jeunes générations. On sait qu'ils n'entendent pas sacrifier leur vie privée au profit de la vie professionnelle. Patrick Racoua est rassurant sur la pérennité de la profession :

«J'ai fait partie de cette génération qui a énormément donné à cette profession... J'ai une grande confiance de la prise en compte par les jeunes du juste équilibre entre l'activité professionnelle et personnelle, que ce soit sur le plan familial ou individuel. On a affaire à des jeunes en bonne condition physique, comme nous l'étions, qui disposent d'un temps de repos supérieur à celui que nous avions à leur âge. Ils sont conscients de la nécessité d'un équilibre juste entre de fortes contraintes professionnelles, même si elles sont réduites dans la durée de garde par an mais ont sensiblement augmenté en intensité. Il existe très peu de tabous sur les échecs et dans la vie privée ils aiment, pour la plupart, à se retrouver sur des expériences sportives ou familiales par le biais des amicales.»

La place des femmes

«Les femmes, dans nos services actifs, sont plus nombreuses chez les volontaires que chez nous, compte tenu des exigences physiques. Mais elles ont effectivement une approche beaucoup plus fine de l'équilibre à trouver entre la dépense physique et la réserve nécessaire à l'aspect durable. Elles ont aussi une capacité psychologique ou comportementale à apaiser les choses. Une femme au sein d'une garde rend tous les hommes différents. Mais elle arrive dans le temps, à apporter une sérénité et une vision un peu différente, moins machiste, de l'effort physique. Leur comportement est plus équilibré entre l'effort physique et le soutien de l'aide à autrui, à l'autre citoyen en détresse, une meilleure réponse à l'effort physique de l'homme, une réponse plus équilibrée de la femme. »

Et l'avenir

Pour Patrick Racoua, ce changement de management va prendre une ou deux décennies pour qu'elle soit effective et pour que les effets soient mesurables objectivement sur l'économie, sur la pérennité de l'engagement des sapeurs-pompiers. Ce dernier facteur va accélérer la recherche d'une forme de bien-être pour contribuer à l'équilibre financier de ce service mais, aussi, de permettre de meilleures conditions humaines et de favoriser l'engagement des hommes.

« Des mesures sociales de reconversion seront nécessaires. Parce que moins de recrutement, c'est un vieillissement accéléré de nos effectifs. Et si on ne les renouvelle pas aussi facilement qu'avant, si on n'augmente pas nos effectifs, ce qui est le cas aujourd'hui (effectif stable voire légèrement en diminution), on aura du fait de l'usure des sapeurs-pompiers l'obligation de prendre des mesures de reclassement dans des administrations, dans le secteur privé, dans des installations liées à la sécurité comme le fait déjà la brigade. Dans dix ou vingt ans, les sapeurs-pompiers qui ne pourront plus répondre aux exigences physiques et aux attentes de la population seront amenés à prendre des voix moins exigeantes. »

Ce témoignage a pour objet de montrer que la question du mal-être, aujourd'hui, est transversale dans notre société, puisque même des hommes et des femmes engagés par vocation, une élite physique et morale (dans cet entretien, j'ai souvent pensé aux athlètes de haut niveau !), sont sujets à une forme de stress professionnel. Encore un exemple qui démontre qu'on ne peut lutter contre ce mal-être sans prendre en considération l'humain. Oui, l'homme n'est pas une machine quel qu'il soit.

ARKOON
Une start-up *devenue grande*

Ce qui fait le charme du monde des entreprises, c'est souvent une belle aventure qui réussit économiquement et dans laquelle les gens sont heureux. Je sais bien que de présenter les choses de cette façon peut paraître soit naïf, soit démagogique, et pourtant…

Dans la plupart des exemples choisis, le bien-être est le résultat d'une stratégie d'entreprise approuvée par la direction générale, conçue et développée par des professionnels. Il est vrai que cela se pratique aussi plus fréquemment dans les grands groupes pour qui la communication ascendante est généralement difficile et le top management subordonné aux variations de la Bourse. Grâce aux actions menées par le Groupe Apicil, j'ai rencontré une PME basée à Lyon dans laquelle les dirigeants, eux-mêmes sportifs, se sont engagés avec détermination dans ce qu'il faut appeler un programme.

Cette belle aventure m'est contée par l'un de ces deux entrepreneurs, Pierre-Yves Hentzen, directeur administratif et financier.

Arkoon au départ, en 2000, c'est ce qu'on a appelé une *start-up*, une jeune société technologique avec de jeunes collaborateurs, qui a beaucoup recruté de jeunes ingénieurs sortant en majorité de l'INSA. C'était souvent leur premier job et jusqu'en 2003, cette ambiance de *start-up* avec des gens qui restaient le soir jusqu'à 22 heures ou venaient le samedi sans qu'on leur demande s'est maintenue. Pierre-Yves Hentzen me fait part de son enthousiasme :

> « C'était vraiment quelque chose d'extraordinaire. Cela servait la croissance de la société qui a commencé à grossir. Dès la troisième année, nous étions une cinquantaine, et Thierry Rouquet, le président et moi-même, nous avons pensé que petit à petit nous risquions de perdre cet esprit de famille d'une *start-up* où tout le monde s'approprie les problématiques, où l'implication de chacun au travail montre son attachement à l'entreprise. Comment garder cet esprit-là, alors que l'entreprise va grandir, se développer, s'installer dans le confort ? Nous ne voulions pas créer progressivement une sorte de fonctionnaires de la R&D, puisque la moitié de nos effectifs sont dans ces fonctions. »

Thierry Rouquet a 52 ans et pratique depuis toujours la course à pied, il a fait de l'athlétisme dans sa jeunesse, joue aussi au tennis et Pierre-Yves Hentzen, lui, est footballeur depuis l'âge de 7 ans. Aujourd'hui à 48 ans, il joue encore en vétéran. Le *jogging* est venu vers ses 30 ans. Comment conserver cet état d'esprit, certes aussi profitable mais aussi plus sympathique à vivre ? Quelle activité pourrait impliquer un maximum de personnes et les fédérer ? La population est jeune, ils ont presque tous fait du sport durant leurs études. Cette évidence couplée à leur passion sportive les décide à tenter ce choix. Dans la vie professionnelle, la pratique du sport s'arrête pour des raisons diverses et variées, mais aussi parce que cette population jeune, de profil ingénieur, pratiquait peu de sport en général. Cela devient une problématique personnelle, ce n'est plus celle de l'organisation et c'est évidemment dommage. Or le sport est sans doute le bon moyen pour fédérer les gens. La question suivante, quel sport ? Ce n'est pas si simple dans le cadre de l'entreprise. Certains sports nécessitent des accessoires, des installations. Le *jogging* apparaît très vite, comme la solution la plus simple. À l'heure du déjeuner, plutôt que d'aller manger de la nourriture trop riche, trop lourde et qu'ils reviennent somnolant, on va leur proposer d'aller courir.

Première disposition, créer des douches...

Pour qu'ils puissent se changer. Ensuite, commencer à communiquer dans la société en invitant tous ceux qui le souhaitent à rejoindre le premier noyau de *joggers*, en leur proposant de s'investir dans une démarche dynamique, propice à une meilleure santé avec pour objectif de réduire le tour de taille ou arrêter de fumer par exemple.

Arrive le jour du premier rendez-vous un jeudi à 12 h 15, les dirigeants proposent de partir en groupe et en fin de parcours de consommer une salade vers 13 h 30, avant de reprendre le travail.

> « Ce jour-là, raconte Pierre-Yves Hentzen, à 12 h 15, nous ne sommes que deux, Thierry et moi. Nous avons fait notre parcours en nous disant qu'il ne fallait pas lâcher l'affaire. On a compris que ce n'est pas évident pour les salariés de se retrouver en short avec leurs patrons pour aller courir. On n'a pas lâché prise, on a relancé l'invitation. La fois suivante nous étions trois, puis quatre, cinq, et finalement ça a créé une émulation collective : tu as vu, ils courent avec Pierre-Yves, avec Thierry ! Cela a commencé à prendre et il fallait fixer un objectif. »

Pour que cela se concrétise une fois la pompe amorcée, au début de 2004, on leur propose de faire quelque chose de démentiel à première vue : le marathon de New York. Ils sont alors 7 ou 8 à courir régulièrement. Ce marathon a lieu en novembre, la société propose de prendre en charge tous les frais, soit 1 500 € par personne, mais par principe chacun payera 300 €. Les 8 s'engagent, bien qu'ils n'aient jamais fait cette distance à l'exception de Thierry Rouquet.

> Pierre-Yves poursuit : « Mon sport c'est clairement le football et les footballeurs n'aiment pas bien les longues distances.

En plus, ne courir après rien, c'est pas un truc de footballeur ! C'était l'année de mes 40 ans et je m'étais fixé comme objectif de faire un marathon. New York est évidemment le plus beau. »

Toute l'équipe s'entraîne sérieusement et le 4 novembre départ pour New York. Le 7, c'est le Marathon avec un seul objectif : le finir quel que soit le temps. Le challenge est réussi pour tous entre 3 h 45 et 6 h 30 pour le moins véloce. Cette première les convainc de l'importance pour la santé de leurs collaborateurs de faire du sport, d'inculquer la notion de « dépassement de soi » alors qu'au départ seul le lien social les motivait. Les gens qui couraient communiquaient beaucoup mieux entre eux, même entre services différents ; ça a créé des liens entre eux, les tensions habituelles dans toute entreprise se sont apaisées au moins entre eux. Lorsqu'ils allaient courir, l'après-midi, ils étaient beaucoup plus disponibles, plus détendus, et les relations de travail s'en sont trouvées considérablement améliorées. Beaucoup de satisfaction, donc on s'est dit qu'il fallait continuer dans cette voie, et fixer un autre objectif.

8 coureurs sur 50 salariés, c'était déjà une bonne proportion et l'année suivante le choix se porte sur le marathon du Médoc, choix judicieux pour joindre l'utile à l'agréable. Deux jours dans le Médoc. Départ et arrivée à Pauillac. D'année en année, les coureurs font une à deux courses par an, Marseille-Cassis, le viaduc de Millau, d'autres marathons, Berlin, Chicago

Nous sommes devenus une société sportive, 35 % font du sport

« ... Et l'an dernier, j'ai voulu qu'il y ait un effet de masse, avoir le plus de monde possible. Nous avons alors proposé les 10 km de Lyon. Nous étions 20. Alors évidemment chaque fois, nous faisons fabriquer des maillots au nom de la société. Aujourd'hui, c'est devenu courant de voir des gens en short entre midi et deux heures dans les couloirs de la société. Depuis, on a déménagé dans des locaux équipés de douches. Finalement, on ne s'est pas limité à la course à pied et le sport est rentré dans les mœurs de l'entreprise. Aujourd'hui, il y a des gens qui font du badminton, du basket, du Frisbee, du tennis de table, du football. Il y a eu récemment un tournoi de badminton que la société a contribué à financer *via* le comité d'entreprise».

La société est devenue une société sportive dans laquelle 35 % des effectifs pratiquent un sport dans le cadre de l'entreprise, sans licence fédérale. Les gens ont fini par se l'approprier.

L'exemple doit toujours venir d'en haut

À son avis, la clé de la réussite réside dans le fait que les dirigeants ont été exemplaires dans la démarche. S'ils s'étaient limités à dire : faites du sport, allez-y, on vous regarde, ça n'aurait pas marché. À partir du moment où le management est bon, il peut tout attendre, tout demander à ses collaborateurs. Certains leur ont dit, moi la course à pied, ce n'est pas mon truc. La réponse a été : vous pouvez lancer une autre initiative, l'entreprise est prête à vous aider dans la limite du raisonnable.

«Il ne se passe pas un jour sans que des collaborateurs ne fassent du sport. Ça a très bien pris, et quand je raconte cette histoire à des chefs d'entreprises, je suis surpris qu'ils me regardent avec des yeux ronds : c'est fabuleux ce que vous faites, disent-ils, j'adorerais faire ça dans mon entreprise, mais je n'y arriverai pas. Ma réponse : je ne vois pas ce qu'on a fait d'extraordinaire. On a simplement incité les gens à faire du sport, on a tout aussi simplement montré l'exemple, on les a mis dans nos voitures pour les amener au parc de la Tête d'Or à 3 km, et on a couru ensemble. Tout le monde pratique du sport à l'école et quand on arrive en entreprise, c'est terminé. C'est tellement simple à mettre en œuvre, à tel point que dans des entreprises voisines de la nôtre certains nous demandent : "Est-ce que ça vous embête si on vient courir avec vous ?" »

En fait, cette pratique n'est pas si courante et le Groupe Apicil, déjà évoqué plus haut lui propose d'intervenir souvent, l'entreprise étant citée dans son livre blanc. Le sport, depuis huit ans, a été le premier acte en faveur de la santé. *Pour reprendre ses termes, la pompe est amorcée, elle fonctionne sans l'intervention de la hiérarchie, les salariés ont pris le relais.*

Le deuxième axe dans lequel s'inscrit la santé au travail, c'est justement le programme Apicil « Ma santé, je m'en occupe » développé par la société québécoise Acti-Menu. Arkoon est la première société à avoir amorcé le dispositif en France. Au mois d'avril 2012, tous ses collaborateurs ont reçu un questionnaire dont le but était de définir leur portrait de santé sur différents thèmes : la pratique du sport, les pratiques alimentaires, le sommeil, le tabagisme, l'alcoolisme, le stress, les pratiques de management, les relations de travail. Le niveau de participation a été très élevé : 78 % ont répondu à ce questionnaire bien au-delà de ce qu'attendait Apicil pour ce lancement ainsi que la société deuxpointcinq Conseil (à Lyon, www.deuxpointcinq.com qui gère ce programme en France. Pourquoi ça a bien marché ? Parce que là encore les dirigeants ont montré l'exemple et ont beaucoup communiqué en amont. C'est-à-dire qu'ils ont créé un comité santé dans l'entreprise en parallèle du CHSCT uniquement pour ce programme Acti-Menu. Ils ont fait de l'information pour expliquer l'intérêt de répondre à ce questionnaire, ainsi que quelques petites actions en interne. Par exemple, un matin les membres du comité sont passés dans les bureaux offrir des fruits, un autre jour des *smoothies*. On a organisé une journée zen, pris un professeur d'arts martiaux pour enseigner cette culture. On a vraiment sensibilisé les gens en amont. Une conférence a réuni tous les salariés y compris ceux de Paris, autour du Dr Louis Gagnon, fondateur de la société Acti-Menu au Canada, détenue aujourd'hui par trois fondations : la Fondation Prévention Santé Intégrale, la Fondation du Centre ÉPIC, et la Fondation de l'hôpital Maisonneuve-Rosemont. Venu spécialement, il a expliqué en quoi il était important de prendre soin de soi, de remplir ce questionnaire avec un système de notation et il a proposé à nos collaborateurs un accompagnement sur certaines thématiques jusqu'à identifier des salariés en situation de mal-être avec de potentielles tendances suicidaires. *C'est aujourd'hui une problématique de l'entreprise de se soucier des risques psychosociaux.*

Les quatre volets positifs de la démarche

Le constat est le suivant : « On a beaucoup communiqué et les gens ont bien adhéré, alors que nous partions dans l'inconnu. En France on a tendance à rester en observateur, avec un *a priori* méfiant. Ils pouvaient se dire : "ma santé c'est mon problème et pas celui de l'entreprise." Si je fume, si j'aime boire un petit whisky quand je rentre... ça me regarde. Or pas du tout. On a une génération Y en attente de beaucoup de choses de l'entreprise autre qu'un simple emploi. On a répondu quelque part en leur montrant que l'entreprise se souciait de leur bien-être. Il y a quatre volets positifs dans cette démarche : humain, relationnel (RH), performant et économique.

> ➤ Le volet humain : nous avons pensé que c'est bien pour l'entreprise de s'intéresser à la santé de ses collaborateurs et mieux de s'en soucier.

> ➤ Relations humaines : l'intérêt qu'on leur porte est en ligne de ce que peut attendre la génération Y. L'entreprise peut leur apporter autre chose qu'une feuille de paye.

> ➤ La santé favorise la performance individuelle, donc la performance collective, donc celle de l'entreprise. La société retrouve son investissement.

> ➤ Économique car un salarié en bonne santé, c'est un salarié qui coûte moins en prévoyance, en complémentaire santé. Cela permet à l'entreprise de mieux équilibrer ses contrats de prévoyance et de contingenter ses dépenses santé. »

La deuxième phase de ce programme « Ma santé, je m'en occupe » consiste à identifier les axes de conseil et d'accompagnement qu'on peut proposer aux salariés, dans la limite de ses capacités financières, allant jusqu'à l'accompagnement de salariés en situation de mal-être profond, en évitant de s'insérer dans leur vie privée. La direction n'a pas connaissance des « portraits » individuels. Tous les éléments sont entre les mains des professionnels de santé. Ni Apicil, ni les dirigeants n'ont accès à ces informations médicales.

> Précisions de Pierre-Yves Hentzen : « Nous avons réussi à bien l'expliquer à nos salariés et ils nous ont fait confiance. Nous travaillons dans la sécurité informatique, et ils sont soucieux de toutes ces problématiques de secret et de confidentialité. Il a fallu qu'ils aient l'assurance que ces données très personnelles ne seraient pas utilisées à droite ou à gauche à des fins commerciales. »

Pour le moment, ils constatent que l'entreprise se porte plutôt bien, même s'ils subissent aussi la crise. Ils sont très contents de ce qu'ils ont réussi à faire. Ils partaient dans l'inconnu et s'ils n'avaient pas persévéré, l'expérience serait sans doute tombée à l'eau.

> « Mais je ne désespère pas qu'un jour on mette un peu plus de moyens pour pouvoir mesurer tout cela un peu plus scientifiquement. Lorsqu'on a des chiffres permettant de mesurer les bienfaits, l'absentéisme, le présentéisme, la mesure est importante parce qu'elle donne des arguments pour mieux évangéliser autour de soi. »

Quel avenir ?

Pierre-Yves Hentzen dit avoir du mal à savoir si cette initiative est applicable de manière plus large. Pour lui la réussite est dans les mains des managers, des directions générales, des DRH.

> Sa conclusion : « J'ai du mal à être optimiste sur les perspectives de développement parce qu'un déclic ne s'est pas encore produit. J'en parle autour de moi, on me dit que c'est super mais je ne vois rien venir. Peut-être manque-t-il quelque chose, peut-être la Fédération française du sport d'entreprise pourrait-elle intervenir ? Il manque un élément qui rende ce concept légitime. Je crois parfaitement à ses vertus en matière de management. Je m'en rends compte quand les gens de l'extérieur viennent dans l'entreprise. Ils nous disent : on sent chez vous une bonne ambiance. Je suis convaincu qu'en matière de méthode de management, c'est une voie dans laquelle il faut s'engager ; simplement j'ai du mal à percevoir ce qui pourrait la "booster" en France pour que ça se développe. La FFSE devrait le faire. »

VINCI PARK

Les parkings publics… un commerce de proximité ?

Mon intérêt, qui m'a guidé vers des situations professionnelles diverses et des méthodes différentes, me conduit vers des sous-sols, que j'ai beaucoup fréquentés, les parkings que j'identifiais à un service public, privé d'esprit marchand.

L'image du parking évolue beaucoup à la création de Vinci Park en 2001, parce que le patron, Denis Grand, donne immédiatement une impulsion assez nouvelle dans le monde obscur et souterrain des parkings qui jusque-là sont perçus comme une utilité rendue obligatoire ; c'est l'endroit où vous stockez votre voiture, pas par choix, mais parce que vous avez rendez-vous à proximité. Au moment où se constitue le groupe Vinci, en réunissant toutes les sociétés de parking des sociétés de constructeurs, la société Vinci Park est créée et Denis Grand définit ces espaces comme étant le premier contact avec un quartier, une ville, un centre commercial, un immeuble de bureaux, etc.

Le groupe Vinci est visiblement très actif sur le sujet qui m'intéresse dans ce livre. Après l'initiative surprenante et pertinente à Lorient de la filiale Sogea Construction (voir plus loin), le développement de l'échauffement des compagnons sur des chantiers, voici un autre exemple étonnant. Les parkings souterrains, ces espaces indispensables qui sont souvent inhospitaliers, Vinci Park a fait beaucoup d'efforts pour les rendre plus «confortables» en prenant en compte le bien-être de l'automobiliste généralement considéré comme un otage. Mais, hormis les aménagements, l'éclairage, le bien-être des clients commence par celui du personnel. C'est en partant de cette considération que le groupe a choisi un directeur de ressources humaines, très imprégné d'humanité même si la rentabilité est aussi sa préoccupation. Cette homme, Xavier Planchon, m'a accueilli et m'a expliqué comment il a engagé un programme très original soutenu par son conseil de direction (on verra plus loin comment), programme proposé et géré par la société Koroïbos, dont je parle chapitre 4.

Le parking est un commerce de proximité

Si on arrive dans un parking qui sent mauvais, qui est sale, vous n'avez pas envie d'aller dans le centre commercial et cela renforce le sentiment d'insécurité. Partant de ce principe, Xavier Planchon affirme qu'on renouvellera l'image du parking en réveillant la relation entre les clients et eux. Tout va être acté, tout va être misé, Vinci Park va être organisé pour changer cette relation avec le parking, en tant qu'accueil, avec le personnel qu'il soit géré sur place ou à distance, toute la relation est basée sur un *leitmotiv* : le parking est un commerce de proximité. Donc, comme un commerçant de proximité, il traite bien ses clients, il les connaît et il les choie. Dans un parking Vinci Park, vous pourrez remarquer que bien souvent le responsable, ou l'agent d'exploitation, connaît ses clients. C'est cet aspect qui est très important.

Manager ensemble, « athlètes de la relation »

« Je suis arrivé chez Vinci Park en 2011. J'ai constaté que notre personnel avait des besoins de soutien, particulièrement nos managers dans la capacité relationnelle interne. On a de bonnes relations avec ses clients quand on est bien dans l'entreprise. De là est partie cette idée ainsi nommée, "athlètes de la relation", avant même qu'il ne soit question de sport. On a constaté que notre école de formation des managers tournait essentiellement sur les techniques de management et finalement qu'on leur donnait assez peu de soutien sur la manière d'entretenir une bonne relation avec leur équipe et avec leur environnement sur le plan humain. Or, je suis convaincu que la première source de bien-être dans l'entreprise, c'est la qualité des relations. Je ne conteste pas ce qui peut être fait autrement mais avoir une belle cafétéria, une salle de sport, une conciergerie pour faciliter la vie quotidienne des gens, c'est très bien mais si au sein de l'entreprise vous avez des relations exécrables, ça ne rendra pas les gens heureux. Je suis très méfiant sur ces actions, car pour moi, elles ne peuvent venir qu'après le reste, au risque de laisser croire qu'on se cache derrière la forêt. Vous avez des espaces de détentes, une belle cafétéria, etc., qu'est-ce que vous voulez que je fasse de plus pour votre bien-être ? Et bien, donnez-moi juste un chef qui s'occupe de nous, ça nous suffit. Je préfère travailler sur cet aspect qui est un peu plus compliqué à plus long terme mais qui porte en fin de compte ses fruits. On a souhaité engager une action de fond sur la capacité des managers sur le principe qu'ils doivent être disponibles pour leurs collaborateurs. C'est leur première fonction. Il faut les aider car ce n'est pas ce que l'on apprend dans les écoles. Ce que nous avons comme axe principal chez Vinci et que nous appelons la subsidiarité, c'est notre manière de lutter contre le présentéisme. C'est de mettre la responsabilité au plus près du terrain. »

Comment aboutir à ce concept...

Au hasard des rencontres Christophe Inzirillo expose au comité de direction les méthodes de Koroïbos qui, élaborées au cours des dix dernières années, semblent efficaces.

« On a mis un peu de temps, volontairement, pour penser et chercher comment on pourrait améliorer la capacité relationnelle. Le parallèle entre le sport et l'entreprise avait semblé *a priori* un peu cliché. Aller exposer cette idée au comité de direction de l'entreprise, la vendre aux managers semblait surfait.

Comment donc utiliser cette ressource sportive. Finalement, on est arrivé à cette action qui s'appuie sur les objectifs que se donne le sport de haut niveau de façon très pragmatique.

À partir du moment où vous dites à quelqu'un qui est agent d'exploitation, directeur régional, ou chef d'entreprise : c'est toi qui as la responsabilité de ton périmètre, c'est toi qui prends la décision, parce que tu connais ton *business*, tu connais ton périmètre géographique, tes clients, tes salariés. On te donne un cadre général, les objectifs de développement et tu décides de ta politique sociale et de ton développement. Forcément quand vous venez au bureau, vous ne venez pas pour rien faire, être responsable c'est déjà plus intéressant, je suis aux manettes. Et ça stimule. C'est vraiment notre manière de lutter contre le présentéisme. »

Le sport comme levier

Concrètement, on a monté une session de deux jours sur le comportement des managers comparé à celui du sport de haut niveau. Les fondements pédagogiques sont repris, un manager a plusieurs casquettes au cours de cette session : celle d'entraîneur, de coéquipier, ou d'arbitre. Les séquences de jeux sont pilotées par de vrais cadres en short. C'est évidemment du sport adapté à la mesure des gens pour accélérer l'apprentissage. Sur un terrain, dès que vous mettez un ballon ça joue, peut être mal mais ça joue. Dès ce moment se pose la question du jeu et des règles. Il faut que quelqu'un vous apprenne les mouvements, celui-là sera l'entraîneur. Pendant les jeux, il faut un capitaine pour coordonner le jeu. Enfin, le manager qui va s'impliquer avec ses coéquipiers. Petit à petit, on va leur faire toucher du doigt concrètement par des séquences de jeu à tour de rôle.

La difficulté d'être arbitre, entraîneur...

Tout le monde va comprendre que s'il n'y a pas d'arbitre, c'est le désordre, et que si l'arbitre est un intransigeant, extrémiste de la règle, il n'y a plus de jeu parce que s'il siffle toutes les deux secondes, le jeu ne peut pas se développer. Il le vérifie de fait et il le « débriefe » avec les entraîneurs professionnels. Ensuite, c'est le travail en salle sur le rythme du sport. On a des phases d'entraînement, de préparation, des phases de réflexion en équipe sur la stratégie de jeu avec un objectif qui est le résultat comme dans le sport de haut niveau, comme dans l'entreprise. Le manager, pendant ces deux jours, va prendre conscience que son rôle avec son équipe est d'entretenir des relations de qualité et passer parfois par des phases d'arbitre. Il va siffler la faute et il va rappeler et expliquer la règle. On le voit bien dans le sport aujourd'hui, l'arbitre est obligé d'expliquer la faute aux joueurs qui contestent. Le manager, derrière son ordinateur, ne voit pas le jeu. Donc pour garder de bonnes relations et suivre le jeu, je dois rester auprès de mon équipe.

Ou d'être capitaine…

Il y a des circonstances où il faut être capitaine, organiser le jeu. À d'autres moments, il faut aller les chercher là où ils sont. S'il ne va pas les chercher, il ne pourra pas constituer son équipe. Tout cela, le manager le concrétise, il voit comment améliorer ses relations avec ses collaborateurs et il constate que son premier devoir, c'est de rentrer en relation. Quand on va au-devant de la relation, c'est un peu plus exigeant mais au bout du compte, c'est beaucoup plus porteur. Le manager comprend que c'est la meilleure façon de développer le mieux-être des salariés et ce faisant, on développe aussi la qualité. L'autre composante que Koroïbos a apportée, c'est la stratégie des points forts et des petits pas. Au début, on va s'appuyer sur les points forts des collaborateurs et sur lesquels on va être très exigeants. C'est sur quoi ils peuvent progresser rapidement, mais ce n'est pas en insistant sur les points faibles qu'ils vont progresser. Cela donne une dynamique de groupe très forte de s'appuyer sur les points forts de chacun. Deuxième axe : les petits pas. On avance progressivement, il est inutile et inefficace de vouloir gravir la montagne sans palier préliminaire. À ce stade, je m'interroge comment obtient-on une participation «volontaire» en short ? Xavier Planchon explique sa méthode :

On travaille sur « la pâte humaine »

«Dans les premières sessions, 100 personnes ont suivi ce programme et bien que ce soit l'encadrement de Vinci Park, nous avons eu tous les cas de figure. Certains étaient complètement opposés : en mars, avril, il ne faisait pas toujours beau, ils n'étaient pas super ravis d'y aller. Certains disaient :

je n'ai jamais fait de sport, qu'est-ce qu'il nous embête avec ce truc-là ! On est allé les chercher là où ils sont : ne t'inquiète pas tu vas faire ce que tu peux, on ne va pas te demander de faire un 100 m en 10 sec, on va juste avancer, tu vas prendre part à l'équipe, tu vas y prendre ta place, même si tu participes peu dans la limite de tes moyens. Et finalement, ils sont rentrés dans les jeux et ils en ont même ensuite été contents ; je pense à quelques personnes qui étaient vraiment des détracteurs sur ce projet et qui, par la suite, ont fait une bonne publicité dans leur équipe : "allez-y, c'est super." Leur équipe ne les avait jamais vus comme ça, ils se sont demandé ce qui avait pu les changer. Ce n'est pas magique, mais cela nous a mis en face de nos différentes casquettes. Il y a une règle, tout le monde y va, mais ceci dit on ne peut forcer les gens. Il fallait de la diplomatie. Quant aux résultats, je ne vais pas vous dire qu'on a tout changé, que tout va bien et qu'on a d'excellentes relations avec toutes les équipes de Vinci Park. »

On sent une dynamique

« Cela fait cinq mois que nous avons commencé et on sent déjà une dynamique, une volonté d'avancer ensemble, de ne pas s'arrêter là, de le faire vivre au quotidien, d'avoir un langage commun et d'avoir à l'esprit cette politique des points forts, des petits pas. Je ne me fais pas d'illusion, on travaille sur la pâte humaine, on travaille pour l'éternité. »

Pour cela, il faut bien sûr avoir des patrons qui soient convaincus du sujet et qui n'exigent pas un RIE à la fin du mois. On commence à en apercevoir les bénéfices et petit à petit on les verra vraiment.

« Au début de cette action en 2011, la conception a été élaborée en cours d'année et la première session a eu lieu en février 2012 ; on a testé les premiers de ce stage qui se sont retrouvés sur le terrain avec le comité de direction en short par temps de pluie. Ils ont suivi les mêmes phases de jeu, les mêmes débriefs. Cela nous a permis d'améliorer le concept grâce à leurs recommandations. On a formé jusqu'aux responsables de district, qui sont responsables d'une agglomération. Il est leur centre de profit de base. Une grosse partie de l'encadrement est formé, et par la suite le comité de direction va animer une journée avec ces 100 managers pour mesurer l'efficacité de ce programme. Le comité de direction est l'animateur sur le terrain. En parallèle, le premier niveau de formation est mis en œuvre pour les 300 autres managers sur une durée de deux ans. Ce n'est pas toujours facile de mettre en short les gens mais ils sont amenés à jouer, eux aussi, leur rôle d'entraîneur et à aller chercher les gens où ils sont. »

Qui est Xavier Planchon ?

« J'ai une formation qui sort des sentiers battus puisque après un rapide passage en faculté d'économie à Nanterre, j'ai fait des études de théologie et de philosophie. Le point commun avec le métier que je fais aujourd'hui, c'est bien entendu la personne humaine, son avenir et sa réalité, ses capacités, ce vers quoi elle est appelée. Mon moteur en tant que DRH, c'est de travailler sur cette pâte humaine. C'est de faire en sorte que les hommes au sein de l'entreprise puissent donner le meilleur d'eux-mêmes et qu'on arrive à concilier, voire à réconcilier deux réalités qui semblent opposées, le but économique d'une entreprise et la réalité des hommes et des femmes qui la constituent. À partir du moment où l'on réconcilie ces deux réalités, on s'aperçoit que chacun fonctionne mieux. L'entreprise est profitable, les hommes et les femmes se sentent mieux et on rentre dans un cercle vertueux. Tout n'est pas rose, il y a des décisions difficiles à prendre, etc. Quant à Vinci Park, il a un terreau favorable, car il y a des personnes plus ouvertes que d'autres. Je suis un optimiste. Je crois en la personne et en la capacité humaine et je crois à la force de la persuasion. »

« Alors oui, on trouve chez Vinci un terreau fertile justement parce qu'on a cette culture de la subsidiarité. Ce qui permet d'éviter d'être dans des structures lourdes dans lesquelles vous ne savez jamais qui décide vraiment. Chez nous, on identifie clairement qui est le patron. Et donc, charge à vous d'aller lui expliquer que la meilleure orientation pour son entreprise, c'est de commencer par s'occuper des hommes et des femmes de son entreprise, ensuite de s'occuper de son métier, de ses clients et ensuite les finances arriveront. Mais quand vous ne savez pas qui décide parce que vous avez des procédures de 50 pages et que trois signatures sont nécessaires, c'est plus compliqué. »

Et l'avenir

« Je reviens au tout début de notre entretien au sujet du développement de la relation entre les gens. Je suis convaincu que les années à venir vont être marquées, fondées sur les relations. On passe dans une ère de service, de relation avec le client, avec les actionnaires, avec vos amis. On voit bien tous les réseaux sociaux, ces communautés auxquelles appartiennent les salariés de notre entreprise. On est dans une époque qui sera énormément relationnelle à l'inverse des années passées qui étaient plutôt industrielles. Et forcément, vous pouvez rentrer en bonne relation avec les autres si vous êtes bien vous-même, celui qui vient travailler en se disant, moi je suis dans une équipe dans laquelle on s'entend bien. »

« Au fur et à mesure que les outils sont arrivés pour développer la communication, on s'est retranché derrière ceux-ci et on est devenu des techniciens du management. Or nous ne sommes pas des machines. Il faut réapprendre à nos équipes à rentrer en relation avec les autres. La lecture que j'en fais c'est que cette orientation très technique et très financière a rendu impossible la connaissance des autres et de soi-même. C'est un cursus qui a été complètement absent des enseignements supérieurs. »

Cette conclusion me ramène à l'idée des espaces temps d'échange que j'ai évoquée chapitre 2.

Vinci Park en quelques chiffres

- Dans le monde : 13 pays, 10 500 salariés, 1 400 000 places.
- En France : 650 parkings, 2 200 salariés.

L'exemple suivant est une PME exemplaire, dans un domaine très concurrencé par les pays asiatiques, qui innove en permanence grâce à la contribution des collaborateurs dans l'usine. Cette entreprise illustre, pour moi, en quoi le mieux-vivre ou le bien-être participe à la créativité de ces gens qui chaque jour dans la chaîne du travail de production imaginent, entrevoient des améliorations. De surcroît, le modèle est presque trop parfait d'une entreprise familiale qui cultive depuis la création, il y a trente ans, un art du savoir-vivre, fréquent en Isère, à la Tour-du-Pin pour être précis.

GROUPE SERGE FERRARI, HERVÉ GARCIA, DRH ET DIRECTEUR D'EXPLOITATION À LA TOUR-DU-PIN...

À Londres, aux JO 2012

« L'activité de l'entreprise est spécialisée dans la fabrication de membranes composites souples. À partir du 27 juillet 2012, ouverture des jeux Olympiques à Londres, on va avoir une application grandiose de nos produits. Vous pourrez visualiser sur vos téléviseurs, à l'exception d'une infrastructure des jeux à Londres, tout le reste a été couvert par des produits Serge Ferrari. Le *main stadium*, la piscine olympique, le water-polo, le centre de tir, toutes les infrastructures techniques sont couvertes par des produits Serge Ferrari. Voilà une de nos applications. »

Leurs marchés...

Des produits très techniques, ce qui fait la différence. Ils ont intégré des process de fabrication qui font partie de leurs valeurs qui sont très en avance sur le développement durable. Ils ont mis au point, par exemple, un procédé de recyclage de leurs produits. Les JO de Londres voulaient des infrastructures qui soient dimensionnées ou utiles une fois la compétition terminée et justement ces produits permettent cela. Les deux côtés latéraux du centre aquatique vont être démontés. C'est l'intérêt de ces produits qui sont souples, se démontent et remontent ailleurs ou peuvent être recyclés. On pourra les réutiliser pour en faire des tapis de mousse pour du saut, les donner pour des écoles londoniennes ; on va continuer à faire vivre les produits. C'est un des arguments différenciants pour lequel ils ont été choisis.

Un DRH heureux...

Hervé Garcia a rejoint ce groupe en 2000. Il nous explique l'origine du bien-être dans cette entreprise :

« J'ai la chance d'avoir rejoint le groupe Serge Ferrari il y a douze ans en qualité de directeur des ressources humaines ; c'est une création de poste. Il a fallu un entretien pour que j'aie envie de rejoindre ce groupe et que les dirigeants aient envie de travailler avec moi. Depuis douze ans, cette belle histoire continue. C'est une entreprise familiale avec une très forte culture, mais également des particularités. Le créateur, Serge Ferrari, a toujours mis en avant que son capital principal sont les hommes et les femmes qui travaillent dans l'entreprise. Quand il l'a créée, il employait le terme de compagnons, aujourd'hui on utilise très peu celui de salariés, on parle de collaborateurs. Ce sont des choses qui font partie de ses valeurs personnelles, l'humain. Très rapidement ses deux enfants sont venus travailler avec lui. Ce sont aujourd'hui les propriétaires. Ils ont poursuivi cette même culture. Il y a une vraie relation humaine dans cette entreprise. C'est une priorité, ce n'est pas quelque chose de forcé. C'est le mode de fonctionnement. D'ailleurs, quand on recrute un collaborateur, quels que soient le poste, le niveau de responsabilité, la durée, on explique toujours aux gens qu'il y a trois points de critère chez nous. D'abord, faire bien la mission pour laquelle on est appelé à rejoindre le groupe, ensuite se sentir bien. Depuis trente ans, on le dit dans cette entreprise, on met des choses en œuvre pour que les gens se sentent bien et faire mieux. Ce qui nous intéresse aussi, puisque nous sommes dans une entreprise dans laquelle l'innovation est très importante. Avoir des collaborateurs qui ont envie de se poser des questions qui sont aussi celles de l'entrepreneur : comment je peux faire encore mieux ce qui m'incombe. Et je participe, on m'implique dans l'organisation, la production, la productivité, etc. Voilà pour l'histoire. »

Se sentir bien, qu'est-ce que cela veut dire ?

« Quand je vous dis se sentir bien, c'est être bien dans l'entreprise et pour nous c'est tellement important qu'on mise beaucoup sur la proximité avec nos collaborateurs. Ils nous connaissent bien et inversement. Et bien connaître un collaborateur, c'est non seulement être à l'écoute mais c'est aussi voir le comportement évolutif : Tiens, il fait la tête aujourd'hui, pourquoi ? Il y a probablement un problème. Très souvent, ce n'est pas lié au bureau. On ne fait pas d'ingérence dans la vie privée, mais en tout cas nos collaborateurs savent qu'on peut en parler. On n'a évidemment pas des solutions à tout. Si ce sont des problèmes financiers, on peut accompagner, si ce sont des problèmes familiaux, on peut écouter. En revanche, ce qui est important chez nous c'est la mise en position de mansuétude particulière. »

Un *turn-over* quasi nul...

« C'est-à-dire qu'il y a des choses qu'ils peuvent accepter ; on va trouver un remède pour le collaborateur dans le contexte qu'il traverse aujourd'hui. On va être un peu moins exigeant, aménager ses horaires de travail pour qu'il puisse gérer cette situation le mieux possible, donc on participe au bien-être. C'est très important sur l'impact économique et c'est difficilement mesurable. En revanche, depuis trente ans, on s'intéresse au bien-être des collaborateurs et on constate un «turn-over» proche de zéro. Pratiquement, jamais de démission. Ils ont de bons salaires ce qui aide sûrement mais les gens ne restent pas que pour cette raison. Il y a la qualité de la vie dans cette région, et les gens sont heureux parce qu'on fait tout pour concilier la vie professionnelle et la vie personnelle. On sait que chacun va trouver son juste équilibre et c'est différent pour chaque personne mais nous on s'y intéresse. On n'hésite pas à mettre en place des organisations, dès lors qu'elles sont temporaires, pour faire face à tel ou tel événement. On investit sur les gens, sur la formation, sur le moyen terme et là on peut construire des choses. »

«On a un climat social qui est excellent, je suis un DRH ravi, heureux. Les gens construisent avec nous, on n'est pas toujours d'accord, on discute, ça peut toujours aller dans le même sens mais c'est ça aussi l'intérêt de la vie en entreprise et on a cette culture gagnant gagnant. Jamais perdant et dans le pire des cas on est perdant perdant, ça peut arriver. »

Il y a cette culture du compromis, qui se traduit sur le climat social. Jamais de soucis sur les négociations annuelles des salaires et, au contraire, on invente des choses en matière d'organisation avec une réactivité exceptionnelle. *Le siège à la Tour-du-Pin, c'est aujourd'hui 400 collaborateurs avec presque la réactivité d'un artisan.*

Tous artisans...

«Chacun de nos collaborateurs, j'exagère un peu, a la réactivité d'un artisan. S'il est nécessaire de donner un coup de pouce, on le donne et eux-mêmes arrivent avec les idées et participent à l'organisation. Que l'entreprise traverse de petites difficultés parce que le niveau est bas ou au contraire est haut, vous gagnez un temps fou et de l'argent si vous mettez vite en place l'organisation adéquate et encore faut-il que les gens aient envie de le faire et nous on a cette chance. »

Beaucoup d'autres actions, par exemple, le mal-être possible la nuit

On est dans une entreprise industrielle avec des gens qui travaillent la nuit et donc la vie n'est pas toujours facile. Des actions ont été mises en place en concertation avec le médecin du travail. Pour exprimer les dangers la nuit, les premiers symptômes du corps, la morphologie qui dit stop : « moi ça ne va plus, je ne veux plus travailler la nuit. » L'individu peut souhaiter continuer parce qu'il gagne plus d'argent et ça permet l'après-midi de bricoler, de s'occuper de ses enfants. Mais lorsque votre horloge biologique interne vous dit stop, si on attend trop longtemps, il peut y avoir des répercussions énormes. Donc il a mis en place une action pour prévenir : « Si vous avez ces symptômes, si vous commencez à mal dormir, on n'est pas là pour vous mettre dehors, on va trouver une solution. On va changer vos horaires, vous resterez dans l'entreprise. »

La nutrition, par exemple…

Le groupe Serge Ferrari a toujours cherché à sensibiliser les gens sur la nutrition. Ils ont mis en place un type d'action qu'il s'agisse d'opérateurs en production ou de commerciaux. On a beaucoup sensibilisé ces derniers, qu'ils soient en voyage, en voiture ou à l'hôtel. Cela permet de conserver la vie fonctionnelle, la santé, probablement plus de volonté avec nos clients et de prolonger sa vie personnelle.

« Je viens de terminer une action, dit Hervé Garcia, qui a duré un mois avec un coût financier anodin. Plusieurs semaines dans tous les ateliers et tous les bureaux, on a distribué des paniers de fruits de production locale avec une dame qui avait créé son entreprise peu de temps avant. Elle les livrait le mardi matin et en règle générale le mardi soir les paniers étaient vides. L'investissement pour l'entreprise était peu important, les salariés étaient ravis car ils n'avaient rien demandé. Et puis ce sont des produits locaux, ils se sont renseignés eux-mêmes. On avait prévenu dès le départ que cette opération aurait une fin. L'idée était qu'ils se prennent en charge et ça a marché. Ils se sont groupés pour faire des achats et cette dame à qui nous avions voulu donner un coup de main, me dit récemment: «C'est merveilleux monsieur Garcia, j'ai plein de salariés qui m'appellent et me commandent des produits», et aujourd'hui quand je passe dans les bureaux nos collaborateurs me regardent avec un sourire, d'autres m'ont dit «c'était super sympa, merci»; ou encore «c'est super, je ne savais que c'était possible. Et maintenant on va me livrer mes fruits pour ma petite famille sur mon lieu de travail.»

«Cela intéresse aussi le fournisseur: un seul lieu de livraison. Peut-être cette opération va faire redécouvrir à ces gens-là, à leurs enfants, le plaisir de manger des fruits et de manger un peu mieux. Au-delà, ça a été un moment de bonheur. Quel que soit le poste, l'atelier, les gens étaient contents et ils y ont pris goût.»

Et maintenant, le sport…

«On va faire appel à la rentrée à un coach sportif. On a naturellement des gens qui font du sport, mais la moyenne d'âge est inférieure à 40 ans et pour parler de la région, beaucoup de monde fait du sport. Mais pour les gens qui travaillent, quel que soit son poste, son statut, ce n'est pas toujours facile. On travaille beaucoup, on rentre le soir fatigué, la famille, le jardin. On oublie l'intérêt du sport; or on a tous besoin d'en faire. Il y a des gens qui n'ont pas le temps, qui manquent de motivation, etc. Notre intention est de donner envie aux gens. On leur a dit: attention un coach sportif va venir durant six semaines. On ne veut pas faire de vous des marathoniens ou des marathoniennes. L'idée, c'est de vous réapprendre à courir à marcher. Les premiers exercices consistent à réapprendre à respirer. J'apprends à respirer en faisant du sport. Pas bête ! Cela fait des années que je n'ai pas fait de sport, je ne suis pas bien dans ma peau, je me fatigue vite.»

L'idée derrière, c'est qu'à l'issue de ces six semaines, les gens se disent, c'est bien. Ils vont laisser la possibilité, l'entreprise s'efface et les gens se prennent en main. À eux de rentrer en relation avec ce coach sportif et de continuer.

«J'en ai déjà parlé, les gens sont hyperdemandeurs. Nous ce qu'ont met en avant, ce n'est pas tant le sentiment d'appartenance à l'entreprise. On ne veut pas *a priori* que les gens s'inscrivent à un triathlon avec un beau tee-shirt Ferrari. S'ils veulent le faire, on sera ravi mais ce n'est pas l'idée. Vous pouvez peut-être vous ménager une plage horaire entre midi et 14 heures ou à 18 heures. Cela améliore le relationnel, les échanges, etc. Ma difficulté, c'est qu'il risque d'y avoir plus de demandes que de places proposées. Mais cela a été très bien accueilli.»

La culture Serge Ferrari

«Les fondations du groupe Serge Ferrari reposent sur les initiatives individuelles. Les collaborateurs venant spontanément proposer des modifications des process pour améliorer nos produits ou l'organisation du travail.»

Pourtant plus chers que la concurrence…

Ils sont très concurrencés par des produits étrangers, coréens, chinois, asiatiques en général qui copient leurs produits. C'est une concurrence très agressive. Leur valeur ajoutée n'est à aucun moment sur le prix proposé au client. Ils sont en général largement plus chers que leurs concurrents. Non, leur valeur ajoutée, elle est sur le produit en tant que tel, la relation avec le client, la durée de vie des produits, le recyclage des produits et surtout l'innovation. Une stratégie de produits niches et non pas de différenciation par le prix.

L'innovation à tous les étages...

«Nous disons clairement: ce produit ce n'est pas le moins cher, en revanche, il va vous permettre d'économiser dans la durée; sur l'écologie, si vous avez un projet on va vous accompagner. C'est une autre approche en matière de réactivité et la qualité, c'est primordial. Aujourd'hui, quand vous avez des équipes qui vous laissent vous impliquer dans l'innovation, dans l'amélioration, ça vous permet, comme le groupe Serge Ferrari d'être un des leaders de ce marché, aujourd'hui aux Jeux de Londres, d'avoir du *made in France*. Quand on dit aux gens qu'on est implanté en France, près de Lyon, au début, ils rient sans nous croire. On est fier de notre modèle, on veut le conserver, on veut le développer et ça passe, notamment, par le bien-être au travail, ça passe aussi, par l'implication des gens. Sur nos lignes de production, nous n'avons pas de critère de profil spécifique en matière de recrutement. Récemment, j'ai appris qu'il y avait un type de formation qui rend les gens beaucoup plus sensibles et opérationnels plus rapidement. Mais, chez nous, tout le monde doit, j'insiste doit, participer à l'amélioration des produits, de la productivité, etc. Une idée, on l'écoute. Si elle nous semble intéressante, son auteur va aussitôt être mis en relation avec le bureau d'études, et il verra son idée se construire, se matérialiser et se mettre en place. C'est très important pour nous. Cela est possible, si votre collaborateur arrive le matin avec un autre objectif que de savoir qu'il partira dans huit heures, à quelle heure est ma pause, etc. On a des gens qui s'intéressent, qui restent spontanément après le travail quand il y a un petit souci. Qui viennent même plus tôt parce qu'ils vont échanger, savoir comment s'est passé l'après-midi. Parce qu'on les intéresse, parce qu'ils se sentent utiles.»

Une méthode un peu empirique, qui marche

Ce n'est pas très managérial au sens des grandes écoles, sauf que l'on parle de plus en plus de libérer le travail, et qu'aujourd'hui avec cette génération Y on comprend bien que le jeune vient pour profiter d'une situation mais qu'il s'intéresse tout autant à ce qui se passe dans l'entreprise, à ce que peut proposer l'entreprise pour améliorer son quotidien en dehors de l'entreprise. Aujourd'hui c'est : combien ai-je de jours de RTT ? est-ce que vous avez des crèches ? des associations sportives ? C'est aussi la preuve que les gens ont envie de se sentir bien. « Qu'est-ce que mon entreprise peut me permettre pour travailler dans les meilleures conditions et bien gérer les deux. »

Une nouvelle étape avec Apicil...

C'est ici qu'intervient le Groupe Apicil, dont j'ai déjà longuement parlé plus avant qui les accompagne. Ils sont en train de développer depuis quelques semaines avec cette institution de prévoyance une action qui s'appelle « Ma santé, je m'en occupe ». On peut tout faire dans une entreprise, veiller à avoir des conditions de travail sympathiques, avoir un bon salaire, travailler en toute sécurité mais si le salarié est malade, indépendamment de ce qui peut lui arriver sur le lieu de travail, si le salarié est en difficulté psychologique, même si ça ne relève pas de ce qui se passe dans l'entreprise. Quoi qu'il en soit, si on n'est pas bien dans sa tête pour des raisons extraprofessionnelles, ce sera pareil dans son travail. La vie personnelle et la santé sont deux pôles importants.

L'avenir

« Donc les choses sont en train de changer. Il faut faire preuve de beaucoup de pédagogie, nous on pense que lorsque les gens comprennent, ils avancent plus facilement. Il ne faut pas se tromper de priorité car aujourd'hui, on est dans un contexte où la visibilité sur nos activités est très réduite. Fini le temps où on pouvait faire des plans de production à six, huit mois. C'est terminé. Le client appelle le matin, il lui faut le prix pour hier, il faut que ça se fasse pour le lendemain. C'est très déstabilisant pour les collaborateurs. Combien d'heures je travaille cette semaine, je travaille six jours ? Comment vivre mieux lorsqu'en arrivant le lundi, je ne sais pas si le samedi, je vais pouvoir accompagner mon fils au foot ou si je vais devoir venir travailler. Ce n'est pas simple. Il faut donc intégrer ce genre de contrainte ; il faut expliquer aux gens que l'on a besoin de ça pour vivre, qu'il faut faire preuve de réactivité. L'enjeu est là, comment faire pour gérer la contrainte familiale bien qu'il faille l'accepter. De plus en plus de jeunes qui rejoignent l'entreprise, pensent avoir plein de droits et oublier les obligations. Il faut aussi communiquer sur les devoirs. Notre société, le législateur veulent aussi s'impliquer. S'il y a des droits, il en faut et il faut les respecter. Mais il faut être clair sur les obligations et les devoirs. »

MICROSOFT, M. YVES GRANDMONTAGNE, DRH FRANCE

Peu de gens dans notre monde ignorent le nom de Microsoft. Avec quelques autres, Google, Apple ou PC, ces mots font partie de notre vie quotidienne. Hier des *start-up*, aujourd'hui des leaders mondiaux de l'économie. Mes entretiens avec PepsiCo, Johnson & Johnson m'ont déjà donné un aperçu de la politique managériale de ces grandes sociétés américaines. Mais Microsoft fait partie de ces entreprises dont les techniques ont bouleversé notre vie en s'introduisant davantage dans notre quotidien. Est-ce un univers kafkaïen ou au contraire une entreprise respectueuse de la vie privée ? La réponse va suivre.

Notre entretien commence par l'exposé des principes, en France et dans le monde, qui guident les orientations de Microsoft. Le concept d'environnement au travail chez Microsoft est le fait fondamental qu'il est dans l'intérêt de l'entreprise de créer au sens très large un environnement de travail agréable, efficace, attractif et différent des autres. Cela part d'une conviction forte mais dans une logique très concurrentielle qui rejoint les notions d'innovation, auxquelles M. Yves Grandmontagne ajoute deux ou trois mots clés, l'attractivité et la rétention des talents :

- « On a intérêt à garder la très grande majorité des collaborateurs, à les fidéliser, à les développer. D'une part, parce que perdre quelqu'un est un coût en matière de recrutement, de remplacement, d'apprentissage, et de connaissances…

- Donc l'aspect rétention, même s'il peut paraître très trivial, est fondamental. J'ajouterai plus globalement qu'il chapeaute l'ensemble.

- Et d'autre part, la collaboration. Il est assez entendu dans l'entreprise qu'elle doit être essentiellement coopérative. Non pas pour le plaisir de collaborer, mais pour l'efficacité de la collaboration. »

Des locaux différenciants et compétitifs

« Tous ces éléments mis bout à bout ont un rapport non pas unique, mais étroit et important avec la notion d'environnement au travail. Après, les actions qui sont déclinées au service de celui-ci pour qu'elles soient différenciatrices et compétitives du point de vue de l'employeur sont très diverses. Cela va aller de la configuration des locaux, de la couleur de la moquette, de la qualité de la lumière, de l'équilibre entre les espaces ouverts collaboratifs et fermés où l'on pourra se concentrer pour communiquer, réfléchir : les temps en général ou les lieux de travail. Est-ce qu'on sera libre dans un lieu de travail ou contraint, ou envisage-t-on que la posture de travail, les conditions sont plus diversifiées aujourd'hui qu'autrefois ? Et cela nous amène à une certaine forme de travail à distance, par exemple plus particulièrement d'entreprise à usage technologique. Comment peut-on de façon intelligente, efficace, dans la mesure du possible au service de l'employé et pas au détriment de la vie personnelle, éviter les formes intrusives des technologies de communication et en même temps les générer au mieux tout en respectant un équilibre de vie qui fait partie de notre conception au travail ? C'est un concept qui va rechercher à respecter au mieux l'équilibre de vie, leurs attentes tout en étant performant. »

Une multitude de cultures

L'une des caractéristiques de cette société mondiale est la multitude de cultures et notamment les âges des collaborateurs qui concernent plusieurs générations. Exemple s'il en est des questions que pose la mondialisation. Yves Grandmontagne souligne que ceux qui arrivent sur le marché sont énormément influencés par l'environnement électronique, par tout ce qu'on dit sur le travail, mais aussi sur la technologie :

« Toutes ces choses qui ont déferlé depuis vingt ans et avec lesquelles je n'ai pas commencé à travailler comme l'informatique. J'étais parmi les derniers utilisateurs de télex et j'ai été l'un des premiers de l'ordinateur et des fax ; j'ai vu arriver les mails, les vidéoconférences. Et tout ça est partie intégrante, totalement familière et influencée par les nouveaux entrants dans la manière dont ils mélangent la vie professionnelle et la vie privée. Donc ils attendent, dans le cadre du travail, la même qualité de l'outil de communication et de l'information qu'ils trouvent à titre personnel chez eux, ce qu'on appelle la consumérisation de l'informatique. »

Cet exposé débouche sur le constat qu'autrefois, il y a encore quinze ans, c'était le monde professionnel qui apportait les avancées technologiques en se développant à leur rythme.

Pour lui, c'est autant de réflexions, autant de phénomènes, de mouvements, de tendances qui s'imposent à nous sur lesquelles en tant qu'entreprise on a une prise très faible mais que nous devons intégrer dans nos réflexions.

La conclusion de cette introduction met l'accent sur un autre aspect de cette mondialisation et je lui laisse, à nouveau, la parole :

> « Si je devais sur cette grande introduction décliner les actions qu'on a mises en place, je prendrais un exemple qui résume assez bien la démarche. Je dirais que la tradition de l'environnement au travail est une forme essentielle de postulat qui a été donné, peut-être par Bill Gates lui-même et en tout cas par la direction de Microsoft il y a une quinzaine d'années environ. Une forme de bien-être que l'on retrouve d'une façon ou d'une autre, déclinée dans toutes les filiales et qui prend une dimension différente dans chaque pays. Aux États-Unis, vous avez un campus comme ceux des universités dans lesquels vous avez 20 000 ou 30 000 salariés et une cinquantaine de bâtiments tels que celui-ci, en France. Dans un contexte culturel vivifiant mais qui a l'ambition d'une certaine qualité de vie. Ensuite si vous allez aux Pays-Bas, vous verrez, tout près de l'aéroport, un bâtiment très vivant, très *design*, très moderne. C'est un autre style mis en œuvre qui répond aux attentes avec des espaces de travail très étudiés. Enfin, ici en France un autre style encore, mis en œuvre qui répond à cette préoccupation de qualité de vie au travail. Je peux prendre ce dernier comme exemple de notre culture. »

Comment ça marche

Pratiquement, comment ça marche ? La création d'un nouveau siège à Paris est très significative. La direction France choisit en 2006 le site ; l'aménagement effectif et toutes les dispositions au cours des deux années qui ont suivi. De nouveaux locaux, c'est bâtir quelque chose de mieux, de plus compétitif, de stimulant, de motivant pour les salariés et de collaboratif parce que tous sont impliqués. Une très grande proportion de salariés, les partenaires sociaux, ainsi que la direction ont été impliqués sur le projet progressivement. Au début, ils se sont impliqués sur la question de la répartition des bureaux, se posant très précocement la question des équilibres entre les *open spaces* et les espaces fermés pour aboutir à un équilibre presque de 50/50. Répondant à des postures de travail qui étaient des attentes très diverses selon que l'on est sédentaire, itinérant ou entre les deux, ce que nous appelons nomade, selon qu'on travaille à mi-temps, qu'on travaille sur site, ou que l'on soit génération X, Y ou Z, etc. Tous ces éléments ont été pris en compte, multipliant les groupes de travail au fur et à mesure que le projet avançait, le développement durable, le travail à distance, la configuration des lieux ont abouti à une quantité très importante de propositions dont plus des trois quarts ont été mises en œuvre. Très participatifs, beaucoup de commissions, le choix du mobilier sur mesure qui finalement a été fait avec une société spécialisée au même prix que dans le commerce mais permettant d'avoir un mobilier répondant à un certain style, à un cahier des charges d'attentes fonctionnelles qui étaient très bien définies. C'est du sur-mesure qui ne leur a pas coûté plus cher, mais qui a demandé une mobilisation de temps, indépendamment du travail courant à faire. Beaucoup d'entreprises ne prennent pas ce temps. Tous les sujets ont été abordés : les bureaux, les espaces conviviaux, les cafétérias à chaque étage, les boissons gratuites.

Le nomadisme et le travail à domicile

Microsoft se devait d'être aux avant-postes de la capacité de travailler à distance ou nomade, comme ils disent, au siège même. Tout est connecté. Yves Grandmontagne prend son exemple. Il peut se déplacer dans l'ensemble des immeubles avec son PC, son téléphone mobile connecté avec son filaire. Comme il est sur WiFi, il peut aussi avec son badge imprimer n'importe où. Mais aussi :

> « Je peux travailler chez moi, dans un aéroport, sur mon lieu de vacances exceptionnellement si j'ai une urgence. Déjà là, on met le doigt sur les notions de règles au travail, de postures au travail, donc de management et de technologie pour être cohérent avec ce qu'on fait, pour faire en sorte que ce qu'on engage peut être fait de manière souple, intuitive. En partant du principe que ce n'est pas parce qu'on est chez Microsoft, qu'on est un adepte ou un spécialiste de haute technologie. J'en suis l'illustration, c'est mon cas mais je dois pouvoir rentrer là-dedans au même titre qu'un informaticien. Je parle de mobilité, car le siège social a été conçu comme un espace dans lequel on n'est pas attaché à son bureau mais où on peut circuler librement et passer d'une salle de réunion à une autre. C'est une forme de libération du carcan de son bureau. Mais si on étend ça aux contraintes des salariés, on arrive de fil en aiguille à la notion de travail à distance. »

Parmi les avancées, le travail à domicile

Aucun problème pour travailler chez soi. On n'est pas contraint au présentéisme, mais à atteindre un objectif, de l'atteindre de la meilleure façon possible. Donc, pourquoi venir systématiquement au bureau perdre deux heures en voiture si vous avez besoin de vous concentrer le matin sur un dossier et que le plus simple est de rester chez soi ? Pourquoi se contraindre à venir au bureau à 8 h 30 le matin pour ne pas collaborer avec d'autres personnes alors que je peux le faire de chez moi, tout en m'occupant de mes enfants, ou parce que je dois recevoir une livraison ou le plombier ?

C'est l'idée qui est sortie de tous ces ateliers, en écoutant les salariés. En ajoutant à cela des *benchmarks* à droite et à gauche. Les attentes des salariés, ce n'est pas une absence d'envie de travailler mais un désir de pouvoir réconcilier tout cela avec leurs obligations en matière d'objectif dans les meilleures conditions. Donc, ils ont développé une forme de flexibilité admise qui n'est pas simplement un mot. Parce qu'il est beaucoup plus facile de la concevoir que de la mettre en œuvre. Une flexibilité qui consiste à dire, toujours en accord avec le management, en étroite coordination avec celui-ci : «Écoute demain, je ne peux pas venir, je préfère rester chez moi, j'ai des obligations, est-ce que ça pose un problème ?» Le manager *a priori* ne doit pas dire non, sauf s'il y a une véritable raison. C'est toujours un équilibre à trouver. Cela peut être une ou deux fois par semaine, mais il faut que ça reste compatible avec le fonctionnement collaboratif de l'équipe. Mais ça va très loin car on peut être chez soi le matin et être disponible l'après-midi parce qu'il y a une réunion. Cet ordinateur que j'ai en face de moi, me permet de faire une vidéoconférence, d'inviter des gens, de partager mon écran, de m'affranchir des questions de projection sur un mur parce qu'on peut partager les images sur l'ordinateur ou agir sur le document de référence. On peut faire des choses extrêmement élaborées.

On peut aussi, toujours par le biais de la technologie avec un système de vidéoconférence, simuler de façon extrêmement efficace une réunion avec cinq à dix personnes avec une très bonne qualité d'image. Il existe un local au siège pour faire des réunions de téléconférences qui certes donnent le sentiment d'être dans la même pièce. Mais cela répond à une petite partie du problème en raison des contraintes.

Ce dont parle Yves Grandmontagne, «c'est un élément posé sur le bureau qui ne nécessite aucun local dédié à cela. Ce sont des réunions dont on a besoin au quotidien, c'est une heure, deux heures avec cinq/six ou huit personnes mais que tout le monde utilise. Même le *staff* dirigeant n'utilise plus autre chose parce que c'est beaucoup plus souple. Vous voyez sur votre PC l'intégralité des gens qui sont dans la réunion dès lors qu'ils ont bien voulu se mettre en mode vidéo. Et quand une personne prend la parole, le système zoome sur elle, c'est "comme à la télévision". C'est vraiment "magique" avec un système que vous posez sur une table et que l'on peut déplacer dans tout le siège social. En dehors du fait que l'on n'a pas forcément besoin de ça puisqu'on peut fonctionner avec la caméra qu'il y a sur tous les PC. »

La flexibilité et l'accessibilité sont telles qu'elles permettent d'envisager des modes de travail qu'on s'interdisait avant pour des raisons techniques et que le management ne mettait pas en œuvre à cause d'une forme de méfiance.

Il constate : « Aujourd'hui, il y a deux verrous qu'on a fait sauter, même si ce n'est jamais gagné. Pour celui de la technologie, les techniques de communication permettent d'avoir un travail à distance, le télétravail qui est une forme de contractualisation. Quant au deuxième verrou, qui était motivé par une réticence, un préjugé, je l'ai vécu personnellement pendant vingt ans, tout le monde est aujourd'hui plus ou moins d'accord pour donner de la souplesse au lieu de travail même si au-delà du discours il y a encore un peu de réticence. Quelqu'un qui part à 3 heures de l'après-midi en disant je vous rappellerai en rentrant chez moi, ne le fait pas vraiment en bonne conscience, parce qu'il porte le regard réprobateur des autres. Je pense qu'on a réussi à dépasser ce regard, on n'a pas gagné sur tous les fronts, mais ça, on l'a fait changer. Cette réticence existe dans beaucoup de pays et particulièrement en France. Voilà le type de choses sur lesquelles on a beaucoup avancé. Mais il y a beaucoup d'autres réflexions qui ont été développées chez Microsoft, sans rentrer dans les détails. »

Le stress et la santé

Sur la prévention du stress, ils ont mis en place un système d'observatoire de la santé au travail qui permet justement d'être toujours en vigilance sur la santé pour alerter les managers en très forte proximité avec la médecine au travail. On peut mentionner tout ce qui est fait pour eux.

Toutes les situations de souffrance sont expliquées, sont accompagnées.

Les services traditionnels, bien sûr

Les services traditionnels font partie du *building*. Il y a une conciergerie, une salle de *fitness*, trois lieux de restauration. Il y a aussi un service après-vente sur les PC, sur les téléphones qu'on fournit ici, on a une boutique CE. Le tout dans un espace appelé «le village» avec beaucoup d'autres services pour les salariés de façon à leur faciliter la vie. C'est relativement étendu mais ça fonctionne très bien.

Comment expliquer cette volonté d'améliorer en permanence

Vous remarquerez que je mets tout ce paragraphe en italique, parce que cette explication d'Yves Grandmontagne me semble essentielle. Cela paraît simple et pourtant quelle persévérance !

> «*Sachant que dans un souci d'amélioration permanente, tout ce qu'on met en œuvre fait l'objet d'une amélioration continue et je pense que si on devait retenir, au-delà du postulat important sur la qualité des conditions de travail, élément caractéristique de Microsoft, un autre élément très spécifique dans notre culture et qui justement permet d'expliquer cette volonté d'amélioration permanente sur ce dernier sujet comme sur d'autres: c'est la culture d'amélioration continue. C'est vrai quel que soit le sujet, peut-être parce que dans l'esprit nous avons gardé quelque chose d'une* start-up, *ou du fait que nous sommes dans un environnement très concurrentiel, ou aussi parce que les choses vont très vite dans notre secteur (je pense que l'innovation dans l'informatique va plus vite que dans n'importe quel autre secteur. L'innovation on la voit dans la presse, la télévision au quotidien). Ce qui explique que nous ayons le même réflexe pour ce qui concerne notre vie au travail. Comment améliorer, faisons-nous mieux que ce que font les autres ?*»

Mesurer les améliorations, les managers juges sur leur score !

Autre exemple actuel, la conciergerie qui fonctionne bien mais qu'il veut améliorer : « Je pense qu'elle doit être mieux utilisée par les salariés, mieux sécurisée. Sur la base d'indicateurs sur l'utilisation par les salariés, par des enquêtes annuelles qui ne sont pas faites spécifiquement sur les services comme la conciergerie, mais sur la perception qu'ont les salariés de Microsoft, sur une multitude de thèmes. » Comme le management, les objectifs, la stratégie, la communication, l'ambiance au travail, l'équilibre vie professionnelle, vie privée, etc. Autant d'items qui sont déclinés à l'ensemble des salariés dans le monde, sur lesquels on a depuis quinze ou vingt ans un taux de réponses annuelles de plus de 90 %, qui sont publiées spécifiquement pour chaque pays et sanctionnées par un score. Chaque manager est attendu sur l'amélioration de ce score et chacun est contraint culturellement, cela fait partie de son ADN, a comme challenge d'améliorer son score. D'analyser l'item et de discuter avec son équipe et on retrouve l'esprit de la préparation du projet d'implantation du siège social ici à Issy-les-Moulineaux. C'est comment peut-on faire ensemble et mieux. L'objectif étant aujourd'hui de faire certes un environnement de travail compétitif, agréable, compatible avec la vie privée mais plus que « Great Place to Work ® » c'est « Great Place to Collaborate ». Cultiver cette forme de collaboration sans la manie des réunions mais une capacité à travailler et à avancer ensemble.

Les activités en France

La France est une filiale qui vend ses services, ses produits et on est dans une logique extrêmement rigoureuse et dense.

«Si on ne fait pas attention il n'y aura rapidement plus d'espace collaboratif. Il faut donc entretenir cette culture de la collaboration, de l'amélioration, de la remise en question; c'est une façon coûte que coûte, malgré ces contraintes, de maintenir cet élément essentiel. On est passé d'une nécessité d'entreprise à produire de bons produits pour passer ensuite à celle de s'intéresser à ses clients et aujourd'hui il est nécessaire d'accompagner nos collaborateurs. Je ne dis pas que l'entreprise ne le faisait pas il y a trente ans, mais on prend conscience de cet élément supplémentaire, mais on ne mettait pas forcément l'acuité, l'urgence ou l'importance à le faire de la même façon qu'on doit le faire aujourd'hui. Non pas pour faire chic mais par nécessité.»

Quelle est l'utilité ?

La question qu'on peut se poser est: quelle est l'utilité? Mais dans ce cas-là, pourquoi ne pas mettre vos salariés dans un bureau d'un mètre carré et expliquez-moi pourquoi vous avez décidé de mettre ces mêmes salariés dans des bureaux de 5 m² si ce n'est pour créer un environnement de travail au moins supportable, voire plus agréable. On a bien tous dans l'idée qu'assurer un cadre de travail propre, lumineux, un tantinet spacieux, c'est mieux que le contraire. Donc qu'on ne dénigre pas le principe, alors même que toutes les entreprises mettent, même sans le savoir, cette logique-là en pratique. Avoir un mur de couleur, c'est un choix. Ce n'est pas une obligation. Tous ces choix, conscients ou inconscients influenceront votre environnement de travail et votre culture.

L'intrusion de la technologie dans la vie privée

Yves Grandmontagne a survolé rapidement tous les services que Microsoft offre à ses collaborateurs dont on peut penser qu'ils en ont les moyens. En fait, je sens bien qu'il attache beaucoup plus d'importance aux décisions destinées à respecter la vie privée de ceux-ci, éviter au maximum ce qu'il appelle les formes intrusives :

« On a été, aussi, amené à réactiver la réflexion sur les dérives de notre technologie, ici comme ailleurs on les connaît, c'est le côté intrusif. Les mails 24 heures sur 24, les plannings des réunions. C'est simple sur le principe mais plus compliqué à appliquer. Pas de réunions avant 9 h 30 le matin ni après 18 heures le soir de façon que les personnes puissent s'organiser avant et après comme elles le veulent. Elles peuvent arriver avant ou partir dans l'après-midi et continuer à travailler chez elles. Cela les oblige à plus d'organisation entre elles, partant du principe qu'un homme ou une femme ont des contraintes liées aux enfants, familiales ou domestiques, et ça fonctionne très bien. Autre élément de l'intrusion des technologies on peut contacter les gens 24 heures sur 24 avec des outils tels que le PC ou le téléphone mobile, il a été décidé de ne pas envoyer de mails en dehors des heures de bureau. Un groupe de travail a constaté que si un mail de mon patron arrive sur mon smartphone, le week-end par exemple, je me sens obligé de le lire et d'y répondre aussitôt. Et finalement, ça ne se termine jamais, c'est un facteur de stress. Si j'ai envie de travailler le week-end, de préparer ma semaine, je peux écrire des mails mais je les enverrai en différé. Il m'est arrivé de faire l'erreur d'envoyer un mail dans ces conditions parce que j'avais oublié de le mettre en différé ; on me l'a rappelé. Il y a une forme de régulation collective qui fait que ce système, qui est une avancée, fonctionne bien. »

La recherche en France

Microsoft France ne conçoit pas spécifiquement les logiciels. En revanche, une équipe de 100 personnes travaillent en recherche et développement et cherchent des solutions sur la musique et la vidéo en ligne pour développer des plates-formes marchandes. Par ailleurs, elle crée constamment des services, dans chaque pays ; par exemple, si telle entreprise leur demande de créer une plate-forme de communication spécifique et donc différente de celles de leurs concurrents. «Nous travaillons avec beaucoup de sociétés, participons à la création de beaucoup de *start-up* dans des domaines très divers : haute technologie, secteur marchand, etc. »

Qui est Yves Grandmontagne ?

«Je suis vétérinaire de formation et j'ai travaillé deux ans en exercice traditionnel de clientèle, où j'ai pris conscience que je préférais travailler dans un environnement plus collaboratif. Tout naturellement le domaine de la santé et de la nutrition animale m'ont attiré chez Dolisos puis chez Pfizer, où l'on m'a par la suite proposé de migrer vers les Ressources humaines. Après un passage chez Baxter, j'ai rejoint Microsoft en 2009. Je pense que d'avoir un parcours très divers permet de mieux comprendre diverses cultures, une multitude de métiers et facilite le travail de DRH. »

En conclusion, l'avenir de ces stratégies

«En ce qui concerne l'avenir, je suis convaincu que, sans tomber dans l'excès, il ne s'agit pas de faire du bien-être au travail un objectif de l'entreprise. L'entreprise a comme objectif de se développer, de faire du profit pour croître. Je pense que l'environnement de travail est un élément qui contribue au développement dans sa globalité, concurrentiel, sociétal, culturel qui est particulièrement exigeant. Cela a toujours été un sujet mais c'est aujourd'hui un sujet plus aigu qu'il y a dix ans. »

«Le bonheur est une discipline» disait Charles Trenet que l'on supposait toujours heureux. Yves Grandmontagne cite cette phrase qui lui semble un juste résumé de la vie.

ENGINSOFT FRANCE, MARIE-CHRISTINE OGHLY, PRÉSIDENTE-DIRECTRICE GÉNÉRALE, PRÉSIDENTE DU MEDEF ÎLE-DE-FRANCE ET VICE-PRÉSIDENTE MONDE DES FEMMES CHEFS D'ENTREPRISES

Marie-Christine Oghly dirige aussi la société EnginSoft France qui compte 12 salariés tous spécialisés dans la simulation numérique. J'ai souhaité connaître son opinion sur ce nouveau paradigme.

Chacun peut comprendre que l'on ne peut mener ces trois carrières sans avoir une équipe derrière chacune de ces entités qui soit motivée et impliquée. Avant d'aborder avec elle, la tendance Île-de-France, je l'interroge sur son «gagne-pain», sa société.

Elle dit avoir développé cette relation avec ces collaborateurs spontanément parce que, dit-elle : «Quelqu'un de motivé, c'est quelqu'un qui se sent bien et qui va avoir une relation de confiance avec sa hiérarchie. C'est vrai que nous ne sommes pas une bande de copains, on n'est pas non plus une *start-up*, mais il y a un côté convivial. »

Il lui arrive souvent de déjeuner avec eux, les pauses sont l'occasion d'échanger, de les tenir informés des décisions, de la stratégie. Faire en sorte qu'ils soient bien dans leur poste de travail, avec un matériel le plus adapté possible. Une anecdote possible pour 12 personnes. Chacun a pu choisir le modèle de siège qui lui convenait le mieux. Ils se sont rendus chez son fournisseur les essayer. Elle attache beaucoup d'importance à la qualité des bureaux, leur aménagement dans lequel ils peuvent avoir des objets personnels ; des tableaux par exemple. Chacun a disposé les meubles selon sa convenance. Ce sont beaucoup de petites choses qui créent de l'empathie. Évidemment, c'est un métier qui donne du sens au travail de chaque collaborateur. Ils connaissent les objectifs de chaque mission et ne font pas un travail à la chaîne. Ils sont sur un projet dans lequel ils seront impliqués du début jusqu'à la fin, en sachant que c'est une plus-value pour l'entreprise. Dans une grande société, les ingénieurs qui travaillent sur de la simulation numérique vont traiter une petite partie et toujours la même. En revanche, tous ses ingénieurs peuvent faire de l'avant-vente, de l'après-vente, de la formation, aller à des conférences. Ils ont une palette qui est très large faite de diversité et d'autonomie.

> Marie-Christine Oghly: « Mes autres fonctions me procurent des invitations dans des réceptions ou des spectacles, je leur en fais profiter, s'ils le souhaitent. Pour exemple, je citerai un dossier qui nous a été soumis début mai 2012 et que le client souhaitait boucler fin juin. Deux mois de travail pour quatre personnes. Mon choix pouvait être de recruter un collaborateur supplémentaire sans connaître précisément sa compétence. Et bien que le mois de mai soit entrecoupé de "ponts", spontanément ils m'ont proposé de travailler sans interruption pour aboutir à temps. L'un d'entre eux avait bloqué une semaine de congés. Il a proposé de reporter ses vacances. C'est un projet intéressant pour un nouveau client, nous avons, ensemble, tout fait pour le gagner. Pour moi, c'est fantastique de savoir que je peux compter sur eux. »

L'autre job permanent de Marie-Christine Oghly est la présidence du Medef Île-de-France dont il n'est pas besoin de rappeler l'étendue économique.

Elle souligne entendre évoquer de plus en plus souvent par des chefs d'entreprises le souci d'améliorer les rapports humains. Elle pense d'ailleurs que l'évolution du rôle des femmes dans des postes de direction n'est pas étrangère à ce mouvement. Beaucoup de DRH sont des femmes qui sont confrontées, aux contraintes quotidiennes. Elles sont très concernées par les services mis à leur disposition comme les crèches, ou une salle de *fitness* accessible sur place dans la journée. Marie-Christine Oghly pense que cette évolution est soutenue par les femmes, concernées encore plus souvent que les hommes. Ces dirigeantes ont la conviction que si leurs collaborateurs se sentent mieux, ils travailleront mieux.

> « J'ai souvent entendu ce genre de préoccupation au sein de mon association, Les Femmes Chefs d'Entreprises, dont elle est, aussi, présidente France. Je suis vraiment convaincue que c'est venu par les femmes car nous avons beaucoup réfléchi sur ce sujet, et les femmes exercent de plus en plus de responsabilités. Et, aujourd'hui, quand on propose de faire une conférence sur ces sujets, il n'y a plus de tabous. Il y a quelques années, les dirigeants avaient tendance à évacuer ce sujet en rappelant que la fonction première est la production. Aujourd'hui, le nombre de ceux qui pensent que c'est une bonne idée, qu'ils pourraient essayer de l'appliquer dans leur entreprise, ne cesse de croître. »

Le sport est une activité souvent évoquée. Quand une entreprise est importante, elles peuvent monter une ou plusieurs équipes. S'il s'agit d'une TPE, elle peut s'intégrer pour le sport à une plus grande. Dans le département des Hauts-de-Seine, il y a une manifestation de *Dragon Boat* organisée par des étudiants. Ils souhaitaient associer des salariés d'entreprises à ces épreuves sur la Seine.

> « Une TPE comme la mienne pouvait s'intégrer et participer ensemble à cette compétition. Récemment, mes collaborateurs sont venus me demander si la société pouvait acheter des accès au stade de Boulogne-Billancourt pour qu'ils puissent aller courir à des moments du déjeuner ou autre en bénéficiant des vestiaires et de la douche. Courir ensemble, ça crée des liens entre eux. »

Ce genre de choses s'entend de plus en plus dans les entreprises, y compris dans des métiers moins sédentaires. Certaines ont choisi de travailler sur la RSE, d'autres sur le développement durable. Ce sont forcément des composantes du bien-être. On peut penser que l'Île-de-France est un exemple particulier par sa taille, ses sièges sociaux mais dans son action vouée aux Femmes Chefs d'Entreprises, elle constate la même évolution, parfois avec d'autres composantes, partout en France.

« Aujourd'hui, pour un certain nombre d'entreprises qui veulent se démarquer, la tendance va dans ce sens, apporter du bien-être. J'étais dans la Silicon Valley, le mois dernier, dans une entreprise que je connais depuis trente ans, l'ambiance est bon enfant, sympa. Ce n'est plus une *start-up* mais il y a tout de même un billard, des flippers et à l'heure du déjeuner, ils jouent. Même dans la journée, s'ils font une pause. C'est une décontraction facile à mettre en place et dans certaines grandes sociétés, ça existe. J'ai connu le cas d'un dirigeant champion d'aïkido (Éric Hubler, voir chapitre 4, NDLR) qui a eu l'opportunité de vendre, en Alsace, sa société. Il a choisi de se consacrer à cette passion en écrivant un livre intitulé *L'Équilibriste* qui parle d'équilibre entre vie privée et professionnelle. Concept qu'il décline sous forme de formation. Je vais le faire intervenir dans mon entreprise. Depuis que j'ai lu son livre, je fais attention à mieux équilibrer ma vie, moins stresser quand je rentre chez moi. Moins de BlackBerry, de PC. Et en même temps, ce qui m'a beaucoup plu au cours de cette formation, c'est tous ces gestes amples de l'aïkido, rendu évidemment accessible à tous. »

L'avenir ?

Pour conclure, on parle de l'avenir. Dans dix ans, comment seront les rapports dans l'entreprise.

« Dans la vieille Europe, nous sommes dans une structure descendante, soit on arrive à passer le cap, et justement grâce à une meilleure créativité, une meilleure innovation. Dans ce cas, on réussit à relancer la production particulièrement en France, encore plus que dans le reste de l'Europe, et dans ce cas encore, on aura des entreprises plus zen, où les gens se sentiront mieux pour travailler parce qu'on l'aura mis en place. Soit on ne réussit pas ce tournant et nous allons nous retrouver avec des disparitions ou des entreprises rachetées par des pays émergents qui n'ont pas du tout la même conception des rapports sociaux. Dès à présent, beaucoup de Chinois ou de Qataris rachètent des sociétés françaises. Nous n'avons que quelques années pour faire cette mutation. Je suis très inquiète, aujourd'hui. Heureusement, il y a beaucoup de belles entreprises qui s'en sortent bien en France, mais beaucoup d'autres ont seulement des sièges en France et sont surtout tournées vers l'export. Soit on va vers le *low cost*, genre transports aériens, ou on accepte de payer plus cher pour du bio, et du développement durable. Si on n'arrive pas à l'équilibrer rapidement, nous serons entièrement dominés. Déjà un certain nombre de sièges sociaux sont en cours de délocalisation ou l'envisagent. Si cela devait arriver, il nous resterait le tourisme. La France pourrait devenir un grand parc d'attractions. La seule solution, c'est beaucoup plus d'humanisme dans les entreprises. La difficulté est que les cadres, on leur a parlé de productivité et de finance, mais il s'agit de rapports humains. Et cela ne repose sur aucune formation spécifique, c'est un comportement et une philosophie individuels. »

Ce qui en fait toute la difficulté, mais aussi tout le mérite. Il faut accepter d'écouter, de prendre en considération et de moduler les contraintes individuelles dans la mesure du possible, en sachant que certains s'élimineront tout seuls pour avoir abusé de cette bienveillance.

ORANGINA, CYRIL BOUTIN, DRH

Tout au long de ce travail « d'enquête », les dirigeants d'entreprises que je rencontrais pour qu'ils m'indiquent les mesures destinées à améliorer la vie au travail, en venaient à un moment ou à un autre à évoquer les activités physiques. Mais si le sport a le mérite de créer un esprit d'équipe, une solidarité entre les personnes et une destructuration de la hiérarchie, une autre activité humaine, peut donner les mêmes résultats. Le mécénat ou les actions caritatives, à condition que beaucoup de membres du personnel soient impliqués. On comprend que pour assurer une contribution bénévole sans que l'entreprise attende de retour économique, seul un mouvement de solidarité, une envie d'agir ensemble vont permettre de l'assumer. Cet élan aura les mêmes vertus que le sport concernant l'esprit d'équipe. Dans ma recherche d'un exemple, il m'a été donné de rencontrer le DRH d'une grosse PME, dont le nom est une marque célèbre en France, je vous parle d'Orangina. Ce produit bien français est aujourd'hui associé à une marque de *soft drink*, mondialement connue, à savoir Schweppes.

> Cyril Boutin précise les contours de ce groupe : « Tout l'effectif d'Orangina/Schweppes France, nous sommes 560 et sur ce chiffre il y a environ 280 personnes qui sont sur le terrain, essentiellement des vendeurs, des attachés commerciaux, des responsables de secteur, répartis dans deux réseaux, l'un étant la grande distribution et l'autre, ce que nous appelons hors domicile (restauration, brasserie, distributeurs). »

C'est aussi par le sport que ses actions de mécénat se sont développées. Plusieurs partenariats avec les Fédérations françaises de rugby et de handball engagées avec la marque ont été l'opportunité de répondre à des besoins.

> « On est aussi investi dans le sport parce que c'est le complément indispensable à des programmes qui ont pour vocation d'améliorer la nutrition, notamment dans le cadre d'un programme européen EPODE soutenu en France par l'État. On a aussi fortement réduit la teneur en sucre de nos produits, ce qui correspond à notre engagement vis-à-vis de la santé et de la nutrition. »

En fait, les deux sont très liés. Ils investissent dans ces deux Fédérations, et ensuite le mécénat se développe localement sous la forme, par exemple d'une course caritative pour laquelle on fournit les produits, dans laquelle des collaborateurs se mobilisent. Par ailleurs, Orangina sponsorise des événements qui mêlent à la fois la marque et le sport. C'est ainsi qu'a été relancée avec succès la course des garçons de café dans laquelle Orangina était engagée historiquement, à Paris et à Cannes.

Dans le domaine du mieux-vivre, la taille de l'entreprise répartie en deux sites et en force de vente sur l'ensemble du territoire ne permet pas d'offrir aux collaborateurs les mêmes services que des unités importantes. Néanmoins pour renforcer l'adhésion des équipes, la force de la marque lui donne l'opportunité de les inviter dans des événements prestigieux comme le Festival de Cannes. Occasion pour le hors-domicile d'inviter clients et collaborateurs. Cette forme de valorisation de la marque et des équipes s'est retrouvée à l'occasion d'un événement exceptionnel. Le lancement d'Oasis Tropical sur l'île Seguin à Boulogne-Billancourt (pour les non-Parisiens c'est l'île où Renault avait son usine) a été l'occasion d'une grande fête. Ont été invités des clients et un maximum de gens de l'entreprise. Tout le marketing, tout le comité de direction.

«On crée, dit Cyril Boutin, beaucoup d'occasions de développer ces liens parce que nous considérons que l'on ne peut pas réussir si on n'a plus cette solidarité-là et en plus on a une culture d'entreprise qui est assez ancienne. C'est une culture "festive". Quand ça marche bien, on sait célébrer les succès. Malgré le fait que cette société ait été beaucoup chahutée, beaucoup convoitée, achetée et revendue un peu vite, ce qui l'a fait tenir debout c'est la cohésion entre les gens. Dans cette entreprise qui n'est pas très grosse, même pas 600, certains de nos collaborateurs ont 25/30 ans de maison. C'est l'ambiance de la société depuis longtemps. On a une politique des talents qui vise à conserver les gens qui contribuent fortement à l'entreprise, qui souhaitent s'y épanouir et qu'on souhaite voir s'y développer. On a une politique de rémunération qui vise à payer pour de la performance avant tout mais aussi par rapport au marché. Ça fait partie de l'arsenal pour les conserver, du bien-être même si le salaire ne fait jamais à lui seul le bonheur. Mais si vous avez un problème de cet ordre, vous l'aurez toujours dans un coin de votre tête et vous ne serez pas bien. »

« Pour moi, ce qui crée le bien-être dans une entreprise et si nous avons eu chez Great Place to Work un beau score, c'est parce que tout bien pesé les gens sont contents : de l'ordre d'environ 80 %. C'est un faisceau d'actions, ce n'est pas une ou deux mesures en particulier. Et j'ajoute quelque chose dans ce bel ensemble en rapport avec la financiarisation. Cette entreprise a appartenu à un fonds d'investissement de 2005 à fin 2009, ce qui a pas mal transformé la PME française en belle entreprise du point de vue financier. Ici les gens ont des cultures financières, ont des réflexes financiers qu'ils n'avaient pas il y a six ou sept ans. Et cela a fait plutôt du bien à l'entreprise. »

Aujourd'hui le groupe japonais Suntory qui a racheté le groupe voit les choses à plus long terme. Les quatre ans de gestion par un fonds de pension ont applani les choses mais dans le même temps, il y a des investissements à long terme qui n'ont pas été faits. À partir de ce nouvel investisseur, il y a eu un peu plus de marge de manœuvre pour investir.

« Pour être bien dans cette entreprise il faut un certain niveau d'exigences et une capacité à fêter ce qu'on fait bien, à le montrer, à le dire et à promouvoir les gens. En 2011, on a quand même promu 15 % de l'effectif permanent. La première question est que faites-vous pour que les managers respectent les gens dont ils s'occupent ? On a un référentiel de management qui explique que le comment est tout aussi important que le pourquoi ou que le combien et qu'on évaluera chaque manager à parts égales sur ce qu'il a atteint comme résultats et sur sa manière pour les atteindre. On l'a décrit simplement sur une page : un manager chez Orangina Schweppes France doit savoir faire ceci ou cela, il doit se comporter de telle manière, il doit accepter qu'il puisse y avoir une erreur de commise dans son équipe. On liste. Vous êtes manager, voilà ce que l'on va attendre de vous surtout sur le plan comportemental et on évalue vraiment les gens là-dessus et par ce biais, on essaie le plus possible que les gens se respectent et soient respectés c'est une vigilance quotidienne.» Par rapport à ce sujet, j'ai l'habitude de dire je fais un métier intermédiaire. Je ne suis ni le bras armé du patron, ni le défenseur de la veuve et de l'orphelin. Je suis le gars au milieu et je dois rester là. Et si je suis bien au milieu, je suis à même d'arbitrer le plus possible quand il se pose une question de respect. Il y a beaucoup d'avantages en matière de jours de congés, de dotations de produits et on est assez souple dans l'organisation. C'est la rentrée des écoles, les gens ont la possibilité de commencer un peu plus tard, je leur ai envoyé un mot dans ce sens, mais je suis aussi en train de réfléchir aux crèches d'entreprise, pour essayer de faciliter un petit peu l'équilibre entre vie privée et vie professionnelle, c'est une forte demande des forces de vente actuelles et à juste titre. En même temps, c'est un véritable atout pour l'entreprise quand on arrive à mettre ça en place parce que tout le monde est gagnant. Cela fait partie des choses sur lesquelles je dois travailler avec le représentant du personnel.»

L'histoire professionnelle de Cyril Boutin commence par un désir d'enseigner. Les lettres puis la philosophie. Il a donc fait hypokhâgne, puis des études de philosophie. Il dit de lui que sa particularité est d'avoir fait des études pour le plaisir, mais en même temps chaque année des stages en entreprises pour avoir d'autres options que l'enseignement, connaître le monde de l'entreprise et savoir ce qu'il pourrait y faire.

«J'ai vite été attiré par les ressources humaines, la formation ou la communication. J'ai travaillé un an dans la formation, j'en suis sorti pour arriver chez Johnson & Johnson, un peu par hasard dans la vente, mais je me suis dis que pour quelqu'un comme moi après des études sans relation avec l'entreprise, c'était le meilleur moyen d'apprendre l'entreprise, et dans une boîte américaine de s'ouvrir des portes, mais aussi d'obtenir des résultats. Puis chez Acuvue, j'ai fait de la vente sur le terrain pendant quatre ans avant de devenir directeur régional et directeur national quelques années après.»

Mais sa préférence allait aux relations humaines et s'étant fait connaître honorablement dans le management, ayant établi un réseau dans les RH, il profite d'une ouverture: celle d'un poste de *business* partenaire pour les fonctions support. Deux ans et demi plus tard, un poste lui est proposé à la DRH Europe d'Eticom (!).

«C'était quinze pays, plus d'un milliard de chiffre d'affaires. J'ai travaillé dans cette structure matricielle. J'ai beaucoup appris dans ce métier. J'ai appris l'influence, j'ai appris à travailler en anglais et à voyager un peu partout. Mais j'ai surtout appris comment créer une relation même à distance et mener des projets sans avoir d'autorité hiérarchique sur les gens. Et en mars 2011, on m'a donné ma chance ici comme DRH France. Ce qu'on a bien aimé, c'est mon profil à la fois vente et RH et on a accepté que je sois relativement débutant dans les relations sociales que je n'avais jamais pratiquées. Après l'Europe, la France et ce poste sont très riches, très denses et je m'y plais beaucoup. C'est un gros investissement mais c'est chouette.»

La conclusion de Cyril Boutin: «Je pense qu'il n'y a pas de succès durable dans une entreprise s'il n'y a pas de plaisir pour les collaborateurs qui la font vivre. C'est aussi simple que cela. Il ne peut y avoir de performance durable sans plaisir. Vous pouvez agir pendant un moment sur différents leviers qui sont: la peur, le stress, l'amour propre des gens... plein de choses. Parfois c'est nécessaire, mais durablement si vous n'êtes pas capable d'avoir le bon dosage entre l'exigence et le plaisir à le faire, ça ne marche pas. Il faut les deux parce que si vous êtes juste gentil ça ne marchera pas, on ne va pas vous respecter et si vous n'êtes qu'exigeant vous allez fatiguer tout le monde. Il faut un bon dosage entre les deux.»

SOGEA BRETAGNE BTP (GROUPE VINCI), FABRICE FLORENT, RESPONSABLE DE PROJET, LAURENT BAUDE, RESPONSABLE QSE

Comment dans le bâtiment prévenir les accidents...

Fabrice Florent (responsable de projet) explique : « Une analyse et un suivi des données ont débouché sur le fait que les lésions dorsales, et plus particulièrement au niveau lombaire sont et seront les contraintes physiques majeures dans les années futures. Au sein de Vinci, en particulier chez Sogea Bretagne BTP, une démarche a été faite avec le concours de la société Satisform afin de répondre plutôt en matière de prévention que de guérison des maux du dos. Nous avons ainsi mesuré le besoin d'anticiper ce phénomène latent dans le cadre de la prévention et de l'information. L'utilisation du Mobidos vient en complément des séances échauffement et peut-être prévu également de façon isolée selon l'importance du chantier. »

Dans le cas de la construction du centre hospitalier de Bretagne Sud à Lorient, une réflexion sur les moyens d'accueil de cette initiative a été organisée par l'agence de Vannes. La durée de ce chantier permettant une expérience sur une plus longue période, plus d'un an.

Le concept est simple. Proposer un espace, équipé de deux appareils dans un local de chantier pour permettre une détente de 5 min dans la cadre de la sécurité. Des pauses actives de quelques minutes, en fonction de l'activité du chantier ou pendant le temps de déjeuner, permettre à des ouvriers, dès le début d'une courbature, de retrouver une forme compatible avec le travail à assumer. Deux appareils sont nécessaires au minimum, pour favoriser des échanges plus ludiques entre compagnons, de boire un café ensemble par exemple et source de motivation mutuelle.

La formation du personnel de chantier a été faite par les équipes de Satisform, puis mise en application par un référent de l'entreprise qualifié, sur la base d'un minimum de connaissance dans les efforts physiques. Dès la démonstration et la découverte de l'utilisation de l'appareil, les réactions ont été diverses et variées. Les plus attentifs, peut-être les plus concernés, ont manifesté de l'intérêt. D'autres se sont montrés plus réservés, en particulier la plupart des conducteurs de travaux, chefs d'équipes ou chefs de chantier ne comprenant pas forcément et immédiatement le bien-fondé de ces appareils et la prévention qu'ils apporteraient.

« Si l'on veut faire une prévention tous azimuts, constate Fabrice Florent, un gros travail de prise de conscience doit être entrepris au sein des entreprises et plus particulièrement vis-à-vis de l'encadrement et de la maîtrise de chantier. L'exemple doit être donné par les responsables.

Lors de la présentation du concept au siège de Sogea Vannes, nous avons pu constater l'écart de perception entre la nécessité de mettre en place cet appareil sur nos chantiers et la volonté affichée par l'encadrement de prendre en compte cette idée novatrice, de la développer et de la pérenniser. »

Autres points à ne pas négliger, la continuité et le maintien qualitatif d'utilisation dans le temps et la communication. Tous les supports disponibles ont été utilisés pour informer le personnel de cette possibilité de détente. Au fur et à mesure des semaines, avec le concours de chaque ouvrier, ils ont constaté que la pratique journalière était perçue comme une action de bien-être mais pour cela elle doit être encadrée pour assurer son efficacité. Autre constat important, l'âge n'est pas un handicap à l'utilisation de l'appareil, les jeunes ouvriers aussi bien que les plus anciens ont été assidus lors des séances journalières « Mobidos ».

Il poursuit : « J'ai pu participer à plusieurs reprises à la pause active avec le Mobidos en binôme avec les ouvriers et cette perception de partage est très importante afin de pérenniser ce concept novateur. Nous avons au sein de Vinci déposé, avec quelques collaborateurs motivés, un dossier "Innovation Vinci". Ce dossier diffusé sur l'ensemble du territoire a fait l'objet de curiosité de la part de collègues d'autres régions. Certains ont mis en place dans leur agence cette pause active pour répondre au besoin du traitement des TMS. Ils cherchaient de longue date une solution adaptée à leurs besoins. C'est chose faite.»

D'une façon générale, cet espace de détente est destiné à tous les acteurs du chantier, du responsable aux ouvriers. Cet équipement, un siège ergo-dynamique favorisant la proprioception[1] et le relâchement (sur un axe pivot), peut évidemment trouver son utilité dans les bureaux, au siège de la société. Il ne nécessite pas plus de place qu'en tabouret classique.

Sogea Bretagne et l'équipe travaux du chantier de Lorient ont été les premiers à mettre en application cet appareil dans le BTP et manifestement, ils n'en sont pas peu fiers.

L'activité dans le BTP, rendue difficile par les crises économiques ne facilite pas le développement d'un tel produit. Son investissement financier n'est pas forcément la priorité des entreprises ou des groupes du BTP. Néanmoins, l'investissement en matière de sécurité ne doit pas se limiter aux seules contraintes financières mais doit être perçu en matière «d'investissement de bien-être et de prévention» pour l'ensemble du personnel de l'entreprise.

Ils sont convaincus que le développement de concepts de ce type permettrait de combattre plus efficacement les TMS. Je laisse à Fabrice Florent sa conclusion : «La pause active avec le Mobidos, il faut l'essayer pour l'adopter.»

Faire de l'échauffement sur un chantier

Toujours chez Sogea et dans l'ensemble du groupe Vinci, une procédure d'échauffement est appliquée. Le matin, les ouvriers sont réunis et sous la houlette d'un responsable

---

1. Voir note page 311.

«physique» du chantier. Cela consiste à faire des mouvements d'assouplissements des différentes articulations (poignets, pieds, épaules) et échauffement musculaires afin de limiter le risque de blessures «à froid» ou d'accidents de trajet. Dans le chapitre 4, ce process était exposé par une société prestataire de service, Santé Partners. Ayant, pour ma part, une expérience de dix années passées dans le bâtiment, j'avoue avoir été très sceptique jusqu'à ce que M. Laurent Baude, responsable QSE au sein de la délégation Ouest, me le confirme.

Les Petits Chaperons Rouges

Les crèches d'entreprise, une vieille bonne idée !

S'il est un sujet qui revient constamment dans la recherche du mieux-vivre, c'est bien le besoin de crèche. Les contraintes quotidiennes liées au travail et aux déplacements donnent immédiatement du sens à ce service et donc, j'étais convaincu qu'elles seraient la conséquence de notre vie en 2012. Eh bien non! Jean-Emmanuel Rodocanachi, fondateur et président des Petits Chaperons Rouges situe au XIXe siècle cette création qui à l'époque était organisée et prise en charge dans les grands groupes industriels familiaux. Cela s'appelait des haltes-garderies. On pense évidemment à des sociétés toujours très présentes dans notre économie comme Michelin, Peugeot, etc. Après la dernière guerre mondiale, le général de Gaulle crée les comités d'entreprise et puis au fil des années 1960-1970, ces services mis à disposition apparaissent trop paternalistes, un peu aliénants, et pour tout dire ringards. Les industriels ont considéré qu'il leur fallait se consacrer exclusivement sur l'outil de production et que ce n'était pas leur rôle de gérer ce genre de problème, mais celui de l'État ou des collectivités.

Comment ce service, dont l'utilité saute aux yeux dans un pays où chaque femme a en moyenne plus de deux enfants et dans lequel de plus en plus de femmes travaillent, renaît, Jean-Emmanuel Rodocanachi s'est lancé dans cette aventure en 2000, à son retour des États-Unis. Il y avait passé dix ans et avait constaté le développement des services mis à disposition par les employeurs nord-américains. Nous reviendrons sur ce sujet plus loin, mais son analyse est la suivante.

Trois grands facteurs ont amené à la création de crèches d'entreprises

« Le premier, c'est le phénomène historique, nous n'avons pas inventé quelque chose *ex nihilo*. On a repris une vieille bonne idée qui existait il y a cinquante ans. Les enfants étaient, certes, gardés par sexe, en uniforme, ils avaient 2/3 ans ; on a retrouvé de vieilles photos. C'était assez développé. Et puis, il a fallu attendre les années 2000, sous les efforts, notamment des Petit Chaperons Rouges alors qu'en Angleterre, aux États-Unis cela existait déjà depuis dix-quinze ans. À un moment donné, les gens se disent qu'il y a peut-être autre chose que l'outil de production, il faut une notion de service aux salariés. »

« Le deuxième facteur est arrivé des États-Unis le *work-life balance*, l'équilibre vie familiale, vie professionnelle, concept très anglo-saxon. Depuis des décennies, ils ne conçoivent pas un immeuble de bureaux sans prévoir une série de services en rez-de-chaussée à la disposition des occupants de l'immeuble. Des services qui leur facilitent la vie, dans une logique productiviste au départ, c'est à dire, que si le marchand de fleurs de légumes, de journaux, le pressing, le cordonnier, l'agence bancaire et La Poste se trouvent dans l'immeuble ou dans la proximité, les salariés arriveront plus tôt et partiront plus tard, parce qu'ils auront tout sous la main. À l'heure du déjeuner ou de la pause, ils iront faire leurs courses et ils auront tout le monde sous contrôle. C'était la première logique, quand c'est sorti dans les années 1970 aux États-Unis. Puis au fur et à mesure, ça s'est modelé et on a ajouté entre l'agence bancaire et La Poste, une salle de gym, et puis on a ajouté le restaurant d'entreprise, la conciergerie, etc. Mais ces services, plus *soft* que ceux prévus, sont arrivés un peu plus tard. C'est équilibre vie professionnelle, vie privée aux États-Unis, partant d'un postulat assez simple, pour être un employeur de choix, un employeur mythique, il faut que j'offre une palette complète, le job, la feuille de route, évidemment le salaire fixe et variable, mais aussi des avantages connexes qui ne sont pas forcément en monnaie sonnante et trébuchante mais plus impalpables et qui vont contribuer à motiver, donner envie de se défoncer, envie de s'insérer dans l'équipe, etc., et ça va attirer les meilleurs. »

« Le troisième facteur est structurant en France. D'abord le *boom* de la natalité, au coude à coude avec l'Irlande et largement devant l'Allemagne : 1,3 enfant par femme. Aujourd'hui, dans la vieille Europe, nous avons le meilleur taux de natalité. C'est dû aussi, au fait que nous ayons un bon taux d'équipements publics. On soutient la natalité pendant la grossesse, au niveau des maternités, des pédiatres, des crèches et des écoles, etc. Il y a une incitation à faire des enfants. Même si on prend ces points un par un, certains pays sont bien meilleurs que nous. Les pédiatres, par exemple pour 1 000 habitants, sont six fois plus nombreux en Italie. L'Angleterre, à population égale, a un tiers de crèches de plus que nous. Il y a des progrès à faire dans chaque domaine mais l'offre globale est plus qualitative par rapport à d'autres pays. On a aujourd'hui deux actifs pour un retraité. Dans vingt-cinq ans, on sera à 1,4 actif pour un retraité malgré notre taux de natalité. Il faut continuer à faire des enfants pour soutenir ça. Autre aspect, quand on regarde la courbe démographique des âges dans trente-cinq/quarante ans la France aura une population supérieure à celle de l'Allemagne. »

Donc, tous ces éléments font que nos gouvernants ont conscience qu'il faut soutenir la natalité parce que si on a plus d'outils productifs en France, c'est un des facteurs de garantie de croissance pour demain. Le deuxième élément, c'est l'emploi. Sociologiquement, il y a eu un virage complet en France en vingt-cinq ans. Il y avait une femme sur deux qui travaillait au moment des Trente Glorieuses et aujourd'hui, c'est 82/84 % des femmes en âge d'avoir des enfants qui travaillent. Pas toutes à temps plein, ni avec un emploi stable, mais qui travaillent. Donc là aussi, si madame travaille, monsieur travaille qui s'occupe des enfants ? Si on creuse un peu ce point, pourquoi 84 % des femmes travaillent ? Parce que de plus en plus de familles sont monoparentales. Les gens ont besoin de travailler. Il n'y a personne d'autre pour les soutenir. Encore une fois qui s'occupe des enfants ? De la même manière, beaucoup de couples ont l'obligation d'être tous les deux au travail pour préserver le pouvoir d'achat parce que la vie est plus chère, parce que les salaires sont ce qu'ils sont. Dans chaque cas, on en arrive à cette problématique, il nous faut une offre de garde diversifiée, pas seulement des assistantes maternelles, un quart d'entre elles partiront à la retraite d'ici 2015, elles seront de moins en moins nombreuses surtout dans les grandes villes à cause de la pression du coût de l'immobilier. Des assistantes maternelles qui gagnent le Smic, mais qui sont dans un 100 m² en centre-ville pour accueillir quatre enfants, ça n'existe plus. Mais pas seulement des crèches collectives parce qu'il faut de tout pour faire un monde et il faut aussi, des assistantes maternelles en milieu rural. Il ne faut pas uniquement des structures gérées par le public, mais aussi des accueils privés gérés par le secteur associatif, la Croix Rouge. Il faut une offre diversifiée, c'est assez naturel. C'est ça qui va tirer l'émulation et la qualité vers le haut.

Le taux d'équipement aujourd'hui est de 10 %, soit 300 000 places de crèches pour 2 400 000 enfants de moins de 3 ans. Donc, un enfant sur dix a une place et réciproquement neuf sur dix n'ont pas de place. Cela ne veut pas dire que tous les enfants ont besoin d'une place. Une famille sur deux préfère garder son enfant ou bien une garde partagée *via* une nounou à domicile, *via* la famille élargie, les grands-parents, etc. Il n'en demeure pas moins que, surtout en milieu urbain, on constate que toutes les communes ont des listes d'attente de plusieurs centaines de demandeurs et c'est quotidiennement une problématique.

Ces trois facteurs ont provoqué en 2000 un mouvement pour dire que finalement le bien-être en entreprise ça passe aussi par la conciliation vie professionnelle/vie privée, du fait de pouvoir offrir des places de crèche à ses salariés.

Jean-Emmanuel Rodocanachi est à l'origine de l'évolution des règlements administratifs. Je tiens de lui les informations ci-dessus et je le laisse raconter son histoire :

> « Et c'est en mettant en place ce mécanisme que de 2000 à 2012, les places de crèche en France sont parties de zéro et ont convaincu le gouvernement et notamment Les Petits Chaperons Rouges qui étaient les premiers. On a commencé avec Ségolène Royal, ministre de la Famille. Ensuite il y a eu la Conférence de la famille en avril 2003, on a convaincu qu'il fallait une offre sous contrôle par le secteur privé. De façon que le privé puisse co-investir aux côtés de l'associatif et du public pour créer des places de crèche en France. On a été entendu et donc on a lancé notre première crèche d'entreprise en janvier 2005 et aujourd'hui, le secteur privé représente à peu près 10 % des places de crèche en France. Ce qui à l'échelle d'un pays est colossal. Le privé représente une place sur deux créées chaque année. »

Il précise la différence de réactivité du fait des obligations du service public qui est subordonné aux appels d'offre et autres contraintes, mais aussi responsable de multiples autres fonctions, alors que le privé est spécialisé. Une collectivité a besoin de quatre à cinq ans pour ouvrir une crèche, le privé neuf à douze mois. La petite enfance est un métier où il faut beaucoup d'humilité. Vous avez d'excellents gestionnaires publics ou associatifs. Vous avez de moins bons gestionnaires privés. Il y a de tout et c'est un métier où il y a une énorme responsabilité et l'on se doit d'être toujours en éveil : comment progresser, s'améliorer. Voilà le phénomène de 2000 à 2012 sur une prise de conscience en France, ce n'est pas simplement l'égalité homme/femme, la diversité, les labels, les observatoires dont on a entendu parler historiquement, c'est aussi le bien-être en entreprise comme facteur de recrutement, de motivation pour traverser la crise de manière plus efficace avec l'ensemble de ses salariés soudés. Avec quelques avantages en plus, par exemple la mise à disposition d'une nounou le soir, si besoin.

La souplesse en plus

L'intérêt que peuvent proposer de grands réseaux de crèches, tels que Les Petits Chaperons Rouges, c'est qu'ils permettent aux salariés d'une entreprise ayant réservé des places, de choisir la crèche qui leur convient le mieux, qu'elle soit proche du domicile, sur le trajet domicile/travail, de monsieur ou de madame. Ils ont la possibilité directement sur Internet d'aller choisir la crèche qui leur convient le mieux. C'est une vraie flexibilité. On essaie d'offrir un service adapté tel que l'explique, ci-après Jean-Emmanuel Rodocanachi :

« Hier une société s'est adressée à nous pour ouvrir une crèche au pied de leurs bureaux, le siège social. Le fait d'avoir un réseau très dense, près de 50 crèches en Île-de-France, plus de 130 crèches au niveau national offre la possibilité de s'adapter aujourd'hui, aux réalités du monde du travail. Avec des amplitudes plus élargies car une crèche municipale en France est ouverte neuf heures par jour et les nôtres onze à douze heures. Il n'en demeure pas moins qu'on est là pour remplir une mission de service public, puisque les tarifs sont encadrés, les familles payent le même prix que dans une crèche municipale, on est un peu comme l'école privée sous contrat avec l'État. Ce n'est pas un modèle 100 % privé, c'est un modèle réglementé avec une convention de fonctionnement avec la caisse d'allocations familiales et avec un agrément du conseil général de la protection maternelle et infantile. C'est un univers extrêmement codé, normé, réglementé. Les personnels de la petite enfance ont des diplômes d'État reconnus, infirmières, puéricultrices, éducateurs de jeunes enfants, auxiliaires de puériculture, CAP petite enfance, tout cela est très normé. »

Dans les crèches anglo-saxonnes ou aux États-Unis, quelqu'un qui a un deug d'histoire peut diriger une crèche. C'est interdit en France. C'est peut-être un peu trop normé en France mais en tout état de cause, ça donne un niveau de qualité et d'encadrement qui est unique en Europe.

Pourquoi ce *work-life balance*, vie professionnelle, soutien à la parentalité, notamment avec les crèches ? C'est parce que l'entreprise, aujourd'hui c'est une marque. Elle incarne une promesse, des valeurs, quelque chose qui fait qu'on va acheter chez eux, et cette marque elle est portée par ses salariés qui respirent, qui transpirent quelque chose. Ce qui fait qu'à l'extérieur, les gens se disent j'ai envie d'aller vers ça. À partir de là, à l'avenir, les entreprises vont se positionner, chacun va choisir son combat social : certaines vont s'investir dans de la responsabilité sociale d'entreprise, RSE, d'autres dans le développement durable, dans l'égalité professionnelle, etc. Mais il y a un dénominateur commun, c'est cette volonté de faire partager à ses salariés une cause nouvelle, une cause commune qui va au-delà du produit ou du service qu'on vend pour fédérer. Lorsqu'on part en bataille, il faut être en ordre de bataille.

« Notre premier interlocuteur est souvent le directeur des ressources humaines. Dans une PME le DG, le gérant ou le président. Plus l'entreprise est grande, plus on va monter vers le DRH, et dans les très grands groupes, le directeur du développement social ou des relations sociales. Mais il arrive que le dialogue soit instauré par le CE. Que l'intérêt premier vienne du CE ; en revanche, il est très rare que le CE finance. C'est l'employeur qui finance parce qu'il y a un crédit d'impôt. Et dans les grands groupes, le DRH va nous mettre entre les mains des achats et là le grand défi est de faire comprendre que dans un secteur aussi particulier que celui de la crèche d'entreprise, il ne faut jamais choisir la solution *low cost*, moins-disant, il faut investir dans le mieux-disant. D'abord parce qu'on ne peut pas se permettre de prendre un risque employeur avec un médiocre gestionnaire de crèche et enfin dans un secteur comme celui-là, il ne faut pas lésiner sur la qualité. 595 des 600 crèches en France sont multientreprises. C'est rare qu'un employeur ait 500 m² de locaux libres au pied de sa tour pour faire une crèche et on est sur un investissement social qui fait que l'employeur a envie de partager, même si on a une société motrice, de contribuer à l'initiative crèche sur sa zone d'activité. C'est la zone tertiaire, le territoire ; il va souvent faire partie d'une association de développement des tissus locaux. C'est un projet qui a vocation de réunir les PME, les TPE, pourquoi pas la ville qui vient réserver des berceaux, les administrations puisque sur les 595 crèches, il y en a au moins 400 qui vont être mixtes dans lesquelles il y a au moins une collectivité dans le tour de table qui réserve pour ses agents ou pour ses administrés. »

C'est ça qui fait la force du modèle, en réalité c'est un équipement public, qui a une mission de service public et qui est géré avec les atouts du privé.

« Mais on ne fait pas ce métier sans avoir une certaine ambition sociale, sans avoir envie de rendre service à notre manière à la société. On essaie de faire un métier à plus forte valeur sociale tout en gardant à l'esprit que tout cela n'aura de sens que si économiquement performant. Si ce n'est pas le cas, on va être dans un secteur subventionné comme une association et là, on ne sera pas maître de notre destin. Si on a pu investir et développer autant de crèches de qualité ces dernières années, car nous avons une chartre architecturale, il y a un projet pédagogique. Par exemple l'an dernier, nous avons lancé les murs sensoriels. Dans toutes nos crèches, il y a un fil rouge qui va de l'atrium à la section des bébés, moyens et grands avec un mur de chaque section où les activités pédagogiques sont insérées dans le mur, avec des formes, des couleurs, des matières, etc. Ce qui est une innovation extraordinaire. Une équipe de chercheurs de Harvard est venue voir nos murs sensoriels. C'est passionnant intellectuellement mais on ne peut investir que si l'on a dégagé des moyens pour la R&D. Pour faire les murs sensoriels, on a accueilli chez nous, pendant un an et demi, une équipe composée d'éducateurs, de directrices de crèche, de coordinatrices, d'architectes qui ont réfléchi ensemble. L'année d'avant, on a dessiné de nouveaux postes de change pour les enfants qui sont plus ergonomiques et qui permettent aux moyens ou aux plus grands de se lever, de monter eux-mêmes sur ce poste de change à mi-hauteur pour qu'on puisse les changer debout et non pas allongés. C'est déjà moins infantilisant quand vous avez 2 ans, 2 ans et demi. Pour son développement psychomoteur, c'est mieux que de se faire porter, et puis surtout pour notre personnel de crèche, cela leur évite de se casser le dos, d'avoir à porter des enfants qui sont beaucoup plus lourds. Là aussi, on a mis un an avec un fabricant de postes de change qu'on a dessinés avec lui et qu'on déploie aujourd'hui dans nos crèches. »

Maintenant, au plus près de vous… dans les locaux

Mais mieux vivre au travail, c'est tout simplement, aussi, le cadre, l'environnement du lieu de travail, l'accueil et la propreté. On sait bien, tous, qu'on perd beaucoup de temps et d'efficacité du fait de toutes sortes de tracas, de sujets subalternes non réglés qui vous exaspèrent et qui vous éloignent du plus important. Je vais aborder un sujet qui nous a tous affectés un jour ou l'autre. Je commence par le nettoyage des locaux, puis ce sera l'ensemble des services généraux. L'entretien est encore un de ces thèmes emblématiques, considérés comme anodins, mais évidents car « le sale se voit, pas le propre ». La nécessité de ce service ne peut être mise en doute et notre société le considère comme une prestation tellement évidente, reléguée au niveau de l'intendance, mais l'on oublie qu'il peut être de qualité très variable. Or si on considère la santé, *stricto sensu*, on constate que le stress commence avec des questions subalternes mal résolues. J'ai eu l'occasion au cours de ma vie professionnelle de côtoyer des gens qui se sont fait une spécialité, une technicité, du propre. Pour tous ceux qui pensent que le mieux est toujours le moins cher, je tiens à vous faire découvrir une facette de cette prestation très impliquée au plus près de votre bien-être.

Petit retour sur cette fonction

À l'origine de l'ère industrielle, cette nécessité était déléguée à un personnel très sous-qualifié, parfois aux veuves d'ouvriers décédés. C'est l'époque de la serpillière. Dans les années 1960, la France découvre le tertiaire avec de nouvelles conditions de travail. Outre la qualité, on attend de la flexibilité, une technicité *up to date*, une prestation de services adaptée à la productivité, et des prix consécutifs au profil des intervenants et au mépris de cette profession sous-qualifiée.

La progression du statut social des Français les éloigne des métiers de nettoyage et ce sont de nouveaux immigrés qui sont à la manœuvre. Le résultat est un sous-prolétariat peu ou pas formé, souvent parlant mal le français, et un peu effacé que les salariés de l'entreprise ont tendance à ignorer. Or le bien-être exige un service, certes discret, mais flexible, efficace, et propre dans les détails. Pas très compatible.

Ces détails ont du sens pour moi, car pour que la propreté intervienne dans le sentiment de bien-être, il est indispensable que chaque salarié de l'entreprise cliente ait le sentiment d'être considéré. Il faut que son espace vital soit agréable. Comme le nettoyage est de toute façon indispensable, autant en faire un argument de bien-être de vie. Je reste convaincu qu'une prestation plus qualitative, et donc un peu plus chère, répond à ce besoin.